Österreichische Zeitschrift für Kunst und Denkmalpflege

LXXVIII · 2024 · Heft 3

Die „Österreichische Zeitschrift für Kunst und Denkmalpflege“ erscheint in der Nachfolge der „Mittheilungen der k. k. Central-Commission zur Erforschung und Erhaltung der Baudenkmale“ (Band I / 1856 – Band XIX / 1874), der „Mittheilungen der k. k. Central-Commission zur Erforschung und Erhaltung der Kunst- und historischen Denkmale“, Neue Folge (Band I / 1875 – Band XXVIII / 1902), der „Mittheilungen der k. k. Central-Commission für Erforschung und Erhaltung der Kunst- und historischen Denkmale“, III. Folge (Band I / 1902 – Band IX / 1910), der „Mitteilungen der k. k. Zentral-Kommission für Denkmalpflege“, III. Folge (Band X / 1911 – Band XVI / 1918), der „Mitteilungen des Staatsdenkmalamtes“ (Band I / 1919, der ganzen Folge Band 63), der „Mitteilungen des Bundesdenkmalamtes“ (Band II / 1924, der ganzen Folge Band 64–68), der „Zeitschrift für Denkmalpflege“ (Band I / 1926/27 – Band III / 1928/29), der Zeitschrift „Die Denkmalpflege: Zeitschrift für Denkmalpflege und Heimatschutz“ (Band IV / 1930 – Band VII / 1933), der Zeitschrift „Deutsche Kunst und Denkmalpflege“ (Band VIII / 1934 – Band XVI / 1944), der Zeitschrift „Österreichische Zeitschrift für Denkmalpflege“ (Band I / 1947 – Band V / 1951) und erscheint ab dem Jahrgang 1952 (Band VI) unter dem Titel „Österreichische Zeitschrift für Kunst und Denkmalpflege“.

Impressum

ÖZKD LXXVIII · 2024 · Heft 3
Und sie stehen noch. Zum Umgang mit mittelalterlicher Bauplastik
Herausgeber: Bundesdenkmalamt, Hofburg, Säulenstiege, 1010 Wien,
Abteilung für Denkmalforschung, Dr. Paul Mahringer
Redaktionsleitung: Dr. Johannes Thaler
Redaktion: Abteilung für Denkmalforschung unter Mitarbeit von Mag.[a] Silke Mellin.
Lektorat/Korrektorat: RED PEN, Lektorats- & Übersetzungsbüro Mag.[a] Heike Lang, BEd.
Layout, Satz und Druck: Print Alliance HAV Produktions GmbH, Druckhausstraße 1, 2540 Bad Vöslau
Design: BKA Design & Grafik
Verlag: Verlag der Österreichischen Akademie der Wissenschaften, Bäckerstraße 13, 1010 Wien

ISSN: 0029-9626

Inhalt

Vorwort

Der vorliegende Band ist im Fokusteil den Erkenntnissen des Fachgesprächs „Und sie stehen noch. Zum Umgang mit mittelalterlicher Bauplastik“, welches am 13. September 2023 in der Abteilung für Konservierung und Restaurierung des Bundesdenkmalamts im Arsenal abgehalten wurde, gewidmet. Auslöser für dieses Fachgespräch war die Restaurierung der Herzogsskulpturen des Wiener Stephansdoms durch das Bundesdenkmalamt. Der erste Beitrag von Johann Nimmrichter behandelt verschiedene Beispiele des Erhaltungszustandes gotischer steinerner Freiplastiken in Österreich je nach Art bzw. Exponiertheit ihrer Aufstellung. Der zweite Beitrag von Paul Hofmann ist der komplexen Frage nach der Musealisierung und entsprechender Präsentation von Bildwerken aus Stein gewidmet. Wolfgang Zehetner geht dann auf den Umgang mit Außenfiguren am Stephansdom ein. Der Gemeinschaftsbeitrag von Anna-Vanessa Boomgaarden, Alexandra Czarnecki, Michaela Kronberger, Andreas Nierhaus und Anna-Maria Tupy bespricht die Restaurierung der Fürstenfiguren von St. Stephan für das neue Wien Museum. Abschließend behandelt Johannes Jacob am Beispiel des spätmittelalterlichen steinernen Taufbeckens aus der Pfarrkirche Münsteuer die Restaurierung von Steinsubstanz und Fassungsbestand.

In der Kategorie „Denkmal erforscht“ schlägt Petr Čehovský eine Neudatierung und Einordnung des Schlossportals von Tovačov vor. Radomír Sabol beschäftigt sich außerdem mit einem im Kloster von Marianka bei Bratislava befindlichen Gemälde der Unbefleckten Jungfrau Maria.

Paul Mahringer

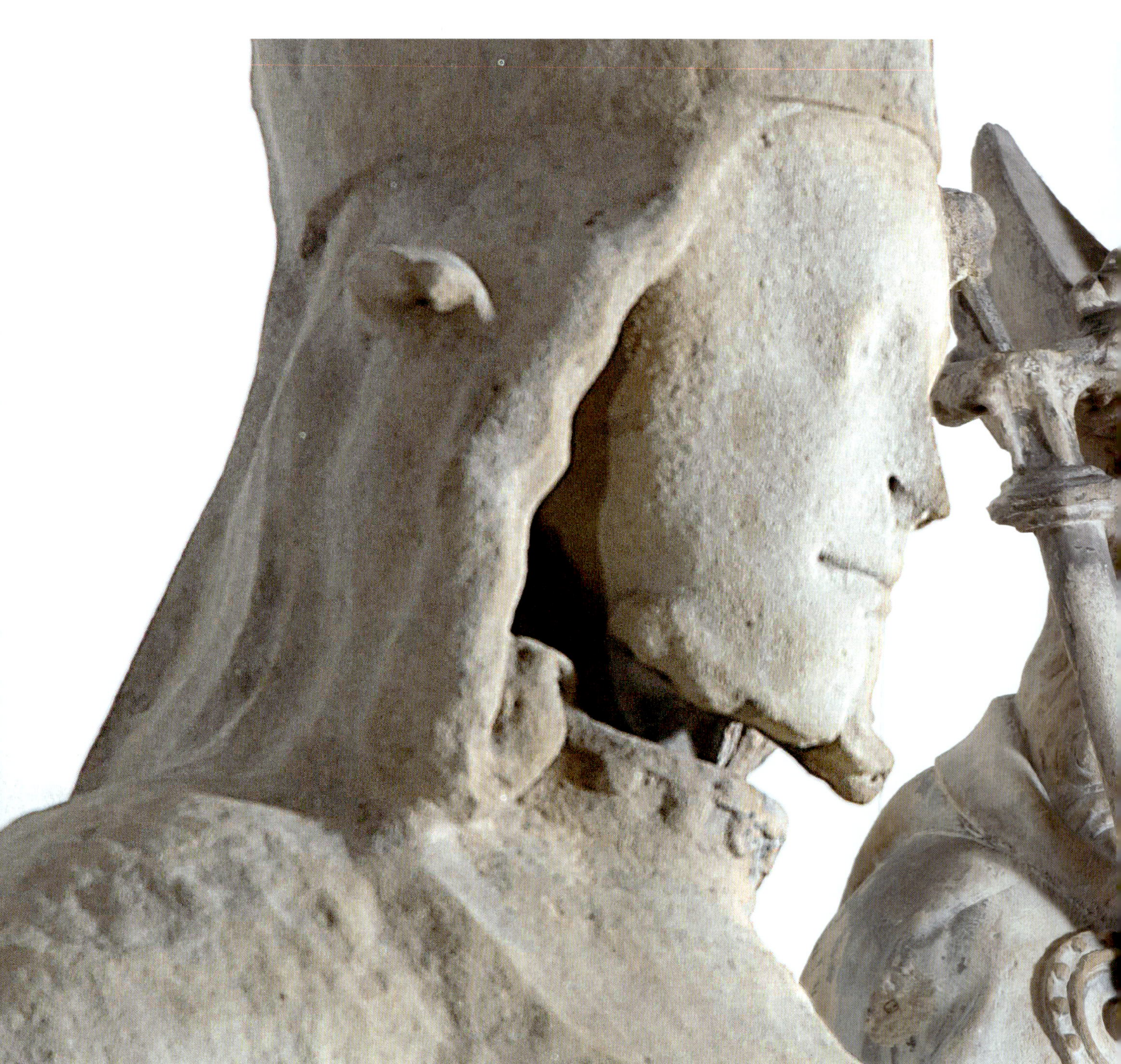

FOKUS Und sie stehen noch
Zum Umgang mit mittelalterlicher Bauplastik

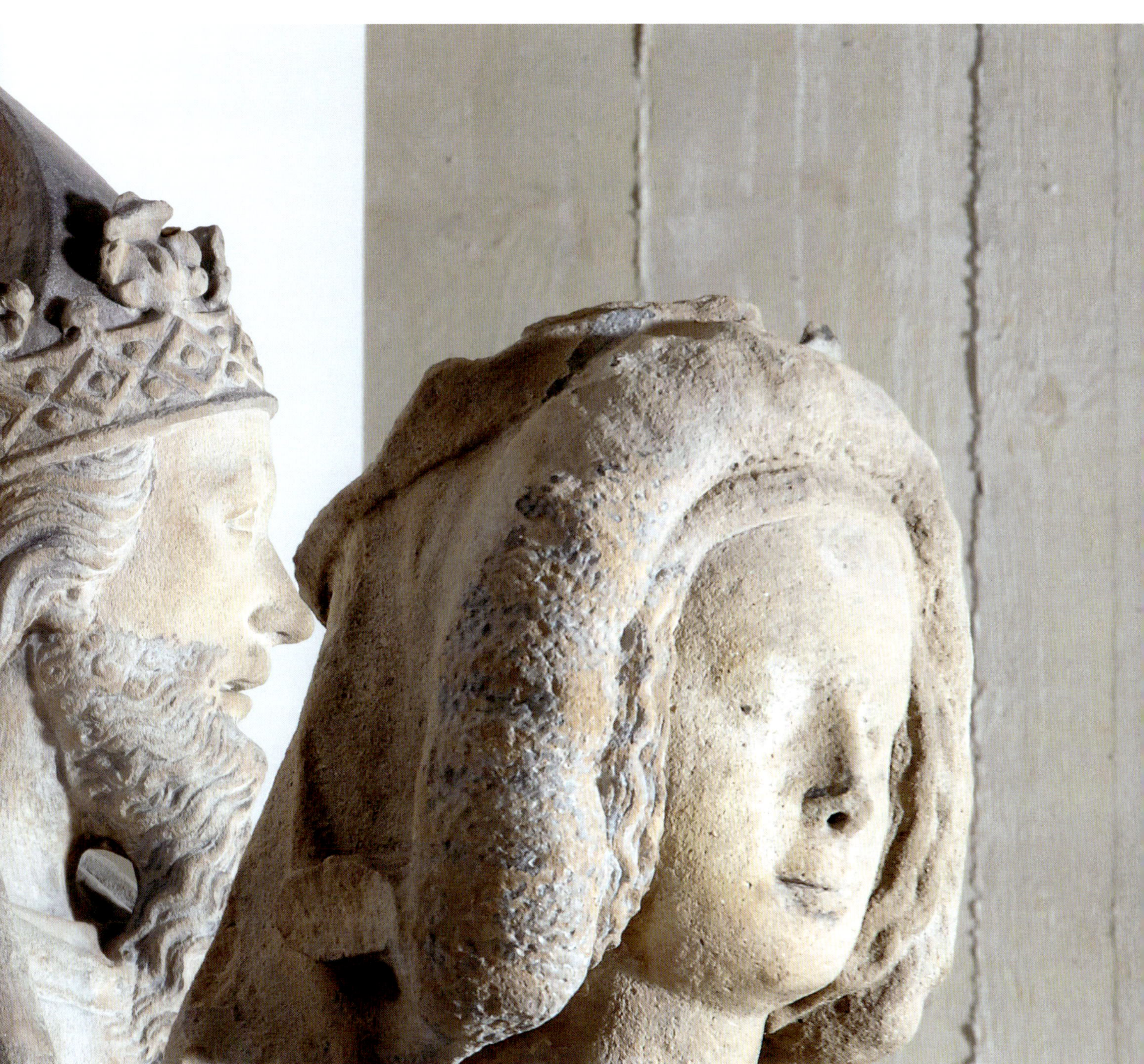

Johann Nimmrichter

Die gotische steinerne Freiplastik in Österreich und Beispiele ihrer Erhaltung

Freestanding Gothic stone sculpture in Austria and examples of its preservation

The creation of freestanding Gothic stone sculpture has always been tied to political or religious causes. As long as social conditions remained unchanged, the displays of stone received adequate attention, care, and maintenance. This helped preserve the stone material and the coloring. If those conditions changed, important measures to maintain, preserve, or restore the sculpture could be neglected. This resulted in damage of varying magnitude. From their inception, such sculptures were exposed to damaging natural processes caused by the climate and the weather. There were, however, options for curbing the damage dynamics: for example, architectural parts offering protection such as niches, porches, and canopies, or by providing sacrificial layers in the form of cleaning, painting, or whitewashing. In the nineteenth century, people came to increasingly understand that original art was valuable and should be preserved even in a reduced state. Lapidaries came about, and museums began displaying incomplete statues more and more. Ideas and theories to preserve historic monuments brought new insight to the significance of Gothic architectural sculpture and, with the Venice Charter for the Conservation and Restoration of Monuments and Sites, a more intense scientific examination of stone decay and preservation allowed many sculptures to be rescued and preserved.

Die Erschaffung von steinerner gotischer Freiplastik war stets mit politischen oder religiösen Ursachen verknüpft. Es stand stets außer Streit, dass den steinernen Darstellungen, solange gesellschaftliche Verhältnisse sich nicht änderten, ausreichend Aufmerksamkeit, Pflege und damit Wartung entgegengebracht wurde. Von dieser Funktion und primären Wertigkeit profitierte die Erhaltung des Steinmaterials der Darstellungen und auch deren vorhandener Farbfassungen. Gefasste Steinfiguren entsprachen dem Zeitgeist der Gotik und Romanik. Und die Bemalung war meist nur dort nicht anzutreffen, wo es aus unterschiedlichen Gründen zu keiner Finalisierung der Freiplastik kam. Wenn sich allerdings im Laufe der Zeit Herrscherhäuser ablösten, politische Zustände durch gesellschaftliche Umbrüche abwechselten oder wirtschaftliche Voraussetzungen die Bereitschaft der Erhaltungsmaßnahmen nur mehr bedingt möglich machten, waren damit oft gravierende Veränderungen in der Beachtung und Wertschätzung dieser Bildwerke verbunden. Dieser Funktionsverlust ging natürlich mit einem Werteverlust oder einer Werteverschiebung einher. Dadurch kam es zur Verabsäumung wichtiger pflegender, erhaltender oder restauratorischer Maßnahmensetzungen, mitunter über Jahrhunderte hinweg. Reduktion von Oberflächen, Zerstörung figurativer Teile und gänzlicher Verlust waren im unterschiedlichen Ausmaß die Folge.[1]

Glücklicherweise sind uns aber auch Beispiele bekannt, wo verantwortungsbewusste und substanzerhaltende Pflegemaßnahmen fortgesetzt worden sind bzw. sogar Neufassungen erfolgt sind oder eine Erweiterung von Bildprogrammen. Als Beispiel sei hier nur die romanische Darstellung des „Samson und der Löwe“ an der Südecke des Riesenportalvorbaues des Stephansdomes in Wien genannt. An ihm sind zwei mittelalterliche Fassungen und eine neuzeitliche belegt. Diese mehrmaligen Nachfassungen können als Beleg angesehen werden, dass zumindest über drei

1 Manfred Koller, Zwanzig Jahre Steinkonservierung in Österreich und ihre Vorgeschichte seit dem 18. Jahrhundert – Bilanz und Perspektiven, in: Restauratorenblätter Nr. 17, Klosterneuburg 1996, S. 31–44.

Jahrhunderte hinweg diesem Architekturabschnitt des Stephansdomes zeitweise Bedeutung und Achtung entgegengebracht worden ist (Abb 1).[2]

Grundsätzlich gilt für derartige Bildwerke, dass schon von Beginn an klimabedingte und durch Witterung verursachte Schadensprozesse, die den Fassungen und in Folge auch der Steinsubstanz zusetzten, eingesetzt haben. Für jegliche Freiplastik gilt, dass mit der Aufstellung schon nach kurzer Standzeit mit Schäden zu rechnen ist. Natürlich gibt es Umstände, die die Schadensdynamik etwas hintanhalten können, wie dies durch Nischen, Portalvorbauten, Baldachine und ähnliche Schutz gebende Architekturteile ermöglicht werden kann. Derartige meist dekorativ gestaltete Architekturzugaben sind als bedingt wirksamer Wetter- und Witterungsschutz anzusehen und oft die Hauptursache dafür, dass Jahrhunderte später die Skulpturen, meist zwar formal reduziert bzw. nur mehr als Fragment, aber dennoch erhalten geblieben sind.

In Epochen, wo dann schon verstärkt bewusste geisteswissenschaftliche Bewertungen diverser Kunstobjekte einsetzten, bzw. in Zeiten mit aufkommendem kunsthistorischem Verständnis, zum Beispiel mit dem Einsetzen der Installierung der kaiserlich-königlichen Zentral-Kommission der österreichisch-ungarischen Monarchie, kam es vermehrt zur Einsicht, dass auch reduzierte Originale wertvoll und zu erhalten sind beziehungsweise diese mitunter an ihrem angestammten Platze durch Kopien zu ersetzen sind. Dieser bereits als fortschrittlich anzusehende denkmalgerechte Umgang begründete damit eine zusätzliche sekundäre Wertigkeit, welche schlichtweg zur Erhaltung dieser Figuren äußerst wichtig war. Somit ermöglichten Rückbesinnung, denkmalgerechte Ideen und Theorien eine neue Sicht auf die Bedeutung der gotischen Bauplastik.

Ab der Unterzeichnung der Carta von Venedig ermöglichte eine Intensivierung der wissenschaftlichen Auseinandersetzung mit dem Steinzerfall und der Steinkonservierung und -restaurierung wichtige Grundlagenerstellungen, welche wesentlich zur Rettung und zum Erhalt vieler Steinobjekte im Bereich der Denkmalpflege beitrugen.

Aufgrund von konservatorischen Erfassungen, Konservierungen, Restaurierungen und Nachsorgeprojekten, an welchen der Autor in den letzten 35 Jahren mitwirken konnte, und auch mittels zahlreicher Restaurierungsdokumentationen beispielhafter Restaurierungsprojekte an Steinskulpturen, die großteils aus dem analogen Archiv der Abteilung für Konservierung und Restaurierung des Bundesdenkmalamtes im Arsenal zur Verfügung standen, ist meines Erachtens eine grobe Unterscheidung der Erhaltungssituationen mit unterschiedlichen Erscheinungsbildern sowie Zerstörungsgraden in vier Unterteilungen hilfreich:

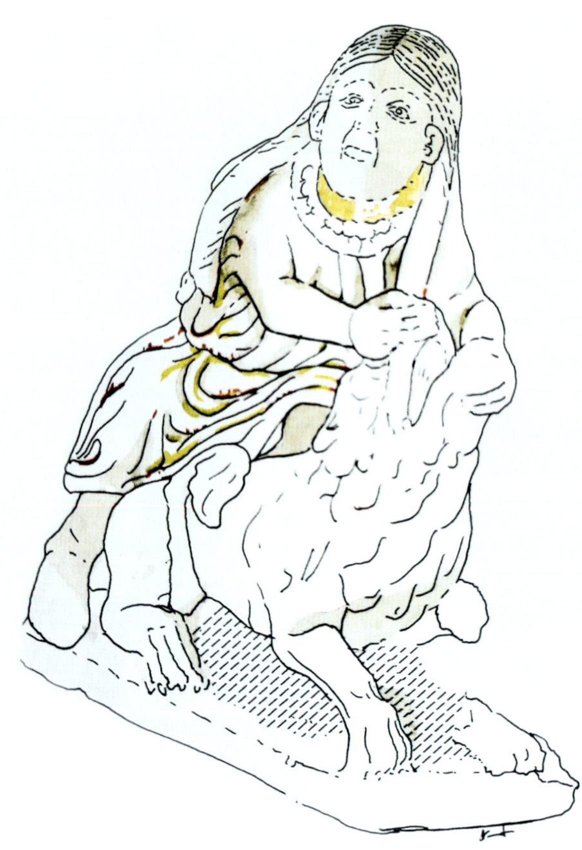

Abb. 1: Grafische Erfassung der romanischen Darstellung von Samson und dem Löwen an der südlichen Ecknische des Riesentors des Stephansdoms, 1996

1. Exponierte, völlig freistehende steinerne Freiplastik ohne jegliche nachhaltige schützende Einhausung bzw. schützende Wand
2. Freistehende steinerne Freiplastik, die an mehreren Seiten geschützt ist und auch nach oben hin einen begrenzten Schutz erfährt, was zumeist bei an Fassaden stehenden Figuren mit etwaigen Baldachinen der Fall ist

2 Vgl. Manfred Koller / Johann Nimmrichter / Hubert Paschinger, Konservierung und Restaurierung des Riesentores von St. Stephan, in: Friedrich Dahm (Hg.), Das Riesentor, Wien 2008, S. 199–336, hier konkret die Grafiken von Johann Nimmrichter auf S. 248 f.

3. Freistehende Freiplastik, die durch ein Schutzdach und Seitenwände geschützt ist, z. B. bei Nischenfiguren mit zusätzlichem Baldachin oder Portaltympana
4. Figuren, die in geschlossenen Räumen wie Museen, Lapidarien, Sammlungen etc. verbracht worden sind und mitunter durch Kopien ersetzt worden sind, z. B. Herzogsfiguren der Herzogswerkstatt des Stephansdomes in Wien oder die gotische Marienfigur vom Turmhelm der Wallfahrtskirche von Maria Straßengel in der Steiermark. Allerdings wird diese 4. Kategorie in diesem Aufsatz nicht behandelt.

In Folge können in diesem Beitrag nur einige exemplarische Beispiele Österreichs genauer behandelt werden. Natürlich ließe sich diese Aufzählung durch viele andere Beispiele erweitern. Doch kann dieser Aufsatz nur Stückwerk sein.

1. Exponierte, völlig freistehende steinerne Freiplastik ohne jegliche nachhaltige schützende Einhausung bzw. schützende Wand

Zumeist waren an solchen Orten aufgestellte Skulpturen mit Ölimprägnierungen eingelassen und mit Ölfarbe bunt gefasst. An einigen Beispielen lassen sich aber, davon abweichend, auch reine Kalkfarben als ursprüngliche Fassungen in kleinsten Resten nachweisen (z. B. Portraitköpfe am Turmschaft der Wallfahrtskirche von Maria Straßengel),[3] wurden simple Pflegemaßnahmen (Reinigung, kleine Reparaturen etc.) eingehalten und die Fassungen ausgebessert und/oder wiederholt, so wirkten sich Beschichtungen über Jahrzehnte hinweg als temporäre Schutzschicht positiv aus und konnten nachhaltig die Steinsubstanz schützen (Maßnahmen mit Wiederholbarkeitseignung). Allerdings wurde in manchen seltenen Fällen durch ungeeignete Beschichtungen oder Imprägnierungen auch eine zerstörerische Verdichtung der Oberfläche erreicht, die sich dann aufgrund ihres ungünstigen Wasserrückhalteverhaltens schlecht auf die Steinsubstanz auswirkte und daher in Folge zur Schadensursache mutierte. Leider trifft letzterer zerstörerischer Begleiteffekt auch für viele Steinkonservierungsmittel zu, die ab dem 19. Jahrhundert zum Einsatz gelangten.[4]

Leider sind derartige gänzlich ungeschützte Steinfiguren meist nur mehr in sehr reduzierten Formen erhalten. Am Pulkauer Karner in Niederösterreich, der dem hl. Bartholomäus geweiht ist und sich südlich der dortigen Martinskirche befindet (Mitte 13. Jahrhundert), zeigen sich an den Spitzen der zwölf Dreiecksgiebeln der Aufbauten des Rundbaues Fragmente ehemals feingliedrig ausgeführter Figuren. Diese sind aus Zogelsdorfer Kalksandstein (Kalkarenit) gehauen. Der Steinbruch befindet sich unweit von Pulkau. Eine ungefähre Beschreibung der Darstellungen kann nur mehr aufgrund von schriftlichen Unterlagen erahnt werden. So werden im Dehio Darstellungen des Pankreators sowie der Stifterfiguren (Heinrich Dewin von Hardegg und Wilburgis?) erwähnt.[5] Bei der Besichtigung 2008 waren keinerlei derartige formale Zuordnungen mehr möglich, da die Formensprache zu sehr entstellt war (Abb. 2). Bei den Restaurierungsarbeiten von 2008 wurden Ergänzungen an den Skulpturen nur zur besseren Wasserableitung ausgeführt, nicht aber um eine erfundene Lesbarkeit

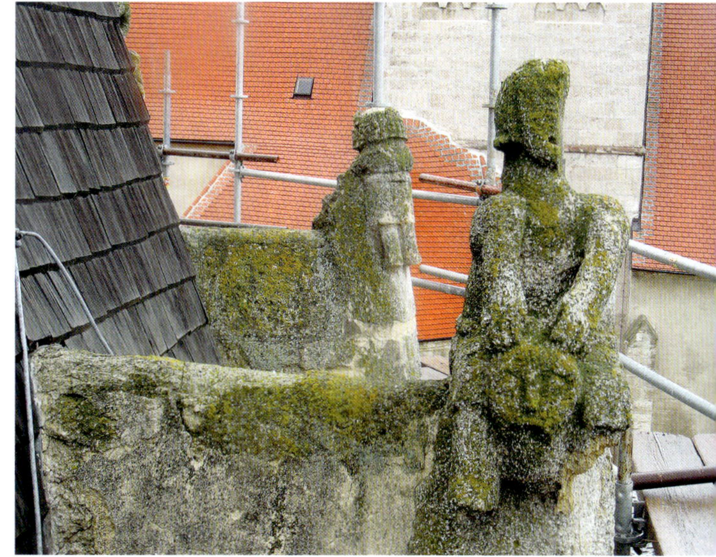

Abb. 2: Zwei figurative Giebelaufsätze in menschlicher Form am frühgotischen Karner von Pulkau, 2008

---

3 Von Johann Nimmrichter vor Ort festgestellte Fassungsreste an den Portraitbüsten des gotischen Turmes von Maria Straßengel in der Steiermark, dazugehöriger Untersuchungsbericht vgl. Robert Linke, Naturwissenschaftliches Labor der Abteilung für Konservierung und Restaurierung des Bundesdenkmalamtes, Laborbericht vom 29.07.2005, Bericht Nr. 756/07–757/07.

4 Susanne Sandner / Robert Linke / Johann Nimmrichter, Hydrophobierung von Naturstein – zum Paradigmenwechsel in der Denkmalpflege, in: ÖRV (Hg.), Tagungsband, Cold Cases – Grenzfälle in der Restaurierung, Wien 2017, S. 71–81.

5 Dehio Niederösterreich, nördlich der Donau, Bundesdenkmalamt (Hg.), Wien 1990, S. 913.

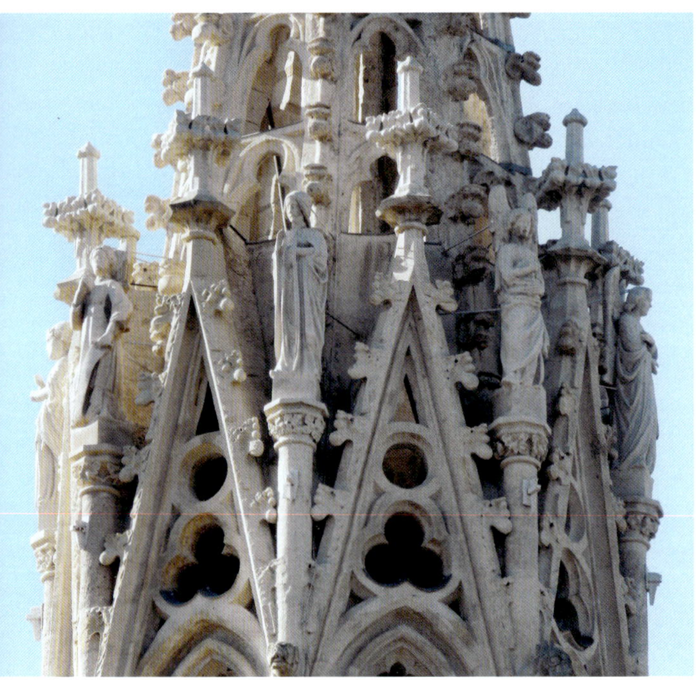

Abb. 3: Turmfiguren der Wallfahrtskirche Maria Straßengel in der Steiermark, 2022

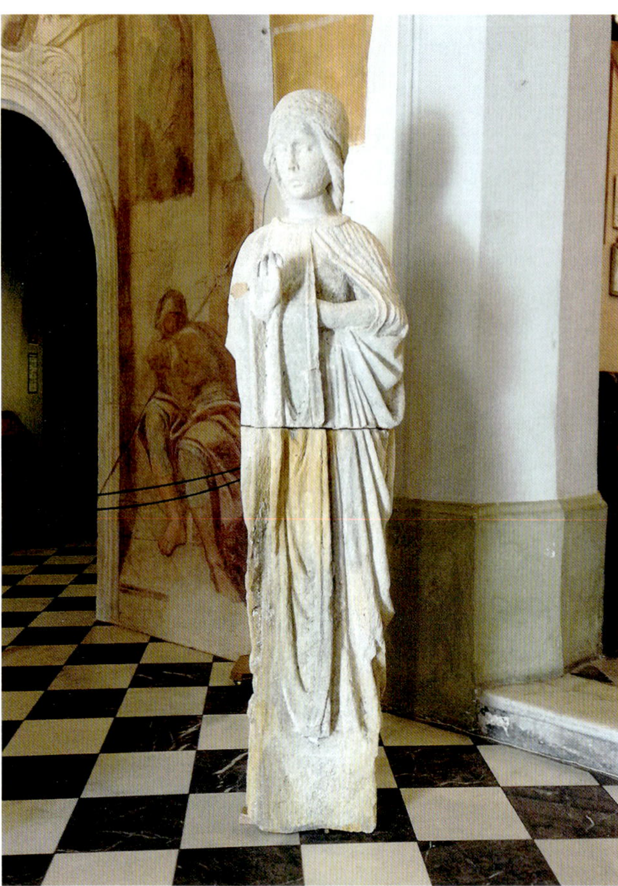

Abb. 4: Abgenommene gotische Madonna, die ab der letzten Restaurierung im Hauptschiff der Wallfahrtskirche von Straßengel aufgestellt ist, 2022

zu kreieren.[6] Aufgrund fehlender Vorlagen wurde auch deswegen von der Erstellung von Kopien abgesehen. Auf Entscheid des Landeskonservatorates von Niederösterreich wurde damals aus ästhetischen Gründen keine Opferschichte aufgebracht. Für die Verbesserung der Wasserableitung wurden aber partiell Bleibleche installiert. Bei einer Besichtigung 2024 konnte wieder ein massiver biogener Bewuchs festgestellt werden. Formale Reduktionen am figurativen Bestand, wie er nach der Restaurierung von 2008 vorgeherrscht hat, ließen sich mit bloßem Auge nicht feststellen. An eine Wartungsmaßnahme ist aufgrund der schwierigen Erreichbarkeit zur Zeit nicht zu denken. Letzteres würde doch den Einsatz einer Hebebühne benötigen.

Als sehr exponiert positioniert können die acht Turmfiguren des gotischen Turmhelms (1355–1366) der Wallfahrtskirche in Maria Straßengel, nördlich von Graz, beschrieben werden. Diese etwas überlebensgroßen gotischen Figuren aus steirischem Aflenzer Kalksandstein (Kalkarenit)[7] zeigen eine Mariendarstellung und sieben Engel. Bei der letzten Restaurierung 2007/08 ließen sich unterschiedlichste Erhaltungszustände feststellen (Abb. 3). Neben den Verwitterungseinwirkungen wurden diese auch durch mehrere Sanierungsmaßnahmen verursacht. Diese Restaurierungen bewirkten über die Jahrhunderte auch formale Veränderungen: Im Laufe der Zeit wurden einige Engelsköpfe abgenommen und durch solche mit barocker Formensprache ersetzt. Wohl erst bei der Restaurierung von 1962–1966 wurden sogar vier Figuren (Marienfigur und drei Engel) zur Gänze durch Kopien ersetzt (Abb. 4). Obwohl unterschiedlich alt, zeigten sich 2007 an den Steinoberflächen aller Figuren, die sich noch oben am Turm befanden, ähnliche

6 Die Restaurierung erfolgte 2008 durch Restaurator Otto Blassnig in Zusammenarbeit mit der Steinmetzfirma Worek aus Eggenburg, vgl. Archiv der Abteilung für Konservierung und Restaurierung des Bundesdenkmalamtes im Arsenal 1030 Wien. Die Konservierungs- und Restaurierungsmaßnahmen entsprachen dem damaligen Stand der Technik. Teilweise wurden die Maßnahmensetzungen in den vom Bundesdenkmalamt erstellten fotogrammetrischen Plänen eingezeichnet (Dokumentation, Reinigung, Vegetationsbehandlung, Vernadelungen, Epoxydverklebungen, KSE-Festigungen, hydraulisch und minimal organisch gebundene Ergänzungsmörtel, lediglich Tünchenretusche ohne Opferschichtapplikation, Bleiverblechung für bessere Wasserableitung).

7 Der Aflenzer Kalksandstein aus der südlichen Weststeiermark war seit den Römern ein begehrter Werk- und Bildhauerstein. Im Untertagbruch von Aflenz bei Wagna können heute noch die römerzeitlichen Abbauspuren eingesehen werden. Partiell wird nur mehr in seltenen Fällen Werkstein gebrochen.

Schadenszustände. Farbreste ließen sich nicht mehr feststellen, weder an den gotischen noch an den später hinzugefügten Natursteinkopien. Interessanterweise zeigten sich an den noch ursprünglichen originalen Engelsfiguren an deren Rückseiten tief eingearbeitete kastenähnliche eckige Vertiefungen, die nach vorne, zum Mund des Engels hin, mit einer Bohrung verbunden und geöffnet waren (Abb. 5). In Folge zeigten sich während der Restaurierungsarbeiten[8] an den darunter liegenden Konsolen der Figuren auch größere durchgängige Öffnungen (Rohrfunktion), welche in Folge Anlass zur Annahme gaben, dass sich von hier weg Rohrleitungen nach unten befunden haben könnten. An den Mündern der Engel konnten zudem Eisenoxydspuren festgestellt werden. Letzteres könnte auf metallene Trompeten hinweisen. Diese könnten entweder mittels Wind bzw. mittels eines Gebläsesystems, das mit einem Blasbalg verbunden war, zum Erklingen gebracht worden sein (äolische Instrumente). Nicht umsonst kursieren einige ältere überlieferte Geschichten, die davon erzählen, dass sich Pilgerscharen im Beisein sphärischer Klänge der Wallfahrtskirche näherten. Unabhängig von diesen Details steht heute fest, dass sich noch vier gotische Figuren oben am Turm befinden. Die Marienfigur steht mittlerweile restauriert im Kircheninnenraum, nachdem sie seit dem 19. Jahrhundert unbeachtet in einer Seitenkammer der Kirche verwahrt war.[9] Die drei originalen Engel, die im 19. Jahrhundert ausgewechselt worden sind, wurden erst kürzlich unter einem Schutzdach an der südlichen Kirchenmauer aufgestellt und können gänzlich eingesehen werden. Eine wissenschaftliche Auseinandersetzung zur Klärung, ob einige der Engel tatsächlich als äolische Instrumente fungiert haben könnten, wäre wünschenswert. Ohne ausreichende Forschung, Dokumentation und Interpretation verschwinden derartige Zeitzeugnisse still vom Bildschirm der Kultur- und Kunstgeschichte. Die vier am Turm befindlichen gotischen Figuren wurden bei der letzten Restaurierung mit einer dünnen Kalkschlämme versehen. Es ist jedoch davon auszugehen, dass diese Opferschicht bereits abgewittert ist und einer Wiederholung bedürfte. Eine Befahrung des gotischen Turmes wäre mit einer Hebebühne möglich, zumal dies bereits vor der letzten Restaurierung auch möglich war.

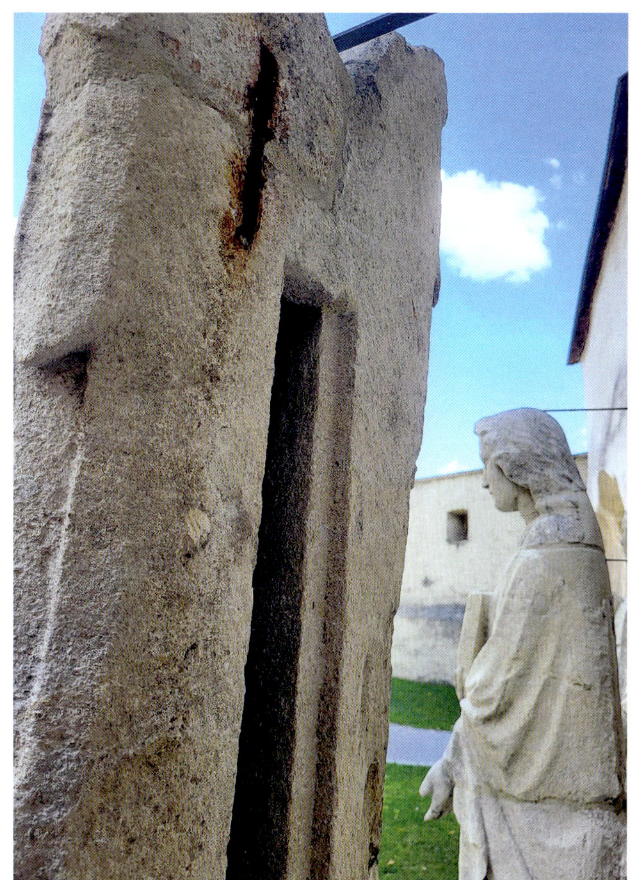

Abb. 5: Rückseite eines abgenommenen gotischen Engels mit geometrischen Ausnehmungen an der Rückseite, 2022

Unabhängig von dieser exponierten Lage dieser Turmfiguren existieren noch zwei grazil ausgeführte gotische Portale mit formal hochwertig ausgearbeiteten Tympana. Beide Portale wurden in den 1980er Jahren durch die Abteilung für Konservierung und Restaurierung des Bundesdenkmalamtes erfolgreich restauriert.[10] Das Ergebnis, das vor über 40 Jahren erreicht worden ist, kann sich heute noch sehen lassen und würde sich für ein vertieftes Monitoring eignen. Allerdings sind diese Bildwerke durch Portalbögen weitestgehend geschützt und können daher wohl als nicht exponiert angesehen werden und sind demgemäß konservierungsspezifisch anders einzustufen.

8 Heinrich Burian, Handbuch Steinrestaurierung, Sanieren und Schützen von historischen Steinobjekten, Graz 2023, S. 142–150; Restaurierungsbericht (nicht publiziert) von Restaurator Gerhard Zottmann.

9 Die Restaurierung der Marienfigur und die Neuaufstellung erfolgten durch Steinrestauratorinnen der Fa. Gerhard Zottmann in Absprache mit dem Landeskonservatorat für Steiermark des Bundesdenkmalamts und der Pfarre.

10 Sämtliche Restaurierberichte und Unterlagen des Bundesdenkmalamts zu den Portalen von Maria Straßengel in der Steiermark liegen im analogen Archiv der Abteilung für Konservierung und Restaurierung des Bundesdenkmalamts im Arsenal Wien 1030 auf.

2. Freistehende steinerne Freiplastik, die an mehreren Seiten geschützt ist und auch nach oben hin einen begrenzten Schutz erfährt, was zumeist bei an Fassaden stehenden Figuren mit etwaigen Baldachinen der Fall ist

Als eines der bedeutenden Beispiele lassen sich die Portraitfiguren der Stifterfiguren der Herzogswerkstätte am Stephansdom anführen. Die figürlichen Darstellungen von Herzog Rudolf IV. und Herzogin Katharina von Luxemburg sowie weitere vier etwas überlebensgroße Herrscherfiguren aus feinkörnigem Auer Kalksandstein (ein Kalkarenit) wurden bauzeitlich an den im 14. Jahrhundert hochgezogenen Bauteilen des Domes aufgestellt. Die Figuren des Rudolf IV. und der Katharina erhalten durch ihre ausladenden Darstellungen mit ausgebreiteten Armen und wirksam breit übergehängten Mänteln (vgl. mit Schutzmantelmadonna) zusätzliche visuelle Bedeutung. Jedoch kragen dadurch die Figuren weit aus dem Schutz der Nische und des darüber liegenden Baldachins hervor. Durch den Umstand, dass sie zudem an den beiden Ecken zwischen Westfassade und den Langhausfassaden positioniert sind, wird ihre Exposition zusätzlich verstärkt, sodass Witterungseinflüsse verstärkt steinzerstörend einwirken konnten. Nicht umsonst sind vor allem die hervorkragenden Teile am stärksten formal reduziert. Dieser Artikel geht nicht näher auf deren Schadensbilder und die Restauriergeschichte dieser Stifterfiguren ein, da dies durch andere Beiträge in dieser Ausgabe der ÖZKD vertieft behandelt wird. Fortgeschrittene Schadensbilder wurden bereits im 19. Jahrhundert festgestellt, was dazu führte, die originalen Skulpturen durch Steinkopien ersetzen zu lassen. Hierbei hatten die Dombildhauer um Franz Erler das notwendige Können, formal qualitativ hochwertige Nachinterpretationen herstellen zu können. Die Originale wurden der Stadt Wien für eine ädequate museale Präsentation übergeben. Allerdings bedingte das 19. Jahrhundert eine wesentlich andere stilistische Ausformulierung der Kopien der herzöglichen Figuren, als es noch in der Gotik der Fall war, sodass sie als Werke des 19. Jahrhunderts leicht ablesbar sind. In der exemplarischen Gegenüberstellung der gotischen Figur der Katharina (Abb. 6) und der am Dom befindlichen Kopie (Abb. 7) kann dieser Unterschied leicht nachvollzogen werden. Neben stilistischen Details sind es vor allem die Umstände der Alterswertigkeit, welche in diesem Fall hauptsächlich durch die Abwitterungserscheinungen,

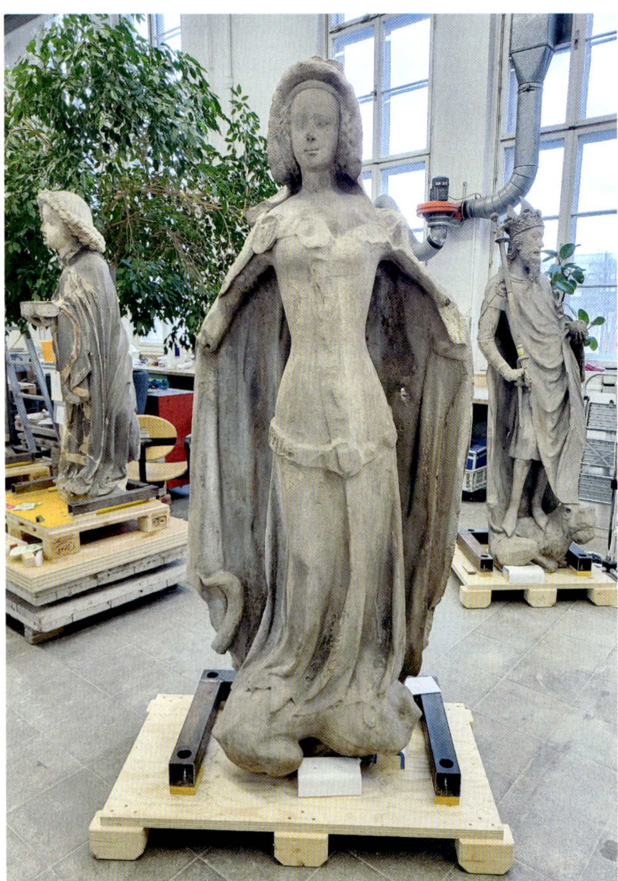

Abb. 6: Abgenommenes Original der Skulptur der Katharina vom Stephansdom in Wien, 2023

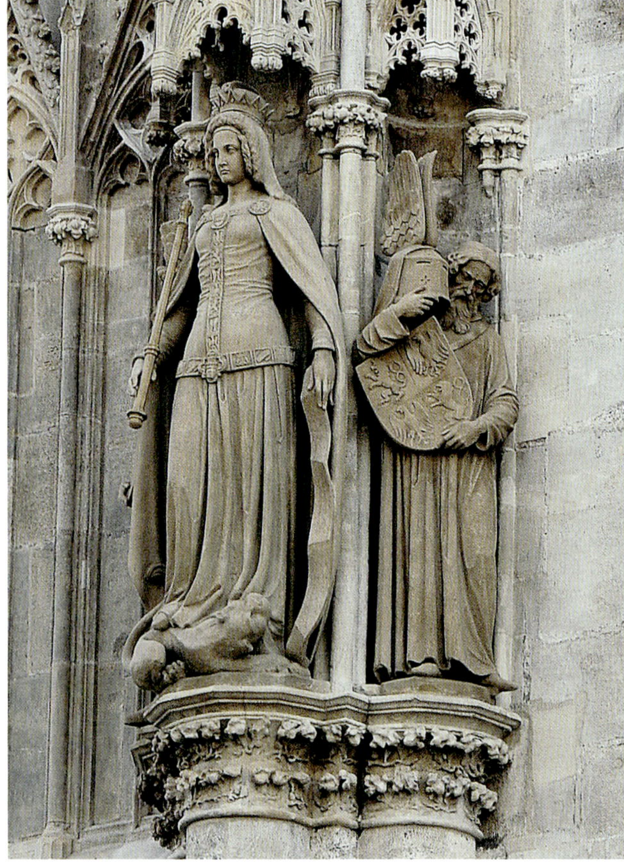

Abb. 7: Kopie des 19. Jahrhunderts am Westwerk des Stephansdoms, 2022

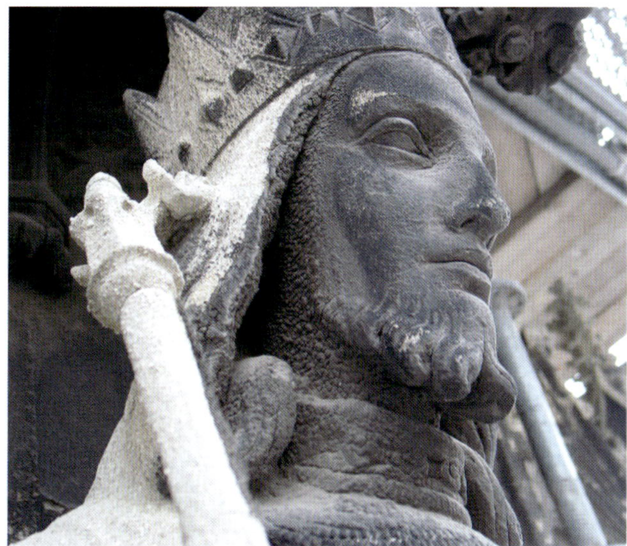

Abb. 8: Schwarze Gipssinterkrusten am Kopf der Rudolfsfigur an der Domfassade, 2007

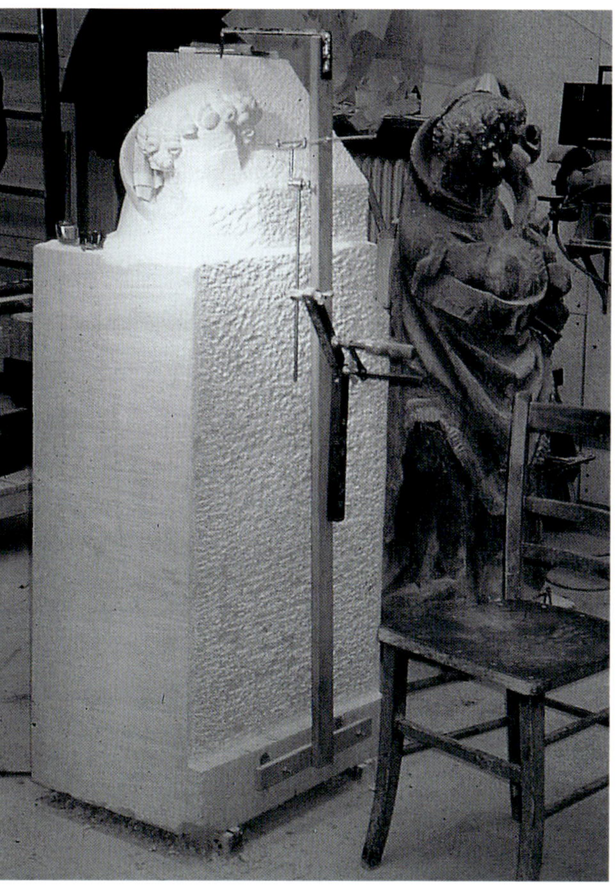

Abb. 9: Während des Abpunktierens des gotischen Stephanus des Riesentors des Stephansdoms in der Dombauhütte, 1998

Krustenbildungen, mechanische Beschädigungen und Altrestaurierungen verursacht sind, die zudem eine Unterscheidung erleichtern. Bei der letzten Restaurierung der Kopien am Westwerk des Domes um 2010 wurden bis zu 10 mm dicke Gipskrusten mittels Lasertechnologie abgenommen (Abb. 8.)[11]. Die Restaurierung der Kopien erforderte in etwa gleich viel Aufwand, wie er auch für gotische Originale erforderlich war. Leider konnte man sich bei der letzten Restaurierung am Dom bei den Stifterfiguren für keine Opferschicht entscheiden. Im Gegensatz dazu wurde aber seitens des Dombaumeisters Wolfgang Zehetner für das Riesentor eine Erweiterung des Dachvorsprungs bereits 1998 um circa 50 cm ermöglicht und durchgeführt. Zudem erhielten die zwei Nischenfiguren an den Eckpositionen Schutzdächer aus Blei mit Wasserablauf. Der um 1500 eingestellte hl. Stephanus an der Nord-Ostecke des Riesentores, welcher aus Breitenbrunner Kalksandstein gehauen ist, wurde kurz vor 2000 durch eine Kopie ersetzt, da sich der Breitenbrunner Kalksandstein an dieser exponierten Stelle als zuwenig widerstandsfähig herausstellte. Erwähnenswert ist, dass im Wiener Raum der Breitenbrunner Kalksandstein in der ersten Hälfte des 15. Jahrhunderts den beständigeren mittelalterlichen Auer Kalksandstein ablöste, da sich die qualitativ hochwertigen Gesteinslagen erschöpft hatten. Bei beiden Kalksandsteinvarietäten handelt es sich um Kalkarenite aus dem Leithagebirge. Die jetzt ersichtliche Kopie wurde nach Abstimmung mit dem Bundesdenkmalamt durch den Dombildhauer Philipp Stastny abpunktiert (Abb. 9). Das Original befindet sich jetzt im Domlapidarium im Südturm des Domes. Ein Monitoring der Skulpturen am Riesentor ist in Zusammenarbeit von Dombauhütte und Bundesdenkmalamt, Abteilung für Konservierung und Restaurierung, sowie Landeskonservatorat Wien für 2025/26 geplant. Dazu kommt, dass sämtliche Figuren des Domes zumindest einmal im Jahr mittels Abseilung durch die Dombauhütte auf ihren Erhaltungszustand hin überprüft werden. Durch die Dombauhütte sind vorbildliches Monitoring und sofortiges restauratorisches Reagieren aus dem Stand heraus stets möglich. Nicht umsonst ist neben dem Weltkulturerbe Stephansdom auch die Dombauhütte zu St. Stephan in Wien ein anerkanntes immaterielles Weltkulturerbe, welches eine vorzügliche Koexistenz

11 Die Konservierung und Restaurierung des Westwerkes des Stephansdomes in Wien erfolgte in mehreren Etappen. Planungs- und Steinmetzarbeiten erfolgten durch Dombaumeister Wolfgang Zehetner und die Dombauhütte. Als Steinrestaurator wurde Erich Pummer hinzugezogen, welcher mit substanzschonender Feinpartikelstrahltechnologie und laserunterstützter Krustenabtragung Schadkrusten entfernen konnte. Die Restaurierungsarbeiten am Riesentor erfolgten bereits früher, 1996/97, durch die Dombauhütte und die Abteilung für Konservierung und Restaurierung des Bundesdenkmalamts.

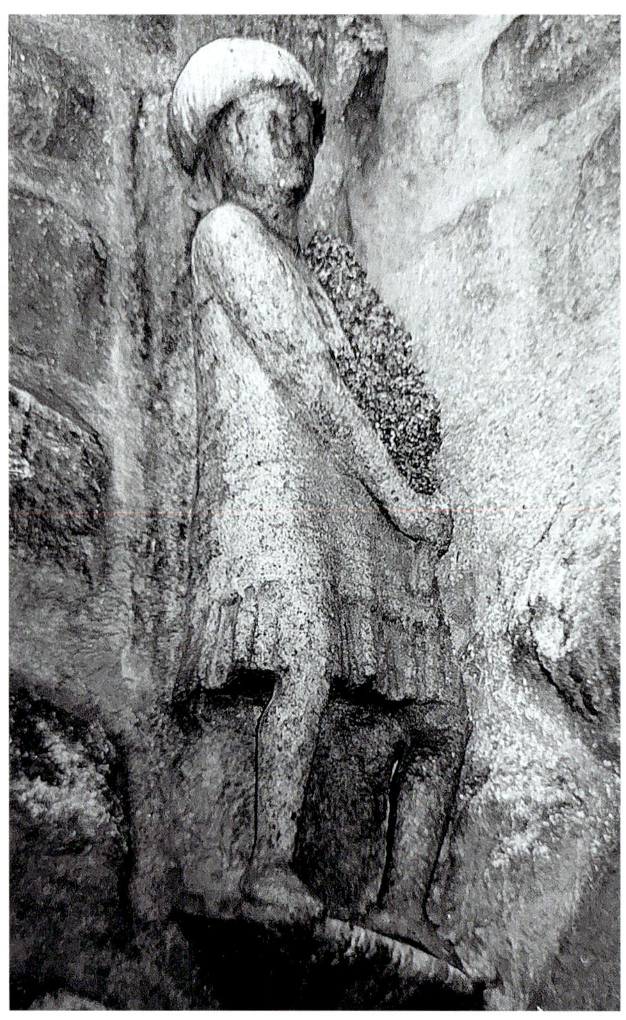

Abb. 10: Nördliche romanische Wächterfigur am Wienertor in Hainburg, 1995

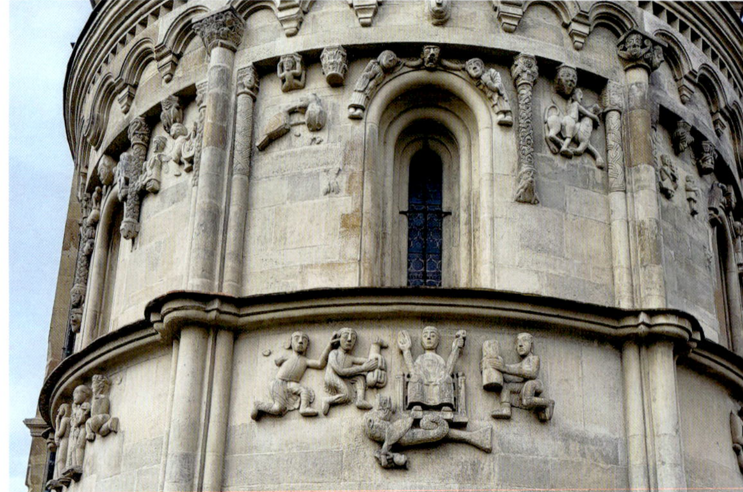

Abb. 11: Spätromanisches Relief an der Apsis der Pfarrkirche von Schöngrabern in Niederösterreich, 2023

gewährleistet und dadurch optimal zur Erhaltung des Stephansdomes beiträgt.

Etwas geschützter, aber trotzdem der Witterung stets ausgesetzt, trotzen die beiden Ritterdarstellungen an der Westseite des Wienertores in Hainburg in Niederösterreich den endogenen Kräften. Die in der zweiten Hälfte des 13. Jahrhunderts gefertigten sogenannten Torwächter (wohl Ritterdarstellungen) sind unterschiedlich gut erhalten. Der nördlich über dem Haupttor befindliche Ritter im Kettenhemd ist in einem guten Zustand (Abb. 10), wohingegen der im Süden befindliche Ritter, der in Höflingskleidung dargestellt ist, bereits weitgehend zerstört ist. Es ist beachtlich, dass die nördliche Skulptur trotz meterhohen Taubenkots und intensiver Salzbelastung von der darunterliegenden Durchzugsstraße her noch so viele Details erkennen lässt. Die 1986 durch die damaligen Restaurierwerkstätten des Bundesdenkmalamtes durchgeführte Restaurierung kann als nicht sehr nachhaltig angesehen werden, da 11 Jahre später durch Restaurator Pummer bereits eine Folgerestaurierung notwendig wurde.[12] Bei einem Lokalaugenschein 2024 konnten 25 Jahre später keine signifikanten Schadensbilder festgestellt werden. Allerdings würde eine Überprüfung mittels Hebebühne ein intensiveres Monitoring ermöglichen. Es ist erfreulich, dass die bestehende Überwölbung des Wienertores den beiden Figuren ausreichend Schutz gegen Witterungseinflüsse bietet.

Der im 13. Jahrhundert geschaffene Skulpturenbestand der Pfarrkirche von Schöngrabern in Niederösterreich ist aus zwei lokalen Sandsteinvarietäten herausgearbeitet. Eine dieser Gesteinsvarietäten ist aufgrund ihres hohen Glimmergehaltes als sehr witterungsanfällig einzustufen. Bei den bedeutenden, kunsthistorisch widersprüchlich eingestuften, Bildwerken handelt es sich um einzigartige Hochreliefs der Spätromanik Ostösterreichs (Abb. 11). Sie stellen unterschiedliche figurative biblische Darstellungen dar und ziehen sich in zwei Ebenen über die Apsis-Fassade. Die Abteilung für Konservierung und Restaurierung des Bundesdenkmalamts hat hier bereits in den 1950er Jahren erste Untersuchungen und Interventionen als notwendig erachtet. Mittlerweile wurde das äußere Herzstück des Kirchenbaues, die skulptural hochwertig ausgestaltete

12 Die Restaurierarbeiten wurden 1986 vom Amtsrestaurator des Bundesdenkmalamts, Emil Schkrohowsky, durchgeführt. Sein Restaurierbericht liegt im Archiv der Abteilung für Konservierung und Restaurierung des Bundesdenkmalamts im Arsenal auf. Auch der Restaurierbericht von Restaurator Erich Pummer, der später das gesamte Wienertor in Hainburg restaurierte, liegt im Arsenalarchiv auf.

Apsis, bereits zum zweiten Mal durch die Abteilung für Konservierung und Restaurierung des Bundesdenkmalamts konserviert und restauriert. Bei den bedeutenden Bildnissen handelt es sich um einzigartige Hochreliefs, die unterschiedliche figurative Darstellungen auf zwei Bildebenen zeigen. Von wesentlicher Bedeutung für den Erhaltungszustand sind eine kleine Überdachung des Mittelgesimses sowie eine wiederholbare Kalkschlämme als Opferschichte.[13] Dadurch konnte auch eine permanente Wartungsstrategie ermöglicht werden. Bei einer jüngst erfolgten Evaluierung konnte eine positive Wirkung dieser Opferschichte auf den Erhaltungszustand der Steinoberflächen diagnostiziert werden. Auch die darunterliegenden Konservierungsmaßnahmen lassen sich im Nachhinein als richtig und wirksam bezeichnen. Allerdings zeigt sich jetzt, nach 30 Jahren, dass sich diese Kalkschlämme nun gänzlich „aufgeopfert" hat.[14] Eine Erneuerung dieser Maßnahmen sowie eine zusätzliche Vergrößerung des Hauptgesimses mit vorgehängter Dachrinne wären als Folgemaßnahmen unbedingt anzustreben. Für eine geeignete Maßnahmensetzung wurden bereits vor drei Jahren geeignete Vorarbeiten durch das Bundesdenkmalamt ermöglicht. Der Skulpturenbestand von Schöngrabern scheint, sollten die nächsten geplanten Restaurierungsvorhaben zur Durchführung gelangen, für die nächsten Jahrzehnte gesichert zu sein.[15]

Aus ähnlichem Sandsteinmaterial ist die Nischenfigur des Tullner Karners, welche sich an seiner Südwestseite befindet, gehauen. Ungeachtet der Sachlage, wer hier dargestellt ist, ist ihr Weiterbestand durch die Nischensituation gesichert. Sie wurde bereits in den 1980er Jahren restauriert. Dazu wurde der fehlende Kopf, welcher wohl durch einen Vandalenakt verloren ging, durch eine Rekonstruktion ersetzt. Amtsbildhauer Emil Schkrohowsky hat dafür einen Kopf der romanischen Reliefköpfe des Hauptportales der Tullner Stadtpfarrkirche abgeformt, bildhauerisch umgeformt und dem Figurentorso aufgesetzt. Dadurch erhielt diese Figur ihre Ganzheitlichkeit zurück (Abb. 12). Allerdings würde diese Maßnahme aus heutiger denkmalfachlicher Sicht wohl nicht mehr so umgesetzt werden können. Der seit über 50 Jahren aktive Verein „Rettet den Tullner Karner" erweist sich als Garant für die Erhaltung des romanischen Kleinods mit all seinen figurativen Details und der hier angeführten Nischenfigur.

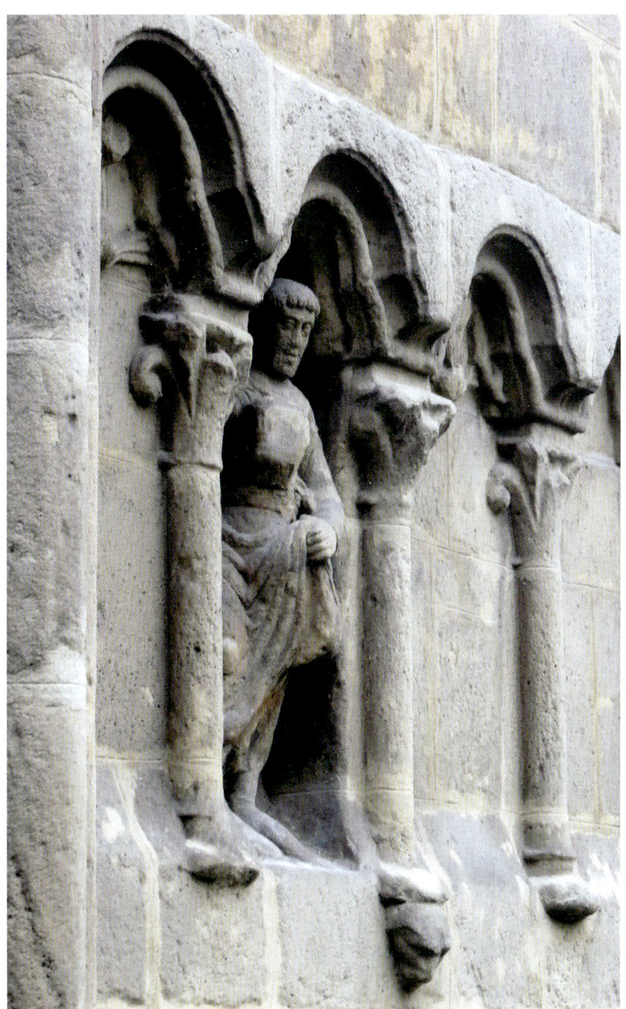

Abb. 12: Romanische Nischenfigur am Karner von Tulln, 2012

An der Südfassade der Pfarrkirche von Bad St. Leonhard in Kärnten haben sich übereinander an einem südlichen Strebepfeiler die Darstellungen der zwei wichtigsten Kirchenheiligen erhalten. Die aus einem nicht näher bekannten Kalksandstein gehauenen Heiligenfiguren des hl. Leonhard und hl. Laurenzius (Abb. 13) weisen einen relativ guten Zustand auf, obwohl viele der Details an ihnen und den darüber liegenden Baldachinen im Laufe der Zeit nachgearbeitet worden sind bzw. verloren gingen. Bei der letzten Restaurierung, die

13 Leitfaden Schlämmen in Restaurierung und Denkmalpflege, hg. Bundesdenkmalamt, Wien 2018, https://www.bda.gv.at/themen/publikationen/standards-leitfaeden-richtlinien/leitfaden-schlaemmen-denkmalpflege.html (21.11.2024).

14 Johann Nimmrichter / Manfred Koller, Opferschichten auf Kalksandstein und Kalkstein – Langzeitperspektiven einer präventiven Konservierungsmethode, in: Turm – Fassade –Portal, Colloquium zur Bauforschung, Kunstwissenschaft und Denkmalpflege an den Domen von Wien, Prag–Regensburg 2001, S. 121–127.

15 Sämtliche Berichte über restauratorische Vorarbeiten und Konzepte, welche vom Bundesdenkmalamt unter der Mithilfe von Konservierungswissenschaftlerinnen und -wissenschaftlern sowie Steinrestauatorinnen und -restauratoren entstanden sind, liegen im Archiv des Bundesdenkmalamts im Arsenal auf.

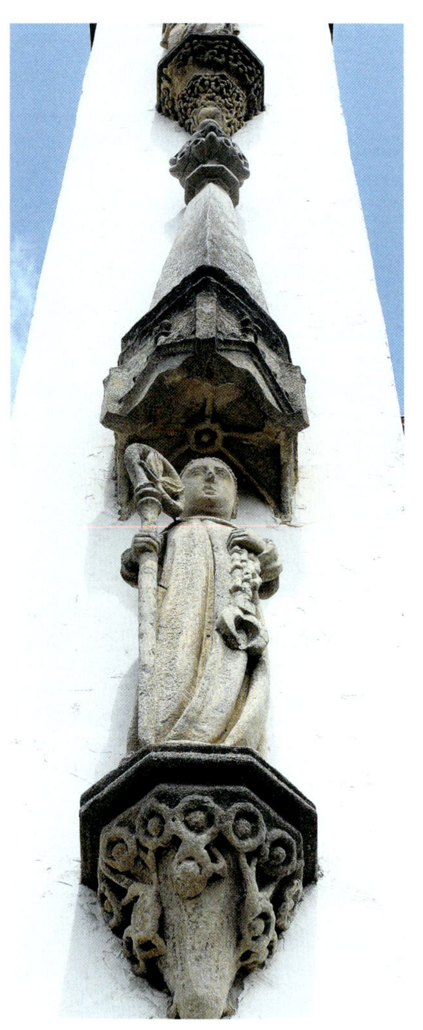

Abb. 13: Gotische Darstellung des hl. Leonhard an einem südlichen Strebepfeiler der Pfarrkirche von Bad St. Leonhard in Kärnten, 2024

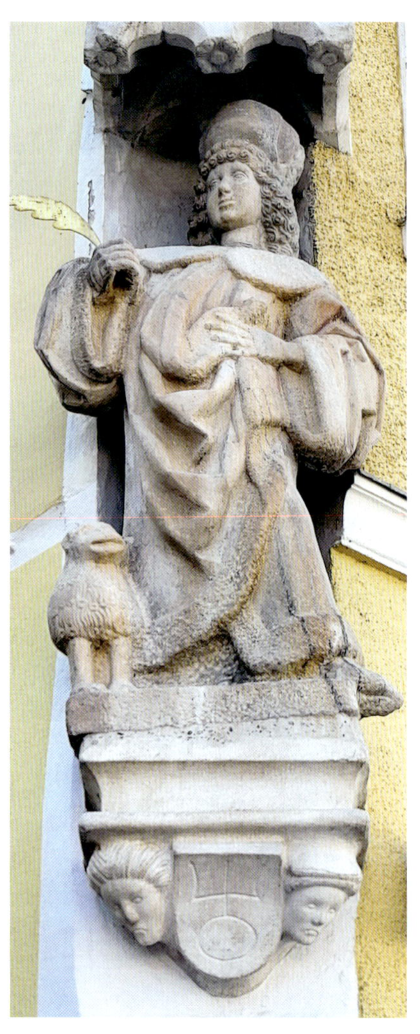

Abb. 14: Spätgotischer hl. Veit am Hauptplatz von St. Veit an der Glan in Kärnten, 2002

in den 1970er Jahren stattgefunden hat, wurden beide Figuren leicht überarbeitet. Erst 2024 wurde die Innenrestaurierung der Pfarrkirche abgeschlossen. Bei einer eventuellen Restaurierung der Außenfassade, die wohl in einigen Jahren für außen partiell anzudenken wäre, wäre auf alle Fälle eine Einbeziehung dieser beiden gotischen Figuren ratsam.

In St. Veit an der Glan in Kärnten steht an der Hausecke des in der Gotik errichteten Hauses Nr. 14 eine unterlebensgroße gotische Darstellung des hl. Veit von 1460/70 (Abb. 14). Diese mehrmals bunt gefasste Skulptur ist so wie der dazugehörige Baldachin und das zugehörige Kapitell aus lokalem kristallinem Marmor gehauen. Leider waren bei der letzten Besichtigung 1995 mittels Leiter nur mehr wenige Fassungsbereiche vorhanden. Es konnten aber eindeutig eine ursprüngliche und zwei Nachfassungen identifiziert[16] und auch der Nachweis erbracht werden, dass diese Marmorskulptur stets ein buntes, farbenprächtiges Erscheinungsbild hatte. Leider wurden bei einer in den letzten Jahren erfolgten Restaurierung erneut Fassungsreste reduziert, da während der Reinigungsmaßnahmen auf Begleitmaßnahmen zum Schutze der Farbreste vergessen wurde. Diese für den Hauptplatz einzigartige figurative Darstellung ist durch den Baldachin und die günstige Positionierung in Richtung Norden einigermaßen geschützt. Gerade für Skulpturen aus kristallinem Marmor sind nach Norden ausgerichtete Aufstellungen besser geeignet als gen Süden, da sich dadurch thermische Dilatationsprozesse des Marmorgefüges geringer ausbilden, wie es bei intensiver Sonneneinstrahlung der Fall wäre.

Am reich gegliederten Südportal der gotischen Stadtpfarrkirche von Eferding in Oberösterreich (1498) wurden erst Anfang des 21. Jahrhunderts die überlebensgroßen Kalksandsteinfiguren der Darstellungen des

16 Laborbericht Bundesdenkmalamt Arsenal von Hubert Paschinger, Polychrome Marmorfigur, St. Veit an der Glan, Zl:44.356/3/2004, Nr. 749/04–754/04.

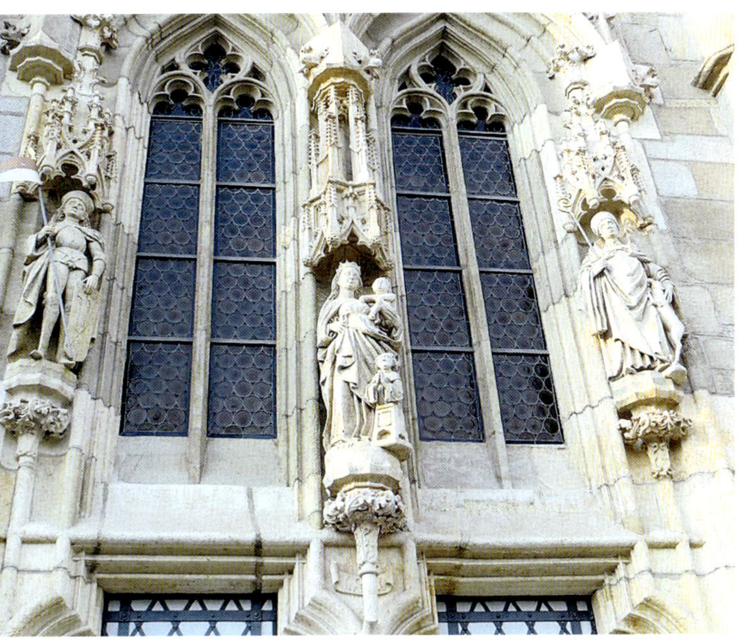

Abb. 15: Portalfiguren am Südportal der Pfarrkirche von Eferding in Oberösterreich, 2020

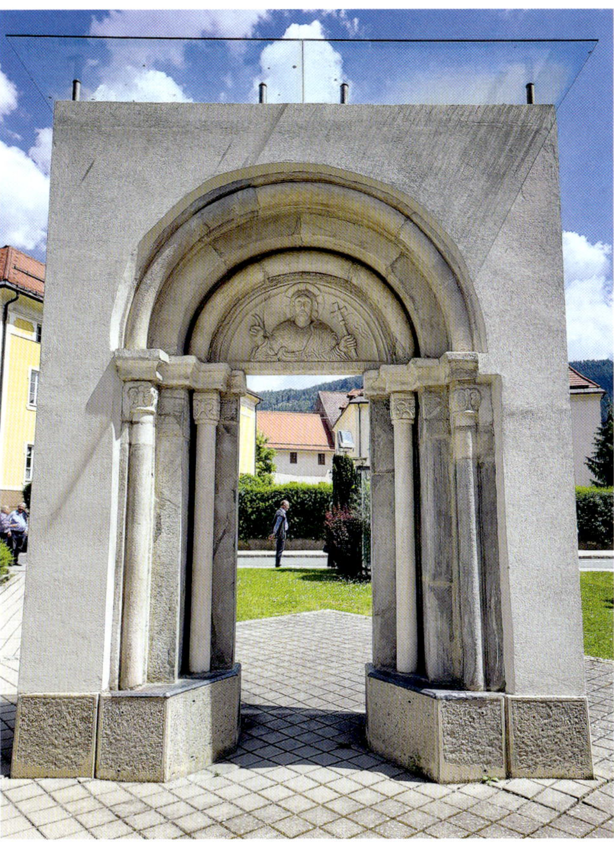

Abb. 16: Moderne Aufstellung mit dem romanischen Portal des ehemaligen Karners vor der Pfarrkirche von Friesach in Kärnten

hl. Hippolyt, der Maria mit Kind und Stifter sowie des hl. Ägidius restauriert.[17] Die Skulpturen sind aus kompaktem Donaukalkstein aus dem Raum Regensburg gehauen (Abb. 15). Die Figuren waren so wie die gesamte Außenfassade ursprünglich gefasst. Fassungsreste konnten allerdings nicht mehr aufgefunden werden. Für formale Ergänzungen wurden während der Restaurierung kleinere Vierungen aus Donaukalkspolien, die vom Regensburger Dom stammen, gefertigt. Es wurde für die Nachhaltigkeit der Steinoberfläche lediglich eine farblich eingestellte Kalktünche als Oberflächenschutz appliziert. Insgesamt können die gotischen Originale als gut erhalten beschrieben werden. Eine Wartung sollte allerdings in den nächsten Jahren in Erwägung gezogen werden.

3. Freistehende Freiplastik, die durch ein Schutzdach und Seitenwände geschützt ist, z. B. bei Nischenfiguren mit zusätzlichem Baldachin oder Portaltympana

Das romanische Portaltympanon des ehemaligen Karners von Friesach in Kärnten wurde im 19. Jahrhundert während der Demolierung der Rundkirche mitsamt der ganzen marmornen romanischen Portallaibung ausgebaut und in Zweitverwendung als Eingang für den Stadtsaal der Stadtgemeinde eingebaut. Ab 2002 wurden an diesem Stadtsaal Umbauten durchgeführt, die zu einem weiteren Ausbau des Portals führten. Nach der Restaurierung aller romanischen Marmorteile, welche zum Teil in Wien in den Ateliers der Abteilung für Konservierung und Restaurierung des Bundesdenkmalamtes im Arsenal erfolgten, wurde das Portal unweit des ursprünglichen Aufstellungsortes des Karners als Architekturtorso mit einem Schutzdach aufgebaut.[18] Bei einer Nachbesichtigung 2023 konnte an allen Teilen ein guter Zustand vorgefunden werden. Das Glasdach und die schützende Nischenform der Präsentationsarchitektur sowie die Schattenposition an der Nordseite der Stadtpfarrkirche verminderten die Stresssituationen, wie sie durch Sonneneinstrahlung und damit verbundene Temperaturunterschiede für das Kristallgefüge des Marmors verursacht werden. Durch diese Positionierung scheint auch für den Außenbereich ein ausreichender

17 Die Restaurierung erfolgte 2008 durch Josef Weninger mit seinem Team.

18 Die Restaurierung an fast allen Marmorteilen der Portallaibung wurde durch Restaurator Hans Dieter Wurzer bis 2007 durchgeführt. Die Konservierungsmaßnahmen am skulpturalen Tympanon wurden bereits 2004 im Steinatelier der Abteilung für Konservierung und Restaurierung des Bundesdenkmalamts im Arsenal ermöglicht. Im Arsenalarchiv liegt auch der Restaurierbericht auf. Für die Planung vor Ort und für die Umsetzung der Portalkonstruktion war 2008 der damalige Landeskonservator Ulrich Harb federführend.

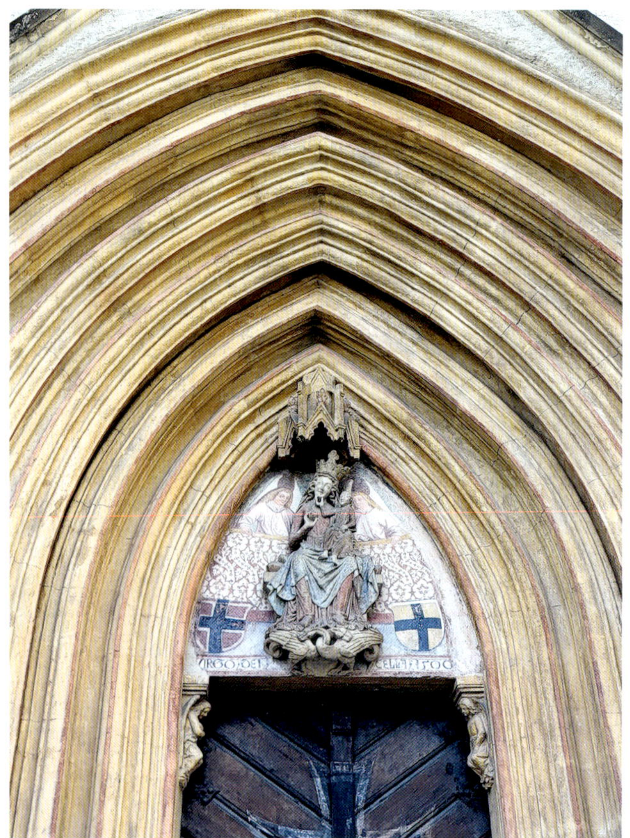

Abb. 17: Frühgotische Tympanon-Madonna der Leechkirche in Graz

Schutz für das Marmorrelief im Tympanon gewährleistet zu sein. Zudem konnte dadurch eine Annäherung an den ursprünglichen Aufstellungsort erreicht werden.

Gänzlich ohne Glasschutz kommt die Darstellung der frühgotischen Madonna mit Kind am Tympanon der Leechkirche aus (Abb. 17). Diese im 20. Jahrhundert restaurierte Darstellung ist durch die Tiefe des Trichterportales weitgehend geschützt. Allerdings konnte über 20 Jahre hinweg beobachtet werden, dass vor allem durch Verschmutzungen durch Vogelkot und die Verwendung der Marienkrone als Vogelnest eine Gefährdung für die bestehende Fassung besteht. Bei der letzten Besichtigung konnten zudem Veränderungen an der Letztfassung festgestellt werden. Diese Madonna zeigt eine gut erhaltene Fassung und vermag jenen Eindruck zu vermitteln, wie wohl wir uns die meisten gotischen Figuren im Freien vorstellen müssen: farblich gefasst und damit zusätzlich über die Form hinaus akzentuiert.[19] Zu einem großen Teil verdanken wir den erfreulich guten Zustand der geschützten Positionierung der Skulptur.

Waren gefasste Skulpturen Teil einer Portalanlage, so sind diese aufgrund der doch eher geschützten Aufstellung erhalten geblieben und ermöglichen dadurch eine Vorstellung, wie einst alle gotischen Bildwerke im Außenbereich ausgesehen und gewirkt haben können.[20]

Leider sind für gänzlich freistehende Steindenkmäler geeignete Konservierungsstrategien nur beschränkt anwendbar, sodass auch heute noch Abnahmen von Figuren im Freien eine denkmalgerechte Option sein können. Wo aber aufgrund der Anwendungsmöglichkeit von wiederholbaren Erhaltungsmaßnahmen wie Opferschlämmen eine Beibehaltung des ursprünglichen Aufstellungsortes möglich ist, soll der Verbleib dieser auch beibehalten werden, obwohl durch die dann notwendigen Schutzüberzüge kurzzeitig eine Veränderung der Wahrnehmung verbunden sein kann. Das Vorhandensein der Originalität ist denkmalfachlich mitunter wohl höher einzuschätzen als die scheinbare Authentizität einer an einem historischen Geschmack orientierten Kopie.

---

19 Johann Nimmrichter, Farbgebungen am Bischofsportal und Vergleiche mit zeitnahen Fassungsbeständen am Wiener Stephansdom sowie weitere Beobachtungen an den Steinoberflächen des gotischen Portals, in: Barbara Schedl / Franz Zehetner (Hg.), St. Stephan in Wien. Die „Herzogenwerkstatt". Wien 2022, S. 249–271.

20 Manfred Koller / Johann Nimmrichter, Gotische Kirchenportale in Österreich – Monochromie und Polychromie, in: Erwin Emmerling / Detlef Knipping / Franz Niehoff, Das Westportal der Heiligengeistkirche in Landshut, Arbeitshefte des Bayerischen Landesamtes für Denkmalpflege, Landshut 1997, S. 249–258.

Paul Hofmann

Bildwerke aus Stein ins Museum

Herkunft – Restaurierung – Präsentation

Sculptures made of stone in the museum. Origin – restoration – presentation
Historic monument preservation is not the only scenario where architectural sculptures and other works of art are handled according to objective requirements and subjective perception: a new history of such works also begins when they are taken out of their architectural and artistic contexts and placed in museums. A museum is caught in a constant conflict between doing justice to the creator's original intention and telling the story of the object itself, which has since become altered and damaged. Simultaneously conveying that separation of its history before it was acquired and how it has changed in the context of the collection remains challenging. By removing the sculpture from its original location, this part of its history often fades into the background at the museum. It's hard for the curator to take all perspectives into account. Where these decisions of the presentation in the museum ensemble could guide the viewer's perception, and what is ultimately conveyed, will be explained using five examples from the sculpture collection of the State Museums in Berlin.

Der Kontext einer musealen Präsentation stellt Kuratoren vor die scheinbar unlösbare Aufgabe, einerseits die Werke sammlungsgeschichtlich, historisch und geografisch zu kontextualisieren und andererseits ihrer ursprünglichen Herkunft Raum zuzugestehen. Letzteres ist schon aus dem Grunde kaum möglich, dass die Ausstellungsverhältnisse in einem Museum beengt sind. Auf die Besuchenden komprimiert sich eine visuelle Gesamtwirkung, bevor Herkunftshinweise an den Labels wahrgenommen werden können, um festzustellen, dass zwei nebeneinanderstehende Bildwerke völlig unterschiedlicher Herkunft sind. Das Arrangement des Raums wirkt je nach kuratorischem Anspruch und Zeitgeschmack gemeinsam als Impression und überlagert damit unterschiedlichste Informationen.

Am Beispiel einiger Werke der Skulpturensammlung im Berliner Bode-Museum wird aus der Perspektive ihrer Herkunft und ihres ursprünglichen Bestimmungsortes das Kunstwerk in seiner heutigen Präsentation kritisch betrachtet. Seine Historie in vor-musealer Zeit prägte seine Veränderungen, in Abhängigkeit seiner Nutzung und Bedeutung vor Ort. Nun, als Museumsobjekt, wird des Werkes zweite Existenz durch die kuratorische Präsentation bestimmt. Beides sind Teile einer Objektgeschichte, die aber ganz unterschiedlich auf dessen Konservierung und Restaurierung einwirkte. Im Ergebnis ändert sich die Perspektive im Museum, indem eine definierte Zielsetzung vorgibt, welchen Teil seiner Geschichte das Bildwerk den Betrachtenden vermitteln soll.

Dabei fokussieren sich zwei hypothetische Fragen:

Wie verändert sich der Anspruch an die Konservierung und Restaurierung des Bildwerks, weil es aus dem ihm ursprünglich zugedachten Raum in ein Museum wechselte?

Wurden und werden restauratorische Maßnahmen von kuratorischen Wünschen und einer sich ändernden Sammlungsgestaltung im Geiste der jeweiligen Zeit beeinflusst?

Kein Kunstwerk wurde jemals für ein Museum geschaffen

Die Entstehung der Berliner Kunstsammlungen begann, wie so häufig an den europäischen Königshäusern, im 17. Jahrhundert. Das Sammeln von Kunst, Raritäten und Preziosen besonderer Gestalt und Herkunft pflegte in seinen Kunst- und Wunderkammern auch der Preußische Hof unter Kurfürst Friedrich III. von Brandenburg und späterem König Friedrich I. Die Aufklärung im Geist der Renaissance, die zumeist unter königlicher Schirmherrschaft gegründeten wissenschaftlichen Institute und Universitäten und das gleichzeitige Entdecken und Erforschen der Welt in der Neuzeit entfachten in Europa eine konkurrierende Sammelleidenschaft am

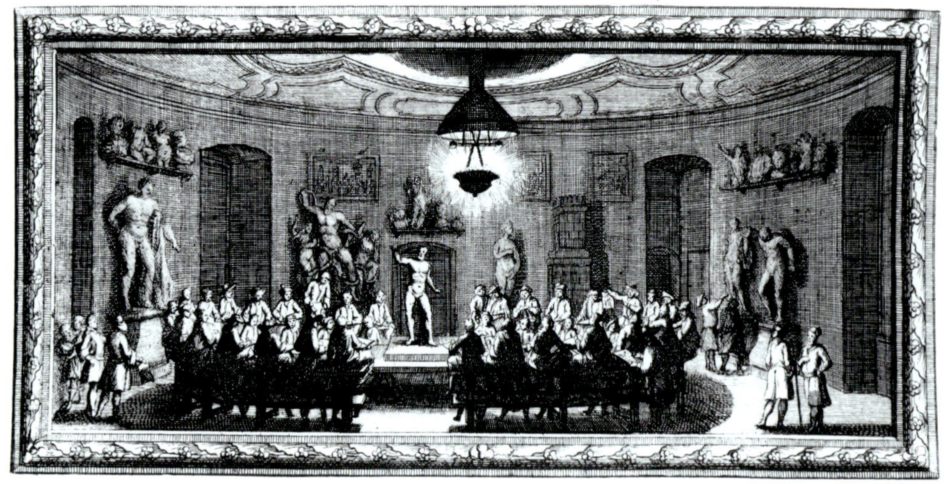

Abb. 1: Besucher im Antikensaal der Kunstkammer im Berliner Stadtschloss, 1701

Hofe, beim Adel und im Bürgertum und prägten das 17. und 18. Jahrhundert.

Gemeinsam bestaunen Geladene der hohen Gesellschaft in den preußischen Kunstkammern die wertvollen Skulpturen ihres Gastgebers, wie im Stich des deutschen Archivars und Numismatikers Lorenz Berger (1653–1705) festgehalten ist (Abb. 1).[1] Doch hatten die antiken Skulpturen, hier überwiegend römische Kopien nach griechischen Originalen, bereits eine etwa 2000-jährige Geschichte an ganz anderen Orten hinter sich.

Mit dem Bau des Königlichen Museums in Berlin, später Altes Museum, 1824–1830, gründeten sich 1823 die Königlichen Museen unter preußischer Ägide. Damit bekam erstmalig die breite Öffentlichkeit Teilhabe an den angehäuften Schätzen aus den Kunstkammern. Der nunmehr museale Fundus umfasste alle Bereiche, unabhängig ihrer historischen und geografischen Herkunft oder Materialität. Der erste Katalog zur Ausstellung der Skulpturen im Alten Museum, vom königlichen Hofbildhauer Christian Friedrich Tieck (1776–1851) herausgegeben, erschien bereits 1834 in Berlin.[2] Darin wird ein aus heutiger Sicht recht buntes, scheinbar ungeordnetes Konvolut der Berliner Öffentlichkeit präsentiert.[3] Erst mit der Trennung antiker Bildwerke von naturhistorischen, kunstgewerblichen und ethnologischen Objekten bildeten sich nach und nach die 18 spezialisierten Sammlungen der heutigen Staatlichen Museen zu Berlin heraus. Das Profil einer eigenständigen Skulpturenabteilung formte sich ab etwa 1840.[4] Wilhelm von Bode (1845–1929) strebte einen Bestand

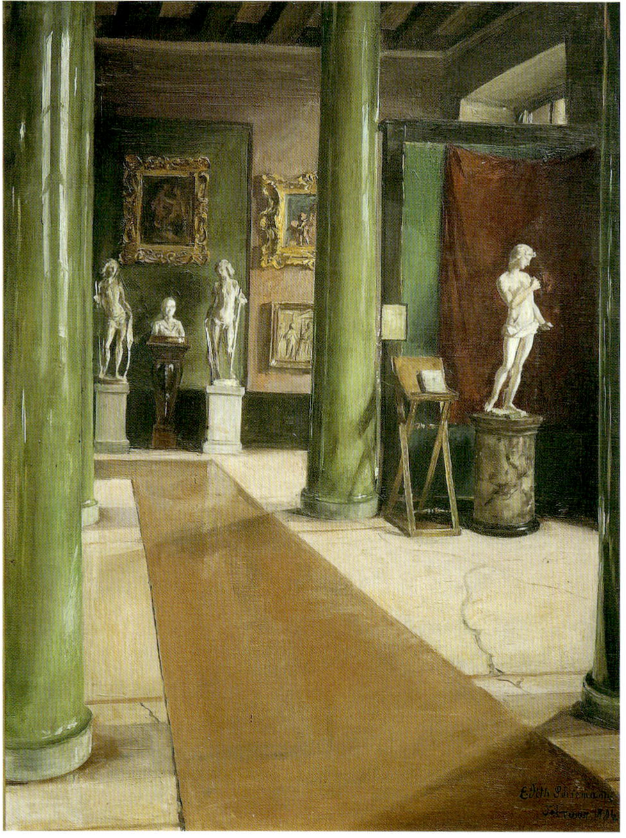

Abb. 2: Gemälde von Edith Schiemann von 1896 mit Abbildung der beiden Schildhalter im Alten Museum, Öl auf Leinwand

1 Lorenz Berger, Thesaurus Brandenburgicus 3, Preußen 1701.

2 Friedrich Tieck, Verzeichniss der antiken Bildhauerwerke des Königlichen Museums zu Berlin, Berlin 1834. Die Verwendung des Terms „Antike“ hat in dieser Verwendung eine andere Bedeutung als heute und umfasste sämtliche „alte“ Werke.

3 Friedrich Tieck, Verzeichniss von Werken der della Robbia, Majolica, Glasmalereien u.s.w., Berlin 1835. Bereits im Titel findet die erste Systematik durch Abgrenzung (späterer Werke der Skulpturenabteilung) von antiken Skulpturen statt.

4 Sie umfasst die Bildwerke südlich und nördlich der Alpen vom Beginn der Christianisierung bis 1800 in Europa, Nordafrika und dem Vorderen Orient. Mit der Anhäufung von archäologischen Zugängen aus der Zeit des frühen Christentums entstand um 1930 daraus als eigene Abteilung die Frühchristlich-Byzantinische Sammlung.

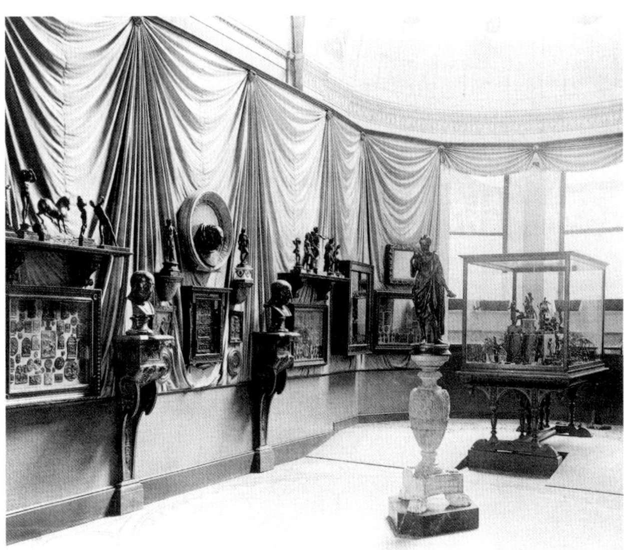

Abb. 3: Bildwerke der Skulpturenabteilung im Bronzekabinett des Neuen Museums, 1896

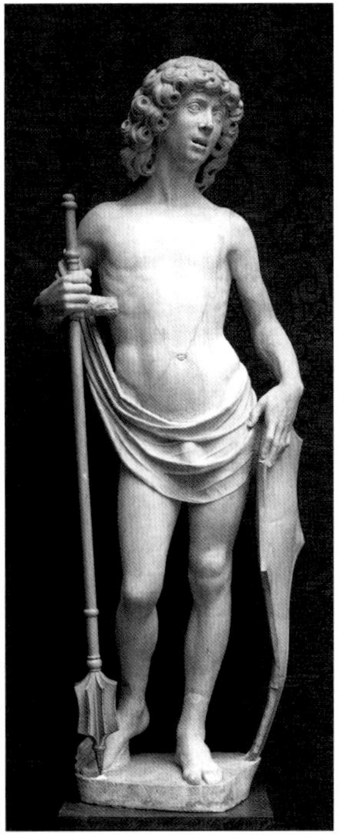

Abb. 4: Einer der beiden Schildhalter von Tullio Lombardo, vor 1945

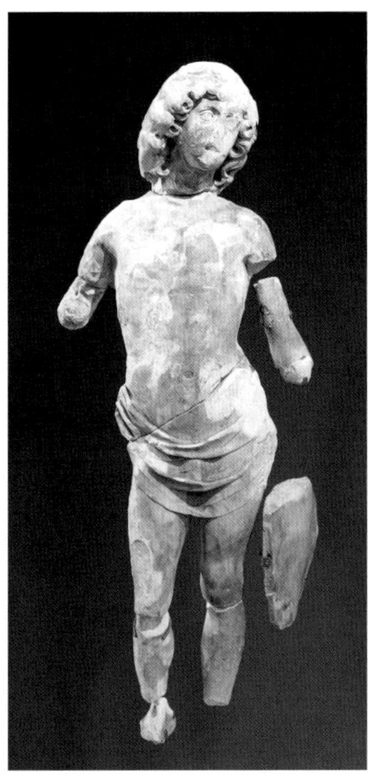

Abb. 5: Schildhalter im Zustand, 2021

an, der bis in die 1930er Jahre sowohl die Skulpturen des frühen Mittelalters bis in die Neuzeit als auch die archäologischen Objekte der Frühchristlich-Byzantinischen Sammlung umfasste.[5] Bezeichnenderweise nannte er diese Sammlung um 1883 die „Abteilung der Bildwerke der christlichen Epochen“.[6]

In einem Gemälde der Berliner Malerin Edith Schiemann von 1896 sind die zwei Schildhalter von Tullio Lombardo, Meisterwerke der venezianischen Renaissance um 1480, im Hintergrund neben der Büste im Alten Museum zu erkennen (Abb. 2). Sie stammten aus der frühesten Erwerbungsphase für die Berliner Skulpturenabteilung und wurden bereits 1841 in Italien erworben. Beide sollten 1945 zum Ende des Zweiten Weltkrieges stark beschädigt werden.

Doch bereits mit Eröffnung des nächsten Museumsbaus auf der Insel, dem Neuen Museum, waren ab 1855 Bestände der späteren Skulpturenabteilung dorthin umgezogen, während die italienischen Skulpturen der Renaissance vorerst im Alten Museum verblieben (Abb. 3).[7]

Erst mit der Eröffnung des Kaiser-Friedrich-Museums, dem heutigen Bode-Museum, bekam die Skulpturenabteilung am 18. Oktober 1904 ein eigenes Haus auf der Nordspitze der Berliner Museumsinsel. Nach zum Teil mehreren Umzügen aus Neuem und Alten Museum wurden hier nunmehr die Bestände zusammengeführt. Aber es kam sehr schnell zu Platzproblemen, da aus den Grabungslizenzen im Vorderen Orient und Nordägypten von 1900 bis 1914 ein enormer Zugang an archäologischen Objekten an die Staatlichen Museen zu verzeichnen war. So bekamen auch die Sammlungen des Museums für Vor- und Frühgeschichte und des Islamischen Museums Ausstellungsflächen und die Gemäldegalerie wurde im zweiten Ausstellungsgeschoss präsentiert. Nach der Fertigstellung des letzten Museums auf der Berliner Museumsinsel, des Pergamonmuseums, zogen die Bildwerke nördlich der Alpen (überwiegend aus Deutschland und den Niederlanden) aus dem Kaiser-Friedrich-Museum 1930 in den Nordflügel des Pergamonmuseums, der als Deutsches Museum eingerichtet wurde. Die weitere Geschichte der Skulpturenabteilung[8] bestimmen erhebliche Verluste, die 1939–1945 durch Zerstörung, Plünderung und Beschlagnahme die Bestände erheblich dezimiert

5 Wilhelm Bode prägte als Direktor der Skulpturenabteilung (ab 1883) und als Generaldirektor der Königlichen Museen (1905–1920) mit seiner Erwerbungspolitik maßgeblich die sammlungshistorische Ausrichtung der Berliner Sammlungen.

6 Wilhelm Vöge, Bildwerke der christlichen Epochen. Die Elfenbeinbildwerke, Neuauflage von 1900, Berlin 1911.

7 In einer Aufnahme einer der runden Eckräume im Neuen Museum wurde um 1896 das Bronzekabinett mit Bildwerken der italienischen Renaissance der Skulpturenabteilung eingerichtet (SMB-SBM-Archiv), abgebildet in: Volker Krahn (Hg.), Von allen Seiten schön. Rückblicke auf Ausstellung und Kolloquium 1, Köln 1996, S. 16 f.

8 Vor 1945 und bis 1990 in Westberlin als „Skulpturenabteilung“ bezeichnet, nach 1945 in Ostberlin und nach der Wiedervereinigung der Sammlungen ab 1990 als „Skulpturensammlung“ weitergeführt.

hatten.[9] Die beiden bereits genannten venezianischen Schildhalter aus Carrara-Marmor verbrannten im Auslagerungsdepot Flakbunker Friedrichshain nur wenige Tage nach Kriegsende (vgl. Abb. 2 mit Abb. 4 und 5).

Die zahlreichen Standortwechsel innerhalb der Museen auf der Berliner Insel in den 100 Jahren prägten nicht nur den Zustand der Bildwerke und deren Restaurierungsgeschichte. Die hohen Verluste nach 1945 veränderten in erheblichem Maße auch die Raumwirkungen im Bode-Museum gegenüber dem Vorkriegszustand. Die massive Veränderung der kuratorischen Gestaltung vermitteln die beiden Ansichten des heutigen Raums 219 (1904 Saal 36) im Vergleich (Abb. 6 und 7). Der Charakter der ursprünglichen Präsentation hatte sich komplett geändert. Nicht zuletzt durch die hohen Kriegsverluste bekam jedes Bildwerk nach 1945 mehr Raum als nach der Eröffnung des Museums 1904. Durch diese verstärkt solitäre Präsentation veränderte sich auch die Wirkung jedes einzelnen Bildwerkes auf die Betrachtenden und wurde dominanter.

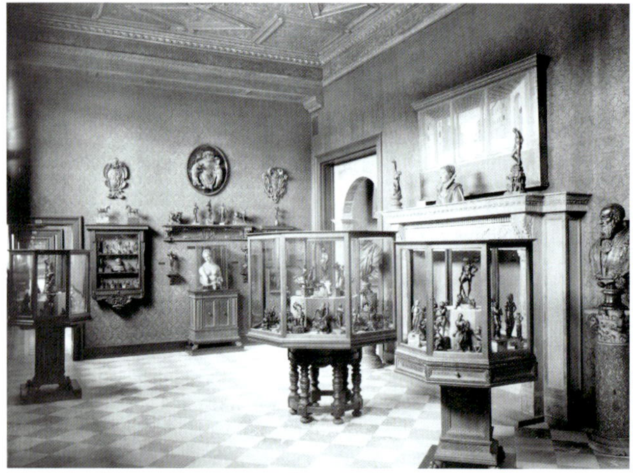

Abb. 6: Kaiser-Friedrich-Museum, Saal 36, um 1917

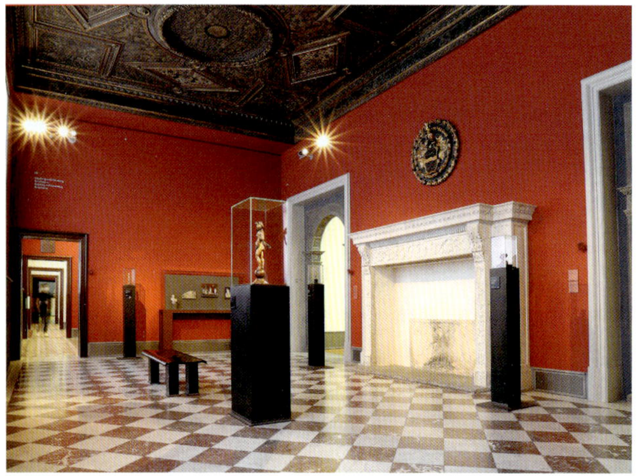

Abb. 7: Bode-Museum, Raum 219, 2022

Dieser kurze historische Abriss der Geschichte von kaum mehr als einem Jahrhundert zeigt am Beispiel der beiden Schildhalter, dass die Bildwerke seit ihrer Erwerbung oft mehr in Bewegung waren und Veränderungen erfuhren als in den 340 Jahren davor seit ihrer Entstehung. Entsprechend dominieren in der Wahrnehmung diese jüngeren Veränderungen die Werke, vor allem deren Beschädigungen. Diese Veränderungen sind nunmehr für die Betrachtenden bildprägend, nicht mehr ihr Zustand am ursprünglichen Herkunftsort.

Aus der Not zur Tugend

Ein erstes Beispiel verdeutlicht einen Herkunfts- und den damit verbundenen Perspektivwechsel: vom ursprünglich bildhauerischen Ausstattungsobjekt des Berliner Stadtschlosses zum einzelnen Kunstwerk im Museum und anschließenden Return. Das Stadtschloss wurde 1699–1706 durch den Architekten und Bildhauer Andreas Schlüter (1659–1714) erbaut. Es ist in zweifacher Hinsicht für die Berliner Museen von großer Bedeutung: Als Hort der Kunstkammer der preußischen Könige und damit Gründungsfundus der Königlichen Museen ist es die sammlungshistorische Wiege der heutigen Berliner Museen. Andererseits ist das historische Gebäude selbst als rekonstruiertes Denkmal zum Ausgangspunkt vieler barocker Skulpturen und Fragmente in ihrer Objektgeschichte geworden (Abb. 8). Dieses letzte Wahrzeichen preußischer Macht überstand den Zweiten Weltkrieg, wenn auch stark beschädigt, wurde aber auf dem Nachkriegsterritorium Ostberlins am 7. September 1950 gesprengt (Abb. 9).

Aus der Vernichtung des Schlosses ging 1950 ein Konvolut von Fragmenten und Skulpturen Andreas Schlüters hervor, das entweder kurz vor der Sprengung noch gerettet oder aus den Trümmern geborgen wurde. Ein Gesamtbestand von etwa 30 teilweise kolossalen Skulpturen, hunderten skulpturalen und ornamentalen Fragmenten und Architekturteilen aus sächsischen und schlesischen Sandsteinen wurde der Skulpturensammlung im Bode-Museum in den frühen 1950er Jahren regelrecht „übergeholfen" und hier inventarisiert (Abb. 10).

2014 kam ein Teil der überlebensgroßen Skulpturen, überwiegend Allegorien und römische Gottheiten, erneut in die große Kuppelhalle des Bode-Museums, wo sie bis Anfang der 1990er Jahre bereits gestanden

9 Nach Auswertung der Datenbank MuseumPlus gelten heute circa 2.500 Werke als kriegsbedingt verschollen.

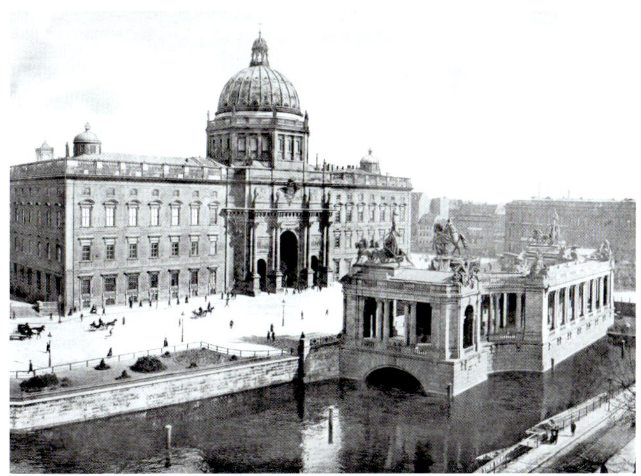

Abb. 8: Berliner Stadtschloss von Westen, um 1900

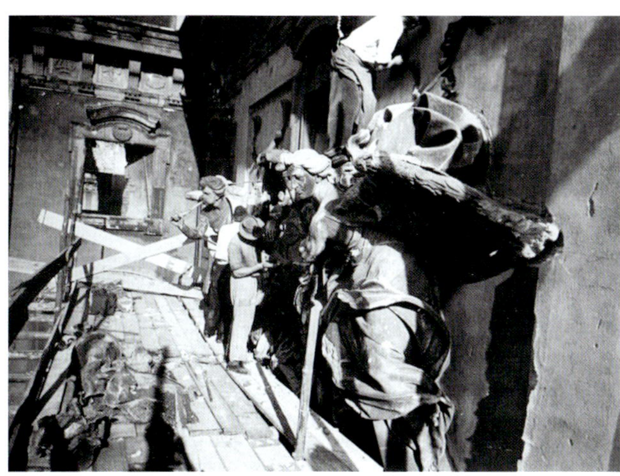

Abb. 9: Bergung von Skulpturen und Reliefs aus den Trümmern des Schlosses, 11. Oktober 1950

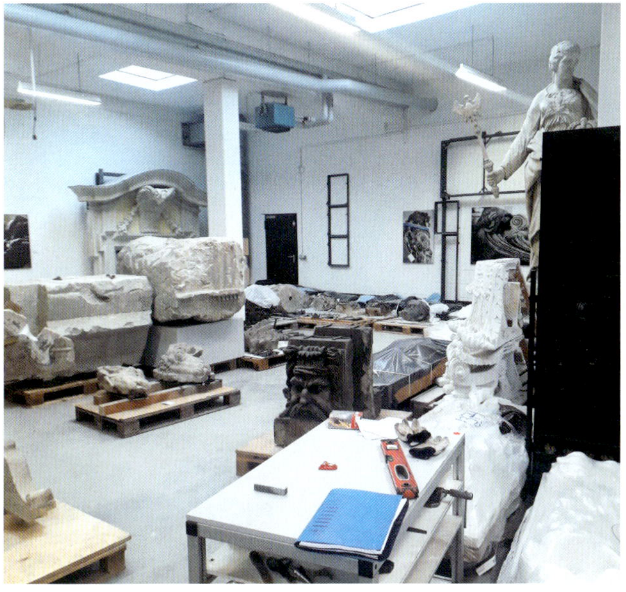

Abb. 10: Vom Berliner Stadtschloss erhaltene Originalfragmente zur Restaurierung in der Schlossbauhütte, 2019

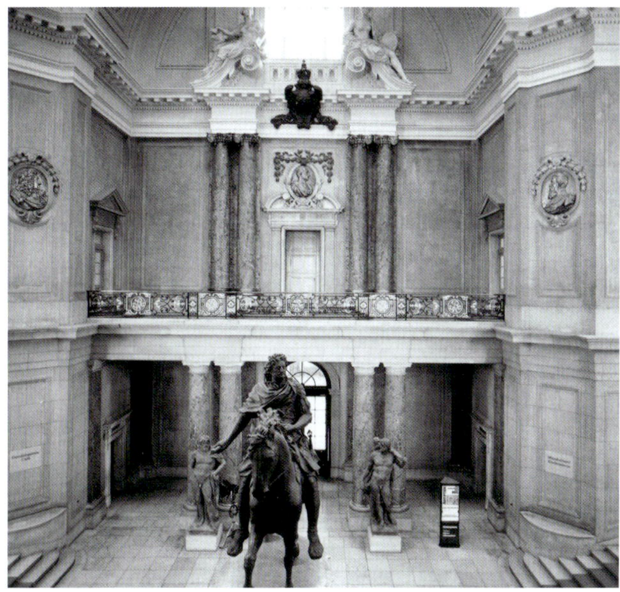

Abb. 11: Bode-Museum. Blick in die große Kuppelhalle 1991. Vor den Doppelsäulen im Hintergrund zwei der überlebensgroßen Skulpturen vom Berliner Stadtschloss. Am Label der rechten Figur „Andreas Schlüter, Herkules mit Keule, um 1710“

hatten. Diese „Rückkehr“ wurde in Verbindung mit einer umfangreichen Schlüter-Ausstellung zelebriert.[10] In der großen Kuppel präsentierten sich die kolossalen Götter und Allegorien zeitgemäß um den großen Kurfürsten, dem Erbauer des Stadtschlosses und Auftraggeber Andreas Schlüters. Dieser herrschaftliche und imposante Auftritt in der großen Kuppelhalle vermittelte den Besuchenden nur eine Verbindung zu Andreas Schlüter, aber nicht zur ursprünglichen Herkunft dieser Skulpturen aus dem Berliner Stadtschloss (Abb. 11). Es entstand der Eindruck, dass diese Skulpturen immer schon Ausstattung im Bode-Museum waren. Der Eindruck verstärkte sich, denn die Skulpturen, 1996 umfangreich restauriert, hatten dadurch jegliche Spuren etwaiger Beschädigungen des Zweiten Weltkrieges oder der späteren Sprengung des Schlosses von 1950 verloren.

Ein weiterer Teil des Konvolutes lagerte noch bis 2012 in den Depots und wurde für die nunmehr beschlossene Rekonstruktion des Berliner Stadtschlosses als Originale oder als Fragmente konserviert (vgl. Abb. 10). Ergänzungen sind, wenn überhaupt, nur aus statischer

10 Ausstellung: Schloss Bau Meister, Andreas Schlüter und das barocke Berlin, 04.04.–24.08.2014, Berlin, Bode-Museum.

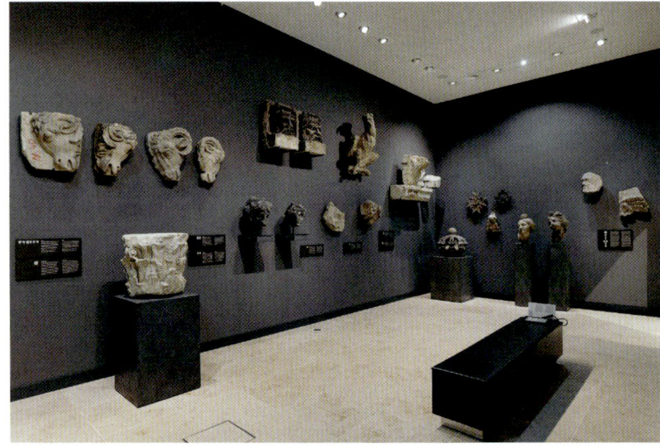

Abb. 12: Blick in das Nordkabinett des Skulpturensaales im Humboldt Forum Berlin mit der Präsentation von Fragmenten, 2021

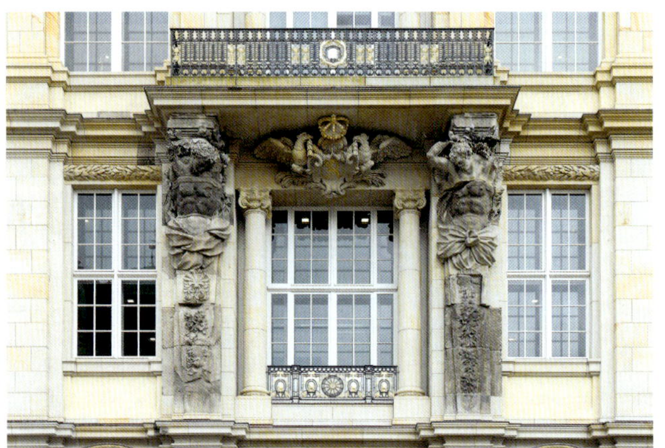

Abb. 13: Eingefügte historische Fragmente (Spolien) in der Fassade des Stadtschlosses Berlin, 2021

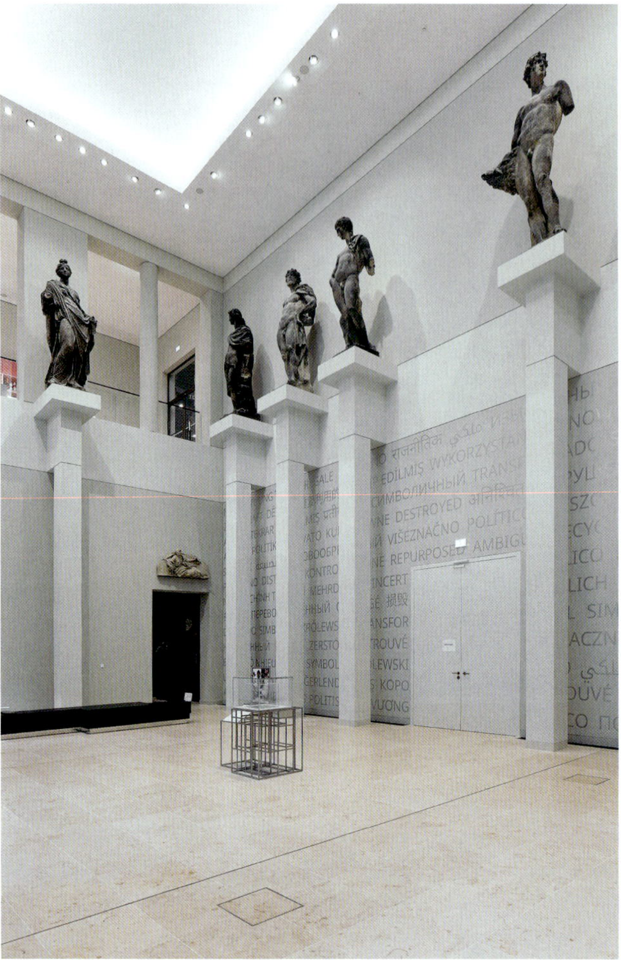

Abb. 14: Präsentierte Großskulpturen im Schlütersaal des Humboldt Forums Berlin, 2021

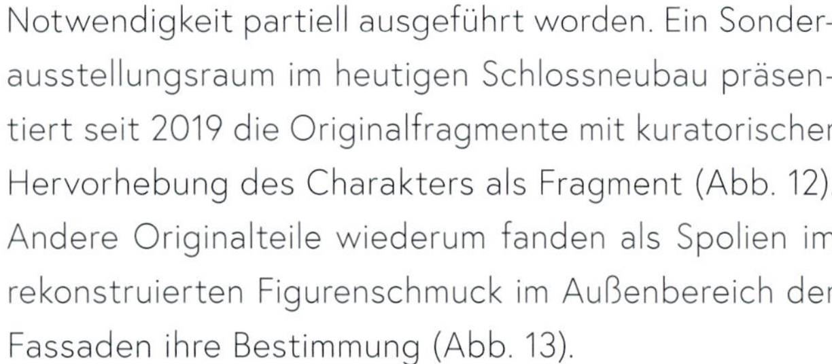

Notwendigkeit partiell ausgeführt worden. Ein Sonderausstellungsraum im heutigen Schlossneubau präsentiert seit 2019 die Originalfragmente mit kuratorischer Hervorhebung des Charakters als Fragment (Abb. 12). Andere Originalteile wiederum fanden als Spolien im rekonstruierten Figurenschmuck im Außenbereich der Fassaden ihre Bestimmung (Abb. 13).

Auch die historischen Großskulpturen aus der Kuppelhalle des Bode-Museums gelangten 2018 an ihren Herkunftsort zurück ins Stadtschloss, das heutige Humboldt Forum (Abb. 14). Während die Originale im Skulpturensaal montiert wurden, ersetzen Kopien sie im Außenbereich am historischen Standort. Dort werden diese Kopien als Werke des 1950 gesprengten Berliner Stadtschlosses kommuniziert und können an dieser Stelle wiederum als Originale missverstanden werden. Dass die Originale nach der Sprengung des Schlosses Jahrzehnte in den Depots der Skulpturensammlung lagerten, dort restauriert und von 2006 bis 2018 im Bode-Museum präsentiert wurden, spiegelt sich in deren Präsentation und Vermittlung nicht wider. In umgekehrten Verhältnissen wurde nur der Teil Objektgeschichte kommuniziert, der am jeweiligen Präsentationsort wichtig erschien, ob im Bode-Museum oder im Humboldt Forum. In dieser Situation der recht ambivalenten restauratorischen Umgangsformen mit diesem barocken Erbe kommt eine juristische Besonderheit hinzu. Denn alle diese Skulpturen und Fragmente, die heute im Stadtschloss präsentiert werden, gehören formal der Skulpturensammlung der Staatlichen Museen, obwohl sie nach ihrer Herkunft eindeutig zum Schloss, also der Stiftung Humboldt Forum im Berliner Stadtschloss gehören müssten.

Dieses Beispiel mit einem zeitlichen Abriss von nur wenigen Jahrzehnten zeigt, wie Objektgeschichte und Herkunft nur so weit vermittelt werden, wie es dem jeweiligen Zweck notwendig erscheint. Der erforderliche Kontext bestimmte somit auch die Art der Restaurierung: ob als wiederhergestellte Skulptur, als Vorlage für die Kopie oder als konserviertes Fragment.

Kuhhandel durch „Fundteilung“

Ein weiteres Beispiel der Vermittlung der Herkunft bedeutender Skulpturen im musealen Kontext stellen die sogenannten vier *Trierer Propheten* aus Udelfanger Sandstein dar (Abb. 15). Sie wurden Mitte des 13. Jahrhunderts für das Westportal der Liebfrauenkirche in Trier geschaffen. In ihrer heutigen Präsentation im Berliner Bode-Museum findet kein Dialog in Form eines visuellen Bezuges zu ihrem imposanten Ursprungsort statt (Abb. 16). Auch wenn Sammlungsführer und Website weiterführende Informationen zur Herkunft der Werke enthalten, gelingt eine Vermittlung im Ausstellungskontext nur bedingt, zumal die vier Skulpturen nur noch ein Teil einer ursprünglich größeren Prophetengruppe sind.

Ein Tauziehen um diese Skulpturen begann bereits mit ihrer Erwerbung. 1916 wurden diese bildhauerisch sehr anspruchsvollen (acht!) Skulpturen von der Westfassade abgenommen und nach Berlin zur Restaurierung verbracht. Hier sollten bildhauerische Kopien als Ersatz am Originalstandort auf Kosten der Berliner Museen hergestellt werden und die Originale in den Berliner Museen verbleiben.[11] Nach schwierigen Verhandlungen wurden sechs Kopien in Auftrag gegeben und nach Trier als Ersatz geliefert. Die letzten der Gruppe (*Noah und Abraham*) kamen ebenfalls kopiert zum Trierer Provinzialmuseum. Als aber 1921 die Kopien nach Trier überführt wurden, gab es erhebliche Proteste hinsichtlich des hohen „Verlustes“ von Original.[12] Nach Interventionen der Stadtverwaltung beim Kultusministerium gelangten schließlich vier Originale, offensichtlich zur Besänftigung des Konfliktes, zurück nach Trier. Damit war die Teilung der originalen Prophetengruppe vollzogen. Die freudlose Geschichte der Skulpturen in Trier setzte sich fort, da die sechs Kopien von 1919 an der Liebfrauenkirche wegen Kriegsschäden nach 1945 erneut kopiert werden mussten.

Diese unglückliche „Fundteilung“ und der Streit um die Originale zeigen, dass den Trierern Ende der 1910er Jahre trotz Beschädigungen durch Verwitterungen bewusst war, dass der Wert eines Originals gegenüber einer Kopie unabhängig seines Zustandes höher einzuschätzen ist.

Die weitere, nunmehr Berliner Geschichte der Figurengruppe als Museumsobjekte nach ihrer Erwerbung 1916 durch Kaiser Wilhelm III. begann mit ihrer ersten Präsentation 1930 im „Saal der Altäre“ im neu eröffneten Deutschen Museum im Pergamonmuseum. Interessant zu beobachten ist eine gängige kuratorische Praxis im Museum: Die Präsentation von 1930 suggerierte, dass

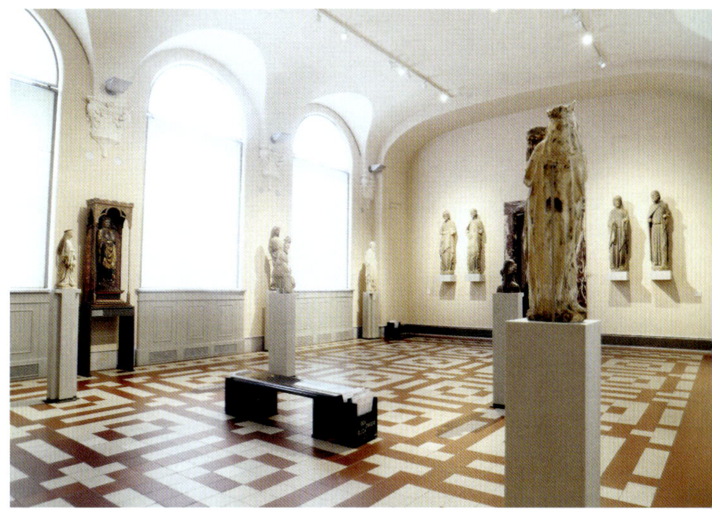

Abb. 15: Die vier Trierer Propheten an der Stirnwand im „Saal mit dem Mindener Altar“ des Bode-Museums, Raum 111, 2022

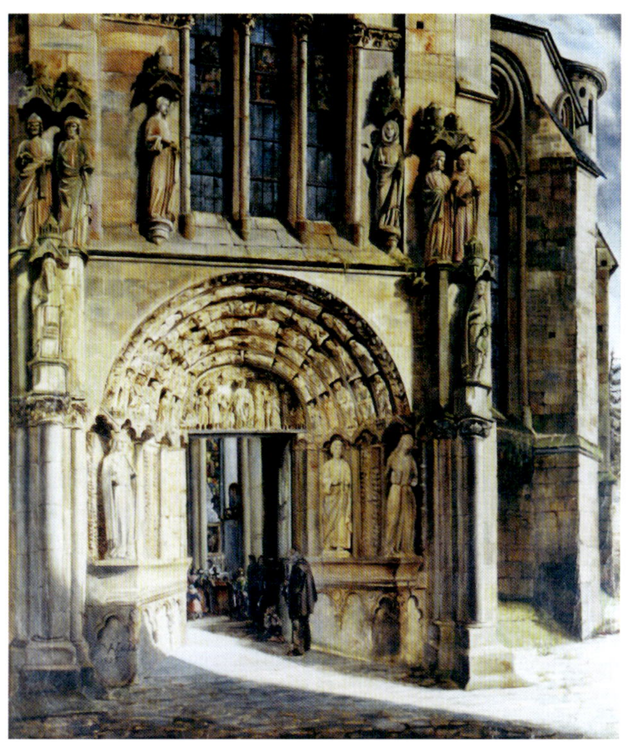

Abb. 16: Das Westportal der Liebfrauenkirche in Trier auf einem Gemälde von Friedrich Anton Wyttenbach, 1835, Öl auf Leinwand, 83 x 73 cm

11 Es muss angenommen werden, dass Wilhelm Bode bereits in dieser Zeit vor allem deutsche Kunst sammelte, um diese im 1930 eröffneten Deutschen Museum als eigenen Sammlungsbereich zu präsentieren.

12 Tobias Kunz, Bildwerke nördlich der Alpen 1050 bis 1380. Kritischer Bestandskatalog der Berliner Skulpturensammlung, Berlin 2014, S. 175–180.

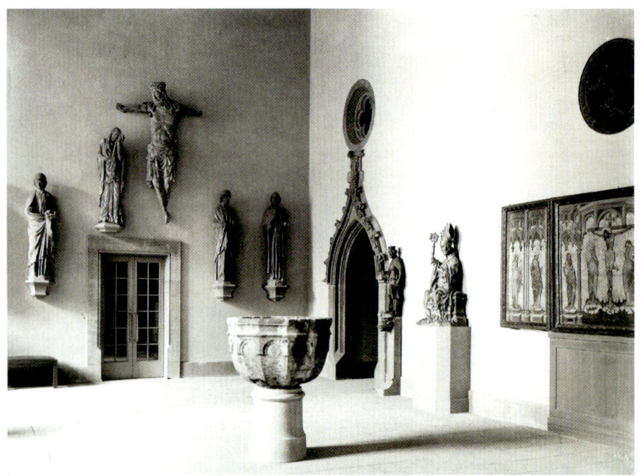

Abb. 17: Die Trierer Propheten im Deutschen Museum (Nordflügel Pergamonmuseum), an der Wand rechts und links vom Durchgang, „Saal der Altäre", um 1930–1937

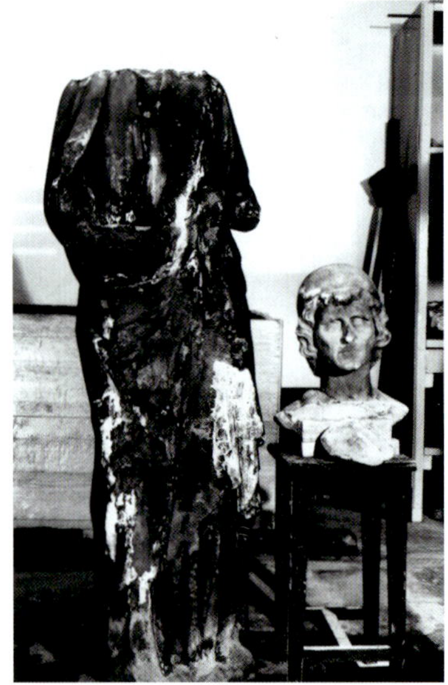

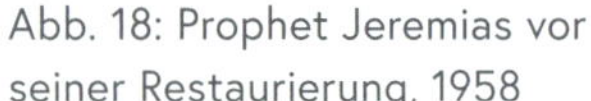

Abb. 18: Prophet Jeremias vor seiner Restaurierung, 1958

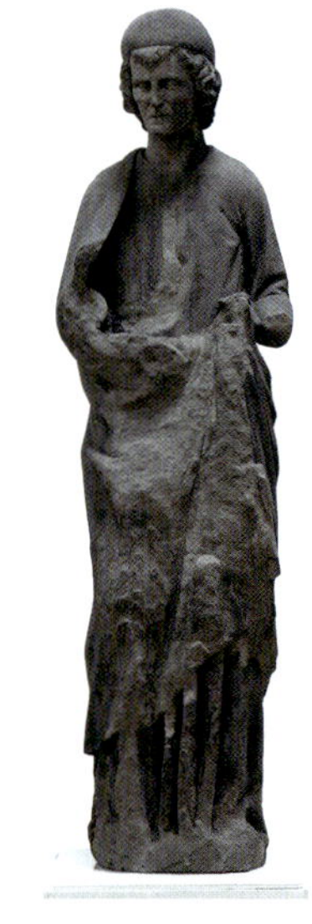

Abb. 19: Prophet Jeremias in seiner heutigen Präsentation im Bode-Museum

die umgebende Kreuzigungsgruppe in irgendeiner Verbindung zu den *Trierer Propheten* stehen würde (Abb. 17). Sie stammte aber aus der Moritzkirche in Naumburg/Saale. Weniger wichtig war scheinbar, in geografischer Ordnung zu kuratieren als in zeitlichem Zusammenhang. Denn sowohl die *Trierer Propheten* als auch die Naumburger Kreuzigungsgruppe wurden Mitte des 13. Jahrhunderts geschaffen.

Im Vergleich zur Aufnahme im Deutschen Museum waren 1958 deutliche Schäden am *Jeremias* nach seiner kriegsbedingten Auslagerung 1939 zu beklagen (Abb. 18): Der Kopf war abgebrochen. Die hellen Bereiche deuten auf Oberflächenverlust hin. Die Restaurierung 1958 führte die Skulptur in ihren Vorkriegszustand zurück. Die Spuren dieser neueren Beschädigungen wurden an allen vier Skulpturen ergänzt und retuschiert, um den verwitterten Zustand bei Erwerbung 1916 wiederherzustellen. In den 1980er Jahren fand eine erneute Restaurierung statt. Dabei wurden eine Reinigung mittels Komplexon-Kompressen, eine konservatorische Strukturfestigung mit Sandsteinfestigern und Klebungen mit Acryl-Monomer durchgeführt.[13] Das Ziel der Maßnahme hatte sich aber nicht geändert, nämlich den Zustand von 1916 zu konservieren. Die erneuten Beschädigungen, welche kriegsbedingt 1939–1945 hinzugekommen waren, wurden weder im Restaurierungskonzept 1958 berücksichtigt, noch sind sie heute Gegenstand der Vermittlung und können durch die Betrachtenden nicht mehr wahrgenommen werden (Abb. 19).

Ein Nichts tragender Träger

Ein weiteres Beispiel ist in besonderer Weise der *Kanzelträger* um 1490 aus der Stiftskirche in Öhringen am Neckar (Abb. 20). Gegenüber den Trierer Propheten wird bereits seinem Namen nach die ursprüngliche Funktion der freistehenden Skulptur als Träger einer Kanzel vor Augen geführt. Die heutige Präsentation kann eine scheinbar zusammenhanglose Betrachtung entstehen lassen, da er keine Kanzel trägt. Denn nicht jeder Besucher kennt die Definition eines „Kanzelträgers". Die polychrom gefasste und unfertige Sandsteinfigur, wie an seiner aufstützenden rechten Hand zu erkennen, wird in den letzten Jahrzehnten vermehrt Anton Pilgram oder seinem Umfeld zugeschrieben. Als *Kanzelträger* wurde sie in Öhringen bereits Ende des 18. Jahrhunderts aus der Stiftskirche in die Krypta verlagert und die zu tragende Kanzel abgetragen. Nach 1785 war die Skulptur damit bereits nicht mehr im Kontext ihrer ursprünglichen Funktion in der Stiftskirche präsent. Nach ihrer Erwerbung für die Berliner Museen 1937 wurde die Skulptur wegen des herannahenden Krieges wahrscheinlich nicht mehr im Deutschen Museum aufgestellt, sondern erst 1953 im nach Kriegsschäden sanierten, wiedereröffneten Bode-Museum (Abb. 21).

Damals wie auch in seiner heutigen Präsentation wird die Skulptur im Saal der Spätgotik Süddeutschlands als Einzelbildwerk unter vielen gezeigt und als solche vermittelt, wodurch die Art des musealen Kontextes die Wahrnehmung der Betrachtenden bestimmt (Abb. 22).

13 Restaurierungsbericht in der Restaurierungsabteilung der SMB-SBM.

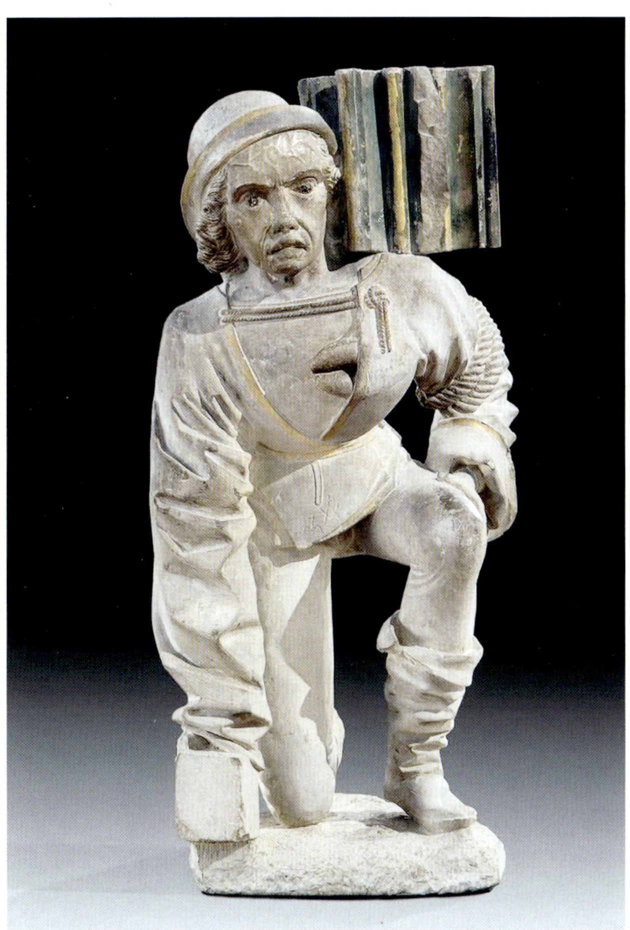

Abb. 20: Kanzelträger, Anton Pilgram (?), im Bode-Museum, 2018

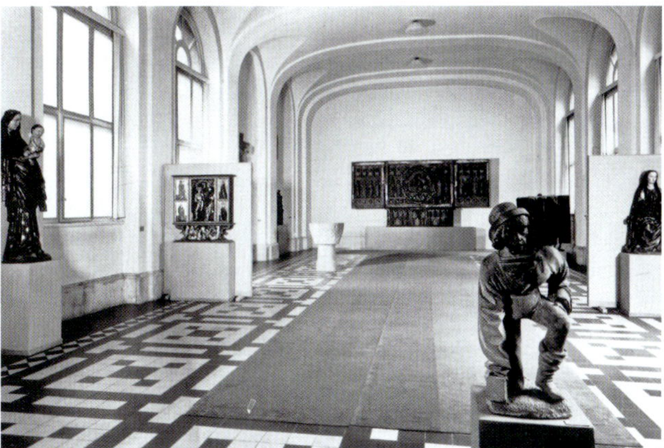

Abb. 21: Kanzelträger im Bode-Museum, Raum 107, um 1955

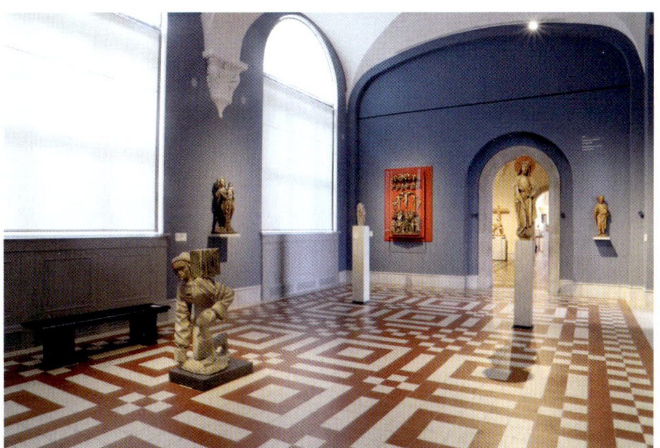

Abb. 22: Kanzelträger im Bode-Museum in seiner heutigen Präsentation, Raum 109

Seit 1993 bemüht sich die Stadt Öhringen um die Herstellung einer Kopie. Aber schafft eine Kopie ein besseres Verständnis für den einstigen Zusammenhang und die späteren Wege des Originals vor Ort? Was soll eine Kopie des *Kanzelträgers* in Öhringen vermitteln, wenn die Kanzel fehlt?

Einseitige Betrachtung

Der Umzug in ein Museum kann auch geschmäcklerischen Eindruck hinterlassen, wie ein weiteres Beispiel aus ursprünglich architektonischem Kontext zeigt: Das sogenannte *Astwerkportal* vom Anfang des 16. Jahrhunderts aus rötlichem Vogesensandstein stammte ursprünglich aus dem Elsass, von der Kartause eines Bürgerhauses in Molsheim, und wurde 1909 für 4.000 Mark für die Berliner Sammlung erworben (Abb. 23). In dieser heutigen Präsentationsform mit vorgelagertem *Kanzelfuß* aus den Niederlanden um 1500, auf dem ein *Engel vom Niederrhein* (ebenfalls um 1500) steht, und der darüber arrangierten Tafelmalerei mit dem *Schweißtuch der Veronika von Engeln gehalten* von 1496 unbekannter deutscher Herkunft ist ein Kontext geschaffen, wie ihn Wilhelm Bode als Museumsgründer 1904 anstrebte. Doch was hat das zu einer Einheit kuratierte Ensemble mit dem Bürgerhaus in Molsheim oder der ursprünglichen Kartause zu tun, von dem das ursprüngliche Portal stammte?

Bereits 1930 war das Portal im Deutschen Museum nach seiner Erwerbung 1909 in der Funktion eines Durchgangs eingebaut worden (Abb. 24). Mit gutem Grund, denn die Rückseite zeigt einen manieristischen Renaissancegiebel (Abb. 25). Offensichtlich wurde das Werkstück im 17. Jahrhundert als Spolie umgearbeitet und zweitverwendet. Mit dem „Nicht-Zeigen“ dieser Seite des Portals in seiner heutigen Präsentation wird eine kunsthistorische Bewertung geschaffen. Denn die Entscheidung, die gotische Seite gegenüber der manieristischen zu bevorzugen, wird nicht vermittelt. Die verdeckte Seite wurde bisher restauratorisch nicht untersucht.

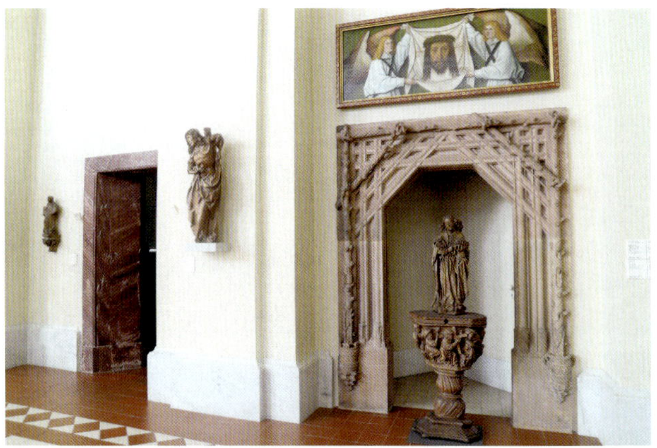

Abb. 23: Gruppierung um das Astwerkportal in seiner heutigen Präsentation im Bode-Museum, Raum 107

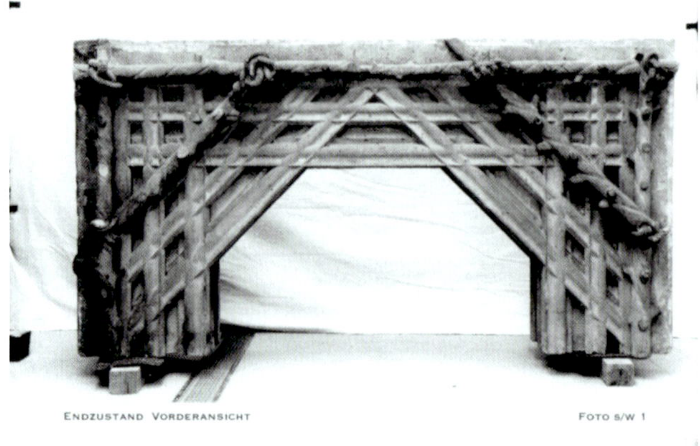

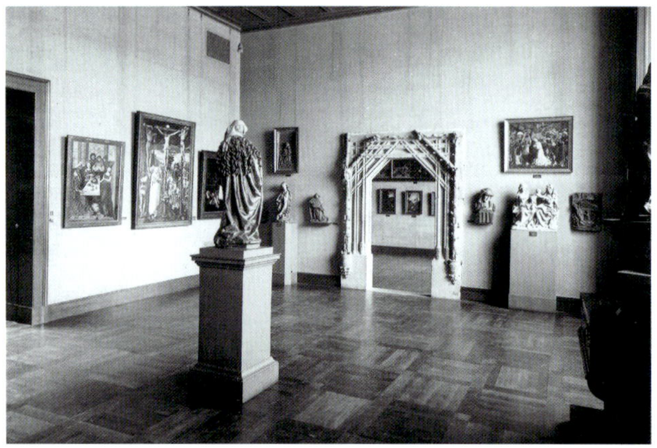

Abb. 24: Das Astwerkportal in seiner ersten Präsentation im Deutschen Museum im „Baldung-Saal", nach 1930

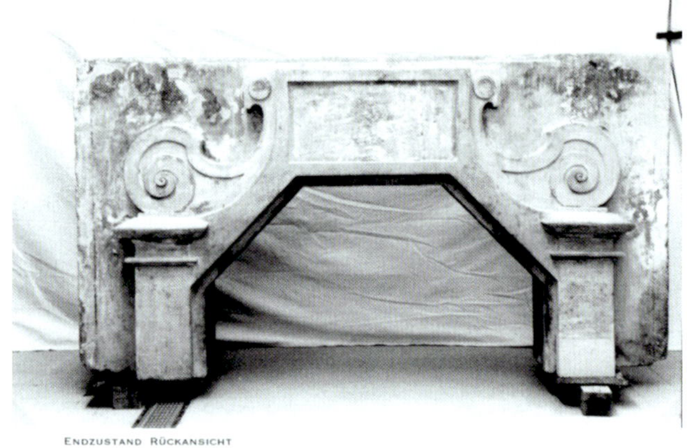

Abb. 25: Türsturz mit Gewändeanläufern des Astwerkportals während der Restaurierung, um 2002/04

Schutzpatron ohne Herkunft

Das letzte Beispiel ist die fehlende Geschichte des Schutzpatrons für Brücken. Der *heilige Nepomuk* ist aus dem öffentlichen Raum in Süddeutschland und Österreich kaum wegzudenken. Die Skulpturensammlung verfügt über eine sehr ansprechende Skulpturengruppe mit Unterbaukonstruktion, die Johann Peter Wagner um 1774 zugeschrieben wird (Abb. 24). Sie wurde von einer Privatperson 1921 in Würzburg erworben, ohne den ursprünglichen Standort und Kontext seiner Aufstellung zu kennen.

Die Skulptur ist seit 1939 nicht mehr in einer Ausstellung gezeigt worden. Ihre letzte Präsentation fand im Deutschen Museum bis zum Beginn des Zweiten Weltkrieges statt (Abb. 26). Seitdem sind die Einzelteile im Depot untergebracht und nicht mehr Teil der präsentierten Barocksammlung. Offensichtlich wurde durch die Kuratoren nach 1945 die Bedeutung des Werkes herabgemindert, obwohl wegen der enormen Kriegsverluste um jedes Bildwerk für seine Präsentation gerungen werden musste.

Das könnte unter anderem daran liegen, dass der Zustand der Skulpturengruppe sehr verwittert ist und eine Konservierung und Restaurierung kostspielig. Die Gruppe besteht aus rötlichem und die Sockelteile aus gelblichem Mainsandstein. Unter einer grauen, steinfarbigen monochromen Fassung ist die Erstfassung, Bleiweiß mit Vergoldungen von Mantelkragen, Säumen und Bündchen in Resten, noch erhalten (Abb. 28). Innenliegende Eisenklammern und Verankerungen haben trotz Klimatisierung im Museum zu Korrosionssprengungen geführt.

2001–2002 und 2004 wurde die Skulpturengruppe eingehend untersucht. Fehlstellen, historische Anstückungen bzw. Vierungen und Metallarmierungen sowie die Gesamtkonstruktion wurden dokumentiert und rekonstruiert (Abb. 29).

Nach einer Fassungsuntersuchung wurde eine Probefreilegung am *heiligen Nepomuk* vorgenommen, um

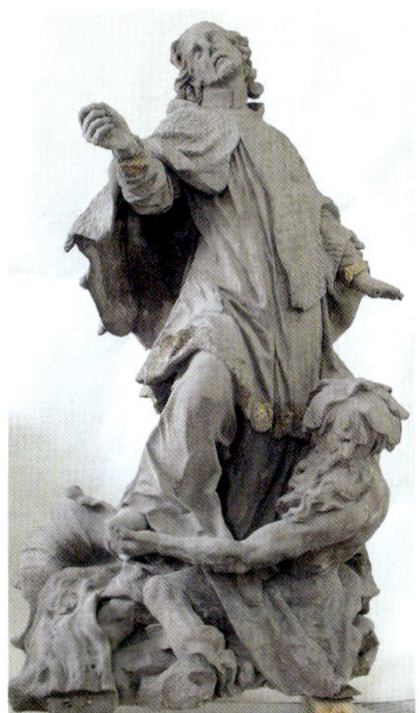

Abb. 26: Der heilige Nepomuk im Depot der Skulpturensammlung, 2022

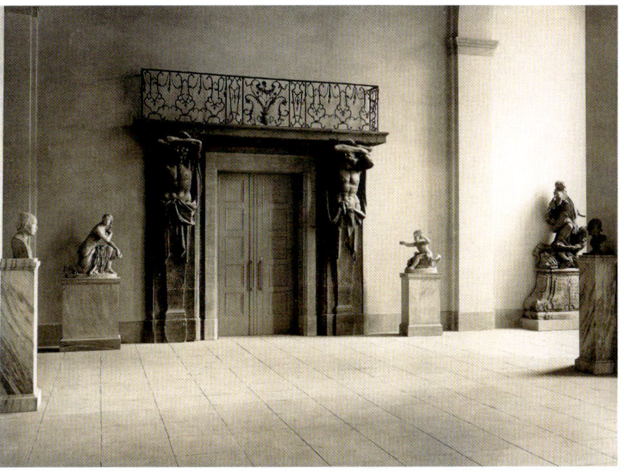

Abb. 27: Der heilige Nepomuk 1934 im „Schlütersaal“ des Deutschen Museums, rechter Bildrand

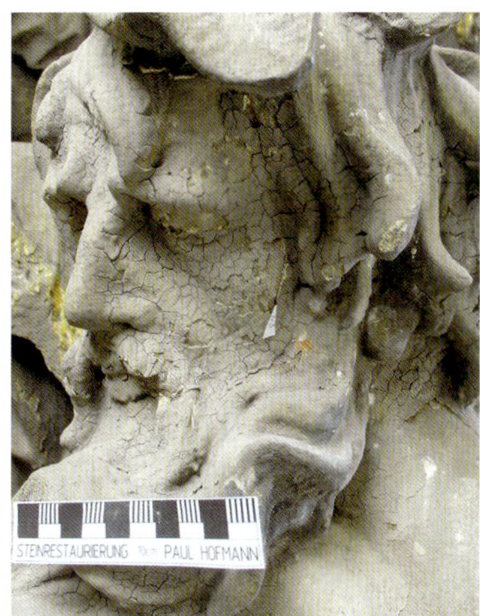

Abb. 28: Detail des Flussgottes zu Füßen des heiligen Nepomuk, 2022

einerseits den Anteil der noch vorhandenen Erstfassung und andererseits die Kosten für die sehr aufwendige Freilegung zu ermitteln (Abb. 30). Bisher scheint aber das Bildwerk nicht bedeutend genug, sodass diese doch recht qualitätvolle Gruppe, von der wir bis heute nicht wissen, woher sie ursprünglich stammt, auch weiterhin im Depot verbleibt. Die vermeintlich kunsthistorische, heute geringe Bedeutung gegenüber der Beschreibung im Katalog von 1930 kann trotz dringend eingeschätzter notwendiger Restaurierung, wie in diesem Fall, das Werk eines prominenten Künstlers auch der Öffentlichkeit entziehen.[14]

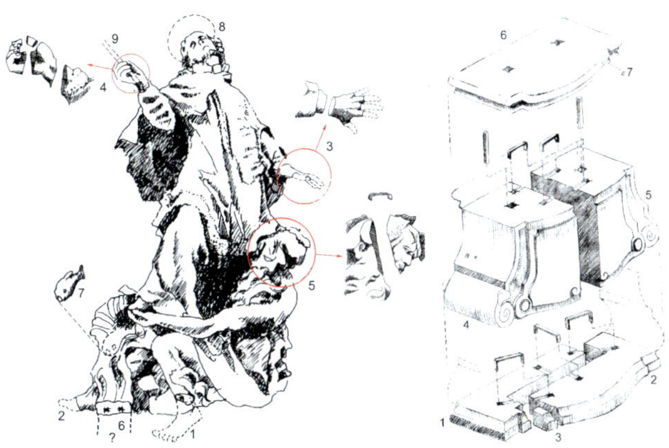

Abb. 29: Konstruktionszeichnung mit den Einzelteilen und Verbindungsankern, 2002

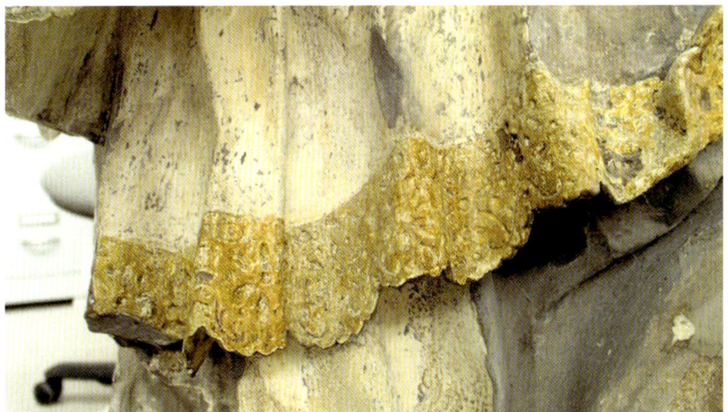

Abb. 30: Detail vom ursprünglich vergoldeten Gewandsaum und teilfreigelegte Reste der Bleiweißfassung des heiligen Nepomuk, 2002

Zusammenfassung

Basierend auf den anfangs gestellten hypothetischen Fragen, ist die Verbindung zwischen Denkmalobjekt und Museumswerk oft enger, als es offensichtlich erscheint. Dieser Zusammenhang wird im Sammlungskontext der Präsentation aber oft nicht ausreichend vermittelt. Die Art, wie ein Bildwerk präsentiert wird, bestimmt dessen Wahrnehmung, das Interesse und die Bewertung durch die Betrachtenden. Reaktionen von Besucherinnen und Besuchern, die eine Begeisterung für ein Bildwerk erleben, sobald ihnen die Hintergründe der Entstehung und zum ursprünglichen Standort und Kontext erzählt werden, sollten Ansporn sein, die Werke umfassender zu vermitteln. In der Museumsarbeit wird die Abhängigkeit von Provenienz, Restaurierung und Präsentation deutlich. Kuratorische und konservatorische Ansprüche entscheiden darüber, ob und wie ein Bildwerk präsentiert wird. Davon hängt ab, was die Restaurierung dabei leisten soll, welcher Zustand konserviert wird. Mag ein Museum wegen seiner klimatisch geschützten

14 Theodor Demmler, Die Bildwerke des Deutschen Museums. Die Bildwerke in Holz, Stein und Ton, Berlin 1930, S. 423 f.

Umgebung ein scheinbar sicherer Ort sein: Der Entzug eines Bildwerkes vom historischen Standort stellt die Vermittlung vor große Herausforderungen, denen Museumsleute nicht immer gerecht werden können. Ein Museum zeigt seine Bestände in komprimierter Form. Ist den Kuratoren und Restauratoren aber auch immer bewusst, welche Wahrnehmungen damit bei den Betrachtenden angeregt werden?

Wolfgang Zehetner

Umgang mit Außenfiguren am Stephansdom

Dealing with outdoor figures at Saint Stephen's Cathedral

Although air pollution has been reversed, the most obvious problem is the black gypsum crusts. The prompt cleaning of the statues reduces further damage. The most effective protection of sculptures involves structural measures. Historical examples include the porch of the Singer's Gate (around 1440), and current examples comprise the protection of cornices, gargoyles, and other exhibited building components from moisture penetration, mostly with lead sheet metal, and improving water flow to the building in general. During and after World War II, outdoor statues were brought inside to fill empty spaces caused by the destruction. Today, 3D scans, photogrammetry, drone flights, cherry pickers, and climbers are used for the studies. Sculptures are cleaned by lasers and micro-sandblasting, and missing places are sculpturally filled in.

Der Stephansdom ist nicht nur durch seine Architektur geprägt, das Äußere ist auch von zahlreichen Skulpturen aufgelockert und bereichert. Während die Skulpturenausstattung des Riesentores noch großteils original vorhanden ist – ebenso wie die barocken Skulpturen der außenliegenden Epitaphien –, sind die meisten gotischen Skulpturen am Außenbau im 19. und 20. Jahrhundert durch Kopien ersetzt worden. Die Herausforderungen sind durch das unterschiedliche Alter, unterschiedliche Steinmaterialien und unterschiedliche räumliche Situation sehr vielfältig.

Probleme

Schwarze Krusten

Das augenscheinlichste Problem sind die auch an den Figuren auftretenden Gipskrusten. Auch wenn die Belastung mit Schwefelverbindungen in der Luft deutlich abgenommen hat, ist die historische Vergipsung noch immer vorhanden. Wie am Stephansdom bei den Untersuchungen im Rahmen von NANO-Cathedral[1] bestätigt wurde, sind aber Gipskrusten nicht nur an den Oberflächen der Kalksteine festzustellen, sondern auch verschiedene Gipsschichten im Inneren der Steine entstanden. Mit Störungen im Gesteinsgefüge durch Verwitterung ist also auch bei den Skulpturen zu rechnen.

Die Reinigung der Figuren ist daher ein wichtiger Schritt, um Folgeschäden verringern zu können. Sie kann aber meist nur an der Oberfläche erfolgen.

Wasserableitung

Wasser in der Form von Regenwasser, aufsteigender Feuchte u. Ä. ist eine wesentliche Gefahrenquelle für den Bestand der Kunstwerke am Dom. Am offensichtlichsten ist die Gefährdung bei den Wasserspeiern: Die große Menge an Wasser, die über sie abgeleitet wird, führt zu einer intensiven Durchfeuchtung, vor allem im Winter sind Schnee und Matsch, die in den Wasserrinnen liegen bleiben und im Tagesverlauf antauen und nachts wieder gefrieren, eine große Gefahr.

Die Wasserspeier wurden daher in den letzten Jahrzehnten mit Bleiblech ausgekleidet, ebenso die exponierten Gesimse und auch Kleinskulpturen, die die Bedachungen der Strebepfeiler schmücken. Durch seine leichte Bearbeitbarkeit, die Möglichkeit, es auch kleinen Unebenheiten anzupassen, seine Korrosionsfestigkeit und Farbneutralität ist Blei ein dafür nahezu unverzichtbares Material.

Mechanische Schäden

Historische Schäden sind häufig durch direkte mechanische Kräfte verursacht worden, etwa durch Kriegseinwirkungen (Kanonentreffer, Splitter) oder durch direkte Angriffe, etwa am Neidhart-Grab. Vandalismus an den Skulpturen ist derzeit (noch) kein großes Problem. Die meisten Figuren befinden sich nicht in Reichweite von Personen, die am Boden stehen, kleinere Schäden kommen zwar vor, sind aber die Ausnahme.

1 Elisabeth Mascha, Visualisierung von Festigungsmitteln im Porenraum von mineralischen Werkstoffen in der Restaurierung, Dissertation, Wien 2021, S. 35–39.

Tauben

Die Population des Domes mit Tauben ist ein ständiges Problem, das aber in wechselnder Intensität auftritt. Vor allem durch die Lockdowns während der COVID-19-Pandemie scheint die Motivation, Speisereste und Vorräte als Taubenfutter auszustreuen, zugenommen zu haben. Die in ihrer Zahl angewachsene Schar der Tiere findet in der stark gegliederten Fassade mit ihren zahlreichen Nischen, Gesimsen und Verdachungen ein geradezu ideales Habitat, das auch intensiv genutzt wird.

Die Bekämpfung mit akustischen Vergrämungsmitteln hat sich bisher als nutzlos erwiesen, ein intensiver Einsatz von Metallspitzen ist mit den ästhetischen Anforderungen an die Erscheinung des Domes nur eingeschränkt vereinbar. Da eine dauerhafte technische Lösung des Problems angesichts der großen Anpassungsfähigkeit der Tiere nicht absehbar scheint, werden besonders gefährdete Stellen – wenn möglich – mit Netzen gesichert. Wegen der hohen Attraktivität des Domes für die Tiere ist eine merkbare Verbesserung der Situation für den Dom nur denkbar, wenn die gesamte Population auf ein natürliches Ausmaß reduziert werden könnte.

Schutzbauten

Historisch

Der Wunsch, kostbare Skulpturen vor den Witterungseinflüssen zu schützen, hat schon früh dazu geführt, Schutzbauten zu errichten. Am Riesentor ist der ursprüngliche Bau (wenn auch nach Planänderungen) schon so konzipiert, dass die Skulpturen des Portaltrichters gut vor Wettereinflüssen geschützt sind. Dagegen standen die Skulpturen der Fürstenportale ursprünglich frei an der Fassade. In der ersten Hälfte des 15. Jahrhunderts wurde vor dem Singertor[2] und um 1506–1511 am Bischofstor[3] ein polygonaler Vorbau errichtet. Dadurch wurde das Projekt Rudolfs IV., eine öffentlichkeitswirksame Erinnerung an ihn und seine Gemahlin Katharina zu errichten, teilweise zunichte gemacht. Auch wenn die Skulpturen für die Eintretenden noch immer gut sichtbar blieben, vielleicht sogar direkter wirkten, fiel die Wirkung im öffentlichen Raum weg. Es gab sicherlich mehrere Gründe für den Bau der Vorhallen, etwa einen Raum des Überganges in den Sakralraum zu schaffen, jedenfalls wurde dadurch auch der Schutz des einzigartigen Ensembles aus Skulpturen und Reliefs erreicht.

Aktuell

Riesentor Gesims

Der Vorbau des Riesentores wurde beim Bau des spätgotischen Langhauses im 15. Jahrhundert in der Höhe reduziert, um mehr Platz für das neue gotische Westfenster zu schaffen. Dabei wurde das Abschlussgesims mit den darunterliegenden Blendbögen und Säulchen abgearbeitet, so konnte nach diesem Umbau der Schlagregen, den die Westfassade naturgemäß erhält, überhaupt nicht mehr vom Vorbau abgeleitet werden.[4] Die Ornamente des Vorbaues waren damit fast schutzlos der großen Wassermenge ausgesetzt, die Erosion war dramatisch fortgeschritten.

Um dieses Problem zu verringern, wurde bei der gründlichen Restaurierung des Riesentores 1996/97 durch das Bundesdenkmalamt und die Dombauhütte auch das Dach des Vorbaues geringfügig vergrößert und mit einer Dachrinne versehen. Die Änderung fällt durch die Verwendung von Blei kaum auf und verbessert die Situation am Riesentorvorbau entscheidend.[5]

Gesimse generell

Die Gesimse historischer Bauten sind nicht nur eine optische Gliederung, sie haben auch eine wesentliche Schutzfunktion zur Erhaltung des Baues. Die Erosion setzt ihnen aber auch besonders stark zu. Um ihre Funktion zu erhalten oder zu verbessern, wird auf ihre Reparatur und Sicherung besonders viel Augenmerk gelegt. Um sie selbst auch in Zukunft besser zu schützen, werden sie an der Oberseite mit Bleiblech überzogen, damit kann auch das Abtropfverhalten an der Vorderkante wesentlich verbessert werden.

Figurentabernakel

Die Tabernakel für die Figuren dienten nicht nur der optischen Betonung, sondern waren auch ursprünglich schon darauf ausgelegt, den Skulpturen einen gewissen Schutz vor den Wettereinflüssen zu geben.

Sie können bei mangelnder Pflege aber auch zur Gefahr für ihren Inhalt werden: Durch ihre sehr exponierte

2 Hans Tietze, Geschichte und Beschreibung des St. Stephansdomes in Wien, ÖKT 23, Wien 1931, S. 131 (Tietze 1931).

3 Die Abbildung im Heiltumbuch von 1502 zeigt das Portal noch ohne Vorbau, es ist nach stilistischen Ähnlichkeiten mit dem Nordturm und dem Öchsl-Baldachin wohl in die Amtszeit Jörg Öchsls als Dombaumeister zu datieren.

4 Die älteste Ansicht des Riesentores, das Titelblatt des Heiltumbuches von 1502, zeigt bereits die reduzierte Form.

5 Wolfgang Zehetner, Die Restaurierung des Riesentores aus Sicht des Dombaumeisters, in: Friedrich Dahm (Hg.), Das Riesentor. Archäologie, Bau- und Kunstgeschichte, Naturwissenschaften, Restaurierung, Wien 2008, S. 338.

Position, ihre zierliche Gestaltung, die teilweise extrem schlanken Säulchen, die die vergleichsweise schwere Bedachung tragen müssen, sind sie selbst ein wichtiges Feld für die Bauerhaltung am Dom. Die Säulchen können die Last der Bekrönung auf keinen Fall tragen, die Verankerung im dahinter liegenden Mauerwerk ist daher essenziell für den Bestand der Figurennischen. Die Säulchen müssen in ihrer Fragilität geschützt und gesichert werden. Edelstahlverstrebungen verhindern Verformungen und sichern im Falle eines Bruches, der meist an der Basis auftritt, vor dem Absturz.

Die Bedachungen müssen sorgfältig restauriert werden, die Tropfnasen scharfkantig ausgeführt werden, Fugen müssen geschlossen werden. Eine vollständige Verkleidung mit Blechen kommt in diesem Fall aus ästhetischen Gründen kaum infrage.

Kopien

Bei den Restaurierungen des 19. Jahrhunderts wurden üblicherweise Skulpturen durch Kopien ersetzt.

Beginnend mit den besonders exponierten Fürstenfiguren der Westfassade, Katharina und Rudolf IV., die 1858 durch Kopien von Franz Schönthaler und Mathias Purkartshofer ersetzt wurden,[6] später auch den Fürstenfiguren am Südturm, Blanche von Valois, Kaiser Karl IV., Herzog Albrecht II. und Johanna von Pfirt, die um 1870 durch Kopien von Johannn Grisemann und Ludwig Ziebland[7] ersetzt wurden. Die abgenommenen Skulpturen wurden in das Historische Museum der Stadt Wien im neu von Friedrich Schmidt errichteten Rathaus gebracht und bilden einen Grundstock für die Sammlung des heutigen Wien Museums.[8]

Neuschöpfungen

Bei den Restaurierungen des 19. Jahrhunderts wurden am Stephansdom zwar nur sehr behutsame architektonische Änderungen vorgenommen. Weder die geplante stilvereinheitlichende Umgestaltung der Westfassade noch die Vollendung des Nordturmes wurden ausgeführt, die Grunderscheinung des Domes blieb unverändert. In den Details – vor allem an den Skulpturen – hat man aber doch sehr umfangreiche Änderungen vorgenommen. Es wurden nicht nur Skulpturen zu ihrer Erhaltung abgenommen, museal verwahrt und durch Kopien ersetzt, es wurden auch verlorene oder nie existierende Skulpturen großzügig ergänzt.[9] So wurde die Gruppe der Fürstenfiguren am Südturm auch am Nordturm weitergeführt und mit den Skulpturen von Friedrich III., Maximilian und Maria von Burgund sowie Franz Joseph und Elisabeth die Brücke vom Mittelalter in die damalige Gegenwart geschlagen.[10]

Die Strebepfeiler des Langhauses wurden mit Herzögen des Mittelalters geschmückt. Bei allen Unterschieden in der Grundsituation mag man sich hier an den französischen Königsgalerien orientiert haben. Und obwohl man zahlreiche Figurennischen mit Skulpturen füllte, blieb dennoch eine große Anzahl davon – vor allem am Turm – leer.

Anregungen

Die Skulpturen des Domes waren natürlich auch Vorbilder für die entsprechende Gestaltung anderer Sakralbauten und strahlten auch auf Profanbauten aus: Die monumentale Skulptur des Erzengels Michael an der Westfassade des Domes[11] war Inspiration und Vorbild für die monumentale aus Kupferblech getriebene Skulptur des Erzengels von Ferdinand Andri (1903–1905) am „Zacherl-Haus" in der Brandstätte.

Ersatz im Chor nach 1945

Die Schutzmaßnahmen während des Zweiten Weltkrieges waren für den Außenbau bescheiden, lediglich das Riesentor wurde mit einem aus Ziegeln errichteten Splitterschutzbau ausgestattet. Nur wenige Kunstwerke wurden abgenommen und in Sicherheit gebracht.

Ein Beispiel dafür waren die Reliefs des Passionszyklus am Kapitelsaal, die 1941 abgenommen und ins Innere verbracht wurden.[12] Nach dem Krieg wurden sie im südlichen Chorschiff gruppiert, 2008 in den Werkstätten des Bundesdenkmalamtes restauriert und jetzt sind sie an der inneren Westwand des Domes angebracht.

6 Tietze 1931, S. 74.
7 Rudolf Koch, Bestandsaufnahme der photographischen Dokumentation und quellenmäßige Erforschung des Erhaltungszustandes der Plastik von St. Stephan in Wien, Typoskript, Wien 1987, S. 80 (Koch 1987).
8 Arthur Saliger, Die Fürstenfiguren, in: Renata Kassal-Mikula (Hg.), 850 Jahre St. Stephan: Symbol und Mitte in Wien, Wien 1997, S. 103–107.
9 Wiener Dombau-Vereinsblatt, Dombauverein (Hg.), 2. Serie, Wien 1896, S. 149 (Wiener Dombau Vereinsblatt 1896).
10 Renata Kassal-Mikula, Kaiser Franz Joseph I. und Kaiserin Elisabeth am Nordturm 1879, in: Renata Kassal-Mikula (Hg.), 850 Jahre St. Stephan: Symbol und Mitte in Wien, Wien 1997, S. 342.
11 Tietze 1931, S. 528.
12 Rupert Feuchtmüller / Peter Kodera, Der Wiener Stephansdom, Wien 1978, S. 280 f.

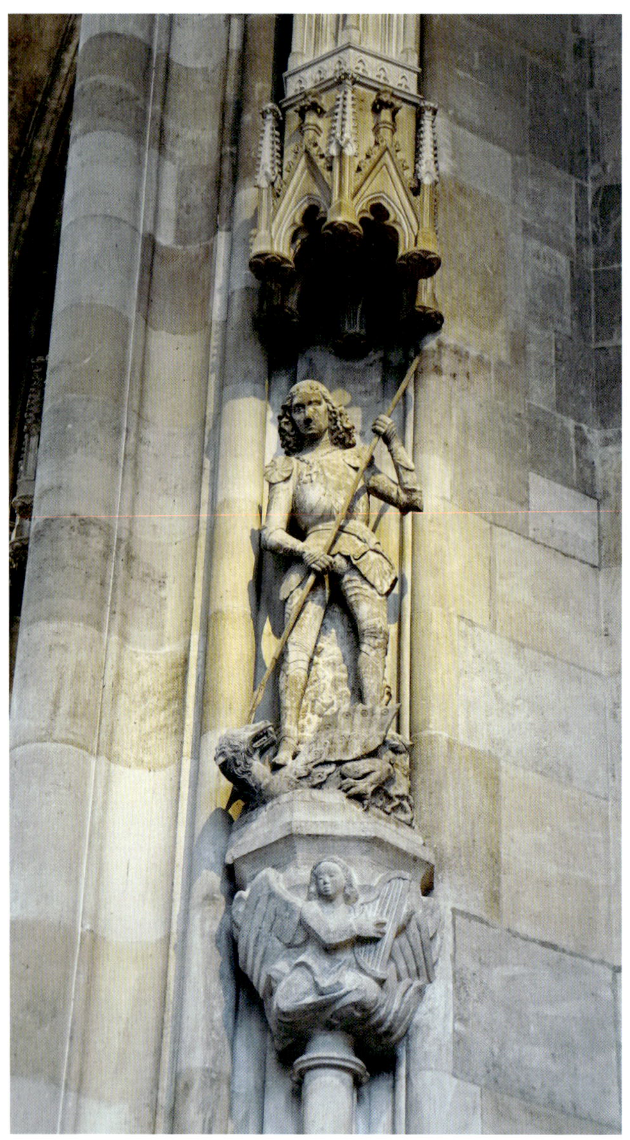

Abb. 1: Säulenfigur im Chor: hl. Georg, ursprünglich am Nordturm (Q07), Konsole von Franz Barwig jun.

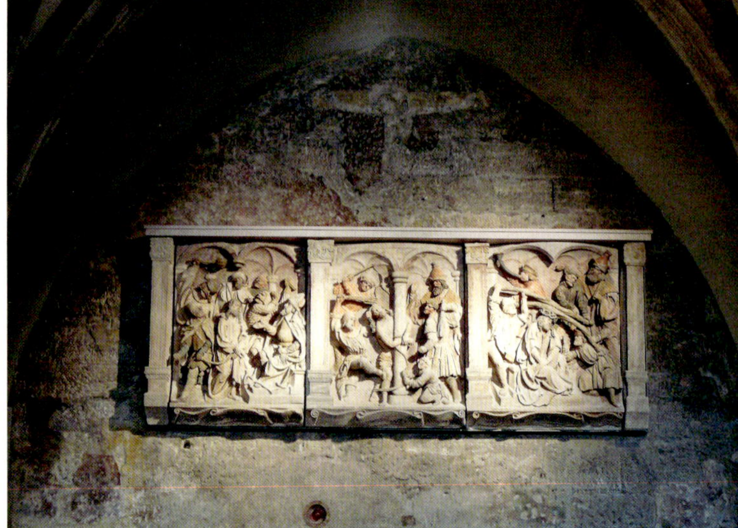

Abb. 2: Passionsreliefs von der Außenseite des Kapitelsaales, jetzt an der Westwand des Domes

Während die Skulpturen am Äußeren den Krieg relativ glimpflich überstanden hatten, war im Inneren des Chores durch den Einsturz der Gewölbe in Mittel- und Südschiff eine weitgehende Umgestaltung nötig geworden. Die schwer beschädigten barocken Emporen über dem beim Brand vernichteten gotischen Chorgestühl wurden nicht mehr wiederhergestellt, sondern restlos entfernt.[13] Die Pfeiler – auch sie an ihrer Oberfläche schwer beschädigt und umfangreich erneuert – standen nun wieder frei. Bei der Restaurierung wurden sie – entsprechend den Wandpfeilern – wieder mit Figurenpodesten ausgestattet, die von zeitgenössischen Künstlern[14] gestaltet wurden. In die Figurennischen wurden aber historische Skulpturen, die von anderen Orten im Dom, teilweise vom Außenbau, stammen, eingesetzt.[15] Kleinere Unstimmigkeiten, was die Größe, Orientierung und den Stil[16] der Figuren betrifft, wurden dabei in Kauf genommen. Dennoch war es eine überzeugende Lösung, die ansonsten leeren Nischen mit mittelalterlichen Originalen zu füllen.

Restaurierungen der jüngeren Vergangenheit

Durch die Reduktion von Schadstoffen in der Luft ist in den letzten Jahren der Druck, Skulpturen vor Umwelteinflüssen in Sicherheit bringen zu müssen, stark reduziert worden. Originale Skulpturen an ihrem ursprünglichen Aufstellungsort belassen zu können, erweitert wieder die Möglichkeiten, die Authentizität des Kunstwerkes Stephansdom auch in Details zu erhalten, wenn es der Zustand der Skulpturen erlaubt.

Auch die Kopien des 19. und frühen 20. Jahrhunderts haben mittlerweile ein so hohes Alter erreicht, dass Ergänzungen in unterschiedlichem Ausmaß – von kleinen Antragungen bis zu bildhauerisch ausgeführten Skulpturenteilen – nötig sind. Damit sind auch bei diesen Skulpturen Eingriffe erforderlich, die über die Reinigung

13 Alois Kieslinger, Die Steine von St. Stephan, Wien 1949, S. 418.
14 Unter anderem von Franz Barwig jun., Joseph Troyer und Robert Ulmann.
15 Die Skulptur des hl. Georg (circa 1408) am Pfeiler B07 im Mittelchor stammt ursprünglich von der Außenseite des Nordturmes: Koch 1987, S. 36.
16 In den Bau des frühen 14. Jahrhunderts wurden hauptsächlich Skulpturen des 15. Jahrhunderts eingebracht, während in den nicht veränderten Nischen Skulpturen des 14. Jahrhunderts verblieben sind.

der Oberfläche und andere konservatorische Eingriffe wie etwa Festigungen hinausgehen.

Aus der Fülle der zahlreichen Restaurierungen mit unterschiedlichen Problemstellungen möchte ich nur ein paar exemplarisch herausgreifen.

Riesentor

Die Restaurierung des Riesentores (durch die Dombauhütte und das Bundesdenkmalamt) war eine sehr umfangreiche Forschungs- und Restaurieraufgabe, die 1996/97 durchgeführt wurde. Neben den wissenschaftlichen Untersuchungen war die Reinigung der Skulpturen die wichtigste Aufgabe. Es war eines der ersten Projekte in Österreich, in dessen Rahmen umfangreiche Laserreinigungen durchgeführt wurden.

Wegen der fixen Einbindung der meisten Skulpturen in den Mauerwerksverband blieben diese an Ort und Stelle. Von den Skulpturen, die sich am Außenbau befinden, wurden zur Dokumentation aber Abgüsse angefertigt, wenn sie wegen der Verwitterung der Oberfläche keine Bemalungsreste (die durch die Abformung beschädigt werden könnten) mehr aufwiesen. So konnte der Zustand der Skulpturen zumindest in ihrer Form festgehalten werden.

Lediglich die jüngste Figur des Riesentorvorbaues, ein hl. Stephanus aus dem Jahr 1500, wurde durch eine Kopie ersetzt. Die sehr bewegte Skulptur aus Kalkstein aus Au am Leithagebirge[17] ist an einer besonders stark bewitterten Stelle positioniert, weshalb sie schon um 1500 neu geschaffen werden musste und die romanische Skulptur an dieser Stelle ersetzte. Die Skulptur ist eines der wenigen Stücke am Riesentor, das nicht aus der Bauzeit stammt, ein abermaliger Ersatz durch eine Kopie und die Sicherung des Originals erschienen daher vertretbar und angebracht.

Ölberg

Eine Überraschung für die Restauratoren bot das Ölbergrelief im Bereich des Bischofstorvorbaues an der Nordseite des Langhauses. Zwar war schon der Restaurierung 1896 die weitgehend erhaltene Farbigkeit aufgefallen.[18] Die originale Oberfläche verschwand aber in den nächsten 100 Jahren unter den dicken schwarzen Sinterkrusten, die aber die originale Farbfassung kaum beschädigt hatten. Sie konnte (mit Ausnahme des Rahmens) wieder fast vollständig freigelegt werden.[19] Es war aber nicht mehr verantwortbar, das Relief wieder an seinem originalen Aufstellungsort an der Nordfassade anzubringen. Die just zu diesem Zeitpunkt wieder revitalisierte Bartholomäuskapelle bot den Raum und die Gelegenheit, dieses Kunstwerk an einem passenden – wenngleich nicht originalen – Ort, geschützt vor Verschmutzung und für Besucher zugänglich, aufzustellen.

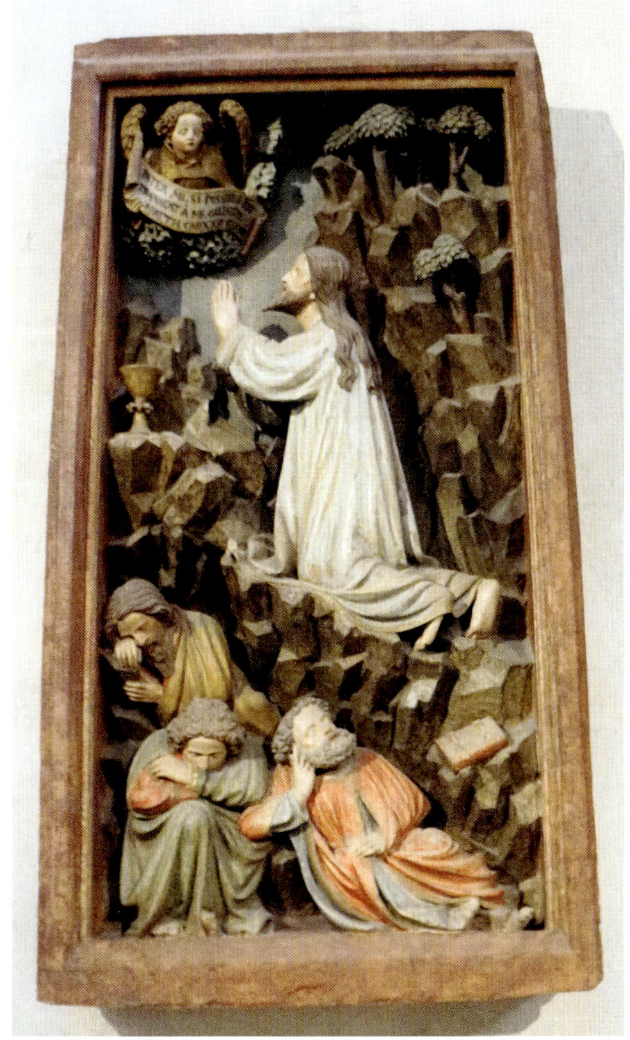

Abb. 3: Ölberg, Barholomäuskapelle

17 Andreas Rohatsch, Die Gesteine in der Bausubstanz des Riesentores von St. Stephan, in: Friedrich Dahm (Hg.), Das Riesentor. Archäologie, Bau- und Kunstgeschichte, Naturwissenschaften, Restaurierung, Wien 2008, S. 83–85; Friedrich Dahm, Die „historischen" Restaurierungen des Riesentores vom Mittelalter bis 1943, in: Friedrich Dahm (Hg.), Das Riesentor. Archäologie, Bau- und Kunstgeschichte, Naturwissenschaften, Restaurierung, Wien 2008, S. 191.

18 1896 wurde die „Tünche", nach Kieslinger ein Ölanstrich, entfernt und sonst keine tiefgreifende Restaurierung vorgenommen (vgl. Alois Kieslinger, Die Steine von St. Stephan, Wien 1949, S. 251).

19 Restaurierbericht von Gertrud Zowa, Archiv der Dombauhütte, Restaurierberichte 2003.

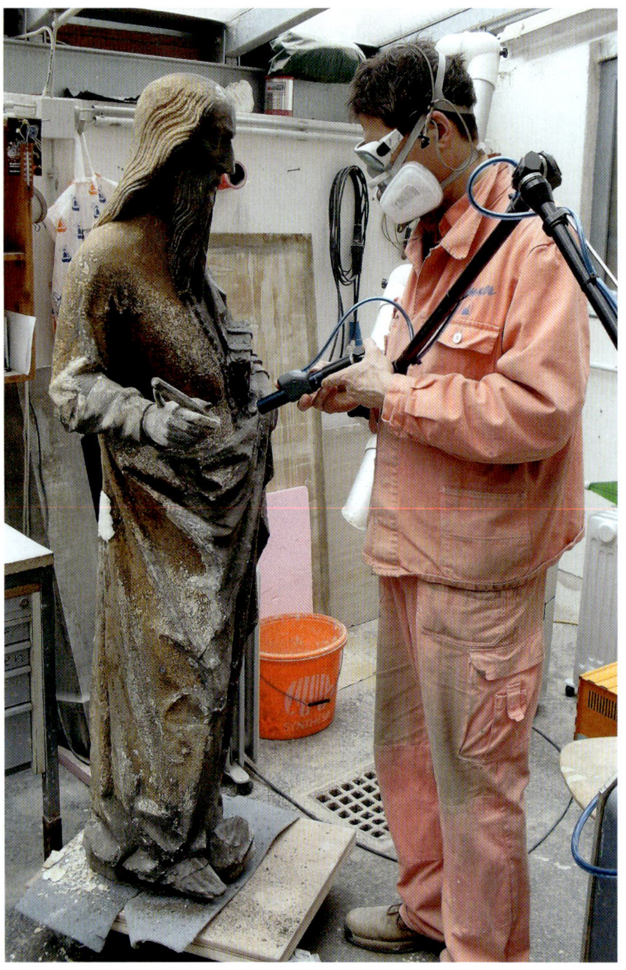

Abb. 4: Laserreinigung des Paulus vom Singertor

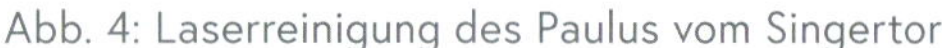

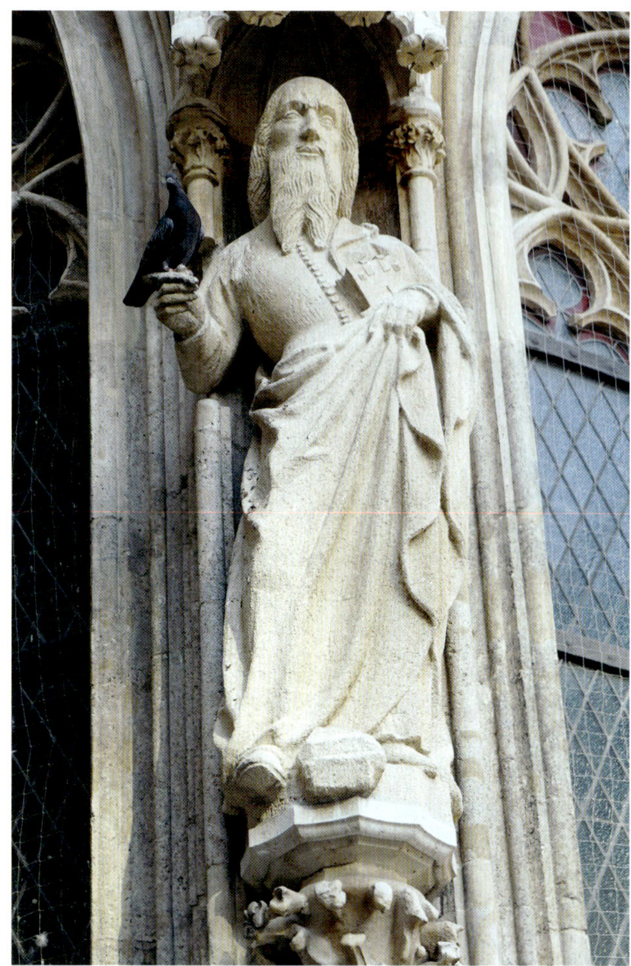

Abb. 5: Paulus vom Singertor nach der Reinigung

Singertorvorbau: Paulus und Steinigung des Stephanus

Der Vorbau des Singertores ist in seiner Leichtigkeit und Zierlichkeit ein faszinierendes Beispiel spätgotischer Kleinarchitektur, das – angelehnt an das Langhaus – eigentlich nur aus zwei Pfeilern besteht, die das Gewölbe der polygonalen Vorhalle tragen. An diesen beiden Pfeilern werden den Besuchern Bildwerke präsentiert, die auf den um 1365 entstandenen Innenraum vorbereiten. Denn während innen die Bekehrung des Saulus zum hl. Paulus und sein Martyrium dargestellt wird, ist außen die Steinigung des hl. Stephanus zu sehen und daneben der an dieser Hinrichtung beteiligte Saulus – vor seiner Bekehrung, als er noch überzeugter Gegner der neuen christlichen Bewegung war. Die Skulptur des Paulus wurde 1976 durch eine Kopie von Friedrich Ölzant ersetzt, musste aber schon 2016 gründlich restauriert werden. Die Oberfläche wurde mit Microsandstrahl und Laser gereinigt und ergänzt. Bei der Gruppe der Steinigung des Stephanus wurde anders verfahren: Da sie bei aller Schlankheit doch ausladender ist als eine Einzelfigur, ist sie durch den Figurenbaldachin kaum geschützt. Die erodierten Fehlstellen, vor allem im Gesicht des hl. Stephanus, wurden daher bildhauerisch ergänzt und die Gruppe an Ort und Stelle belassen.

Reinigung der Fürstenfiguren

Obwohl die Fürstenfiguren an der Westfassade und am Südturm nicht mehr original sind, sondern Kopien des 19. Jahrhunderts, haben auch diese Kopien für den Dom eine besondere Bedeutung, da sie an ausgezeichneten Positionen am Dom stehen und durch die hohe Qualität der Originale einen besonderen Anspruch verkörpern und Sorgfalt erfordern.

Die beiden Figuren an der Westfassade – Rudolf IV. und Katharina – wurden abgenommen und in der Werkstatt mittels Laser gereinigt und gefestigt.[20] Die Position der Figuren am Südturm ist etwas diffiziler: Sie

20 Erich Pummer, Restaurierbericht, Stifterfiguren der Westfassade, Archiv der Dombauhütte, Restaurierberichte 2007.

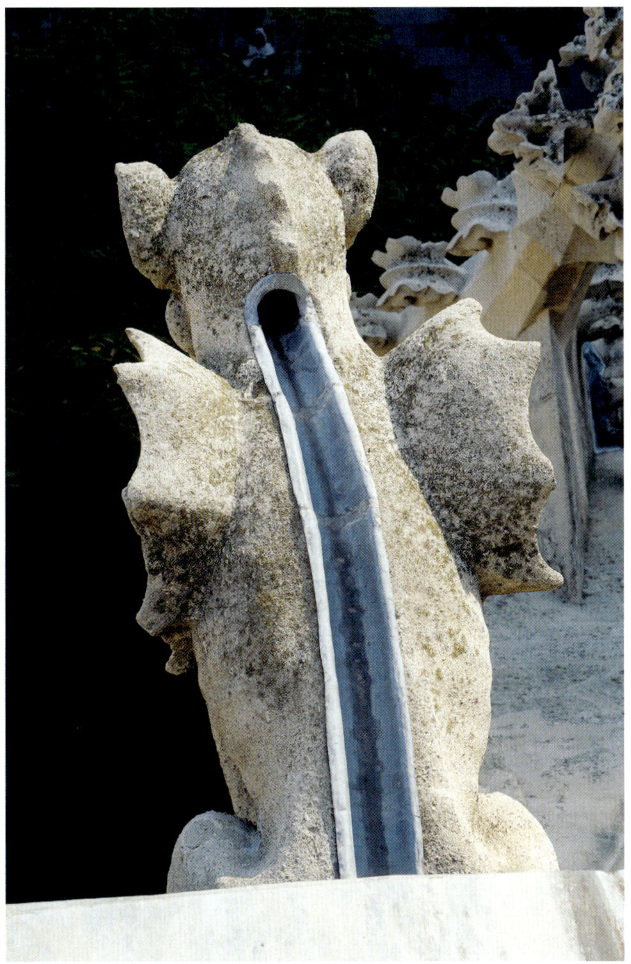
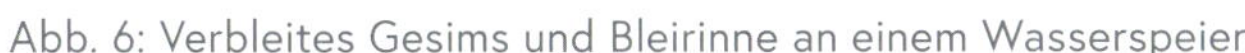

Abb. 6: Verbleites Gesims und Bleirinne an einem Wasserspeier

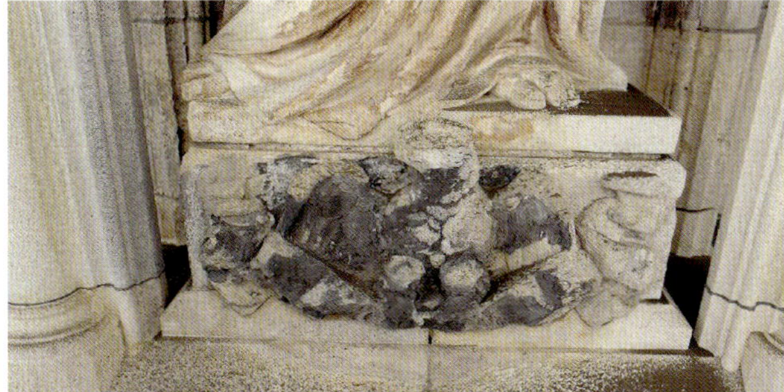
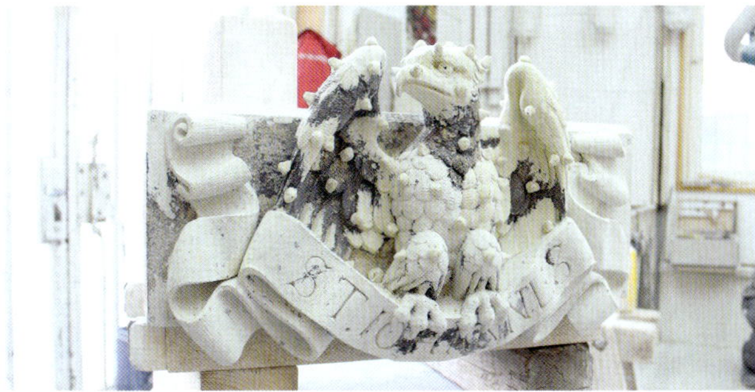
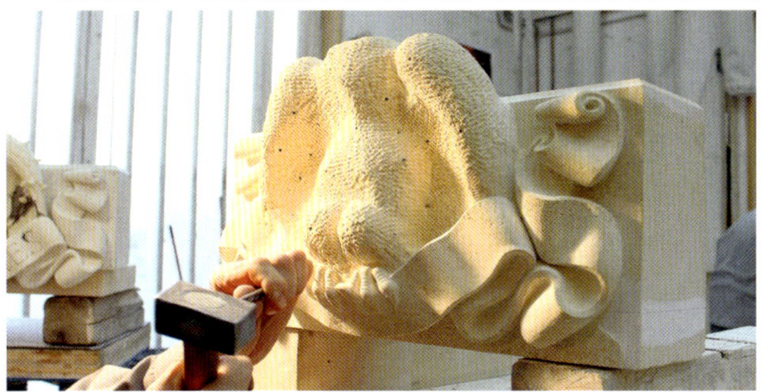

Abb. 7: Zerstörte Basis des hl. Johannes an der Bartholomäuskapelle, Aufmodellierung und Kopie in Sandstein

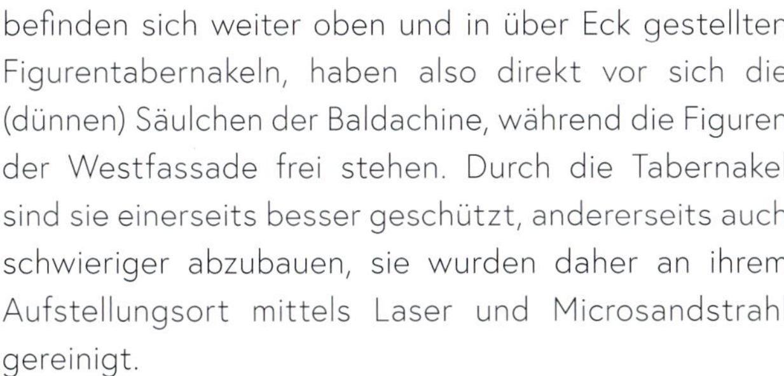

befinden sich weiter oben und in über Eck gestellten Figurentabernakeln, haben also direkt vor sich die (dünnen) Säulchen der Baldachine, während die Figuren der Westfassade frei stehen. Durch die Tabernakel sind sie einerseits besser geschützt, andererseits auch schwieriger abzubauen, sie wurden daher an ihrem Aufstellungsort mittels Laser und Microsandstrahl gereinigt.

Ergänzungen der Skulpturen am Langhaus

Bei den Skulpturen an den Strebepfeilern des Langhauses handelt es sich durchgehend um Neuschöpfungen des 19. und 20. Jahrhunderts.[21] Auch bei diesen sind nicht nur zeitbedingte Verschmutzungs- und Erosionserscheinungen zu beobachten und zu sanieren, sondern auch massive Substanzverluste.

Wenn die Fehlstellen die Les- und Erkennbarkeit der Figur beeinträchtigen, wird meist eine bildhauerische Ergänzung durchgeführt.

Ein schönes Beispiel ist die Skulptur von Albrecht III. „mit dem Zopf" (1350–1395). Den Zopf bildete aber nicht sein eigenes Haar, sondern wurde als Insignie des von ihm gegründeten Ordens vom Zopf getragen, einem kurzlebigen Versuch, einen Hausorden der Habsburger zu gründen, was erst Kaiser Maximilian mit der Übernahme des Ordens vom goldenen Vlies gelang. Neben den Verschmutzungen und Erosionen der Oberfläche fehlte die Hand mit dem Schwertgriff. Die Ergänzung dieser Skulptur war daher naheliegend und wurde bildhauerisch ausgeführt.

Zahnwehherrgott

Wegen der Legende prominent, wegen der künstlerischen Gestaltung, aber auch wegen der Restauriergeschichte interessant ist der sogenannte „Zahnwehherrgott", ein Schmerzensmann aus dem 14. Jahrhundert. Das Original befand sich an der Außenseite des Mittelchores und wurde 1950 in die Nordturmhalle versetzt.

21 Wiener Dombau-Vereinsblatt 1896, S. 149.

1952 wurde am ursprünglichen Ort eine Kunststeingusskopie aufgestellt. Die Unterkonstruktion aus Säule und Wolkenband blieb im Original an Ort und Stelle.

Das Original wurde 2013 restauriert, dabei wurden Reste von aufwendiger Bemalung festgestellt, die aber weder beim Original noch bei der Kopie rekonstruiert wurden, die lediglich gesichert und oberflächlich retuschiert wurde.[22]

Resümee

Die Skulpturen am Außenbau sind zwar für die statische Sicherheit des Baues meist nicht relevant, ihre Lesbarkeit ist aber den Erbauern aus theologischen oder politischen Gründen wichtig gewesen, da sie sehr deutlich Botschaften vermitteln können. Die Skulpturen sind aber im Vergleich mit Quadermauerwerk – abhängig vom verwendeten Stein – besonders erosionsanfällig und bedürfen besonderer konservatorischer Sorgfalt. Konsequentes und permanentes Monitoring ist daher eine grundlegende Voraussetzung für eine möglichst verlustfreie Erhaltung. Als regelmäßige Untersuchungsmethoden werden 3D-Scans, fotografische Aufnahmen vom Boden und umliegenden Gebäuden – in Sonderfällen mittels Drohnen – oder direkte Inspektionen mithilfe von Hubsteigern und durch seilgesichertes Klettern eingesetzt.

In den letzten Jahrzehnten war ein Ersatz durch Kopien bzw. die Verbringung ins Innere des Domes eine durchaus gebräuchliche Maßnahme, wenn mittelalterliche Originale gefährdet waren. Durch verringerte Schadstoffbelastung und verbessertes Monitoring – und dadurch ermöglichte frühzeitige Eingriffe zu Schutz und Restaurierung – wird der ungefährdete Verbleib der Skulpturen an Ort und Stelle wohl leichter und damit die Erhaltung sowohl der Originalsubstanz als auch des originalen Zusammenhanges ermöglicht werden.

22 Gertrud Zowa, Schmerzensmann – Zahnwehherrgott: Zu Konservierung und Restaurierung eines Wiener Originals, in: Der Dom. Mitteilungsblatt des Wiener Domerhaltungsvereins, 2/2014, S. 10–12.

Anna-Vanessa Boomgaarden, Alexandra Czarnecki, Michaela Kronberger, Andreas Nierhaus, Anna-Maria Tupy

Restaurierung der Fürstenfiguren von St. Stephan für das neue Wien Museum

Restoration of the princes' statues from St. Stephen's for the new Wien Museum

The princes' statues from St. Stephen's are among the most significant works of art in the Wien Museum's collection. They were thoroughly examined and restored while the main building on the Karlsplatz was being refurbished and structurally expanded, and in preparation for the new permanent exhibit. This project brought new findings on the history of the works' damage and restoration, the latter being closely tied to the change of location and the presentations of the statues. The currently implemented restoration contributed to the statues' legibility, maintenance, and care, and heightened their sculptural and aesthetic effect as part of the new presentation of the Wien Museum. The following article will delve into the sculptures' history and significance (Andreas Nierhaus), then outline their location and restoration history (Anna Boomgaarden and Alexandra Czarnecki), and finally, in the center of the article, present the latest investigations and restorative measures and the resulting findings (Anna-Maria Tupy). In conclusion, a few thoughts on the contextualization of the statues in their chronological tour of the new permanent exhibit of the Wien Museum will be formulated (Michaela Kronberger).

Geschichte und Bedeutung

Die Fürstenfiguren von St. Stephan gelangten 1888 zusammen mit zahlreichen anderen Objekten als Schenkung des Fürsterzbischöflichen Konsistoriums an das damals neu gegründete Historische Museum der Stadt Wien.[1] Die sechs lebensgroßen Statuen aus Kalksandstein (Au am Leithagebirge) stellen Herzog Rudolf IV. und seine Frau Katharina von Böhmen, Rudolfs Eltern Herzog Albrecht II. und Johanna von Pfirt sowie Katharinas Eltern Kaiser Karl IV. und Blanche von Valois dar und werden auf die Zeit zwischen 1359, der Grundsteinlegung für die Erweiterung des Stephansdoms unter Rudolf IV., und dessen frühen Tod 1365 datiert. Vor ihrer Musealisierung standen die Statuen von Rudolf und Katharina, flankiert von Wappenträgern und geschützt von Baldachinen, an den Eckpfeilern der Westseite des Doms, wo sie 1858 durch Kopien von Matthias Purkarthofer und Franz Schönthaler ersetzt wurden.[2] Die Statuen der Eltern befanden sich in den Figurentabernakeln im ersten Obergeschoß des Südturms und wurden dort 1870/71 durch Kopien von Johann Griesemann und Ludwig Giebland ersetzt.[3]

Die Fürstenfiguren sind eindrucksvolle Dokumente der politischen Ambitionen Rudolfs IV., der sich durch das bald als Fälschung entlarvte „privilegium maius" (1358/59) auf eine Stufe mit den Kurfürsten des Reiches erheben wollte und in Wien, unterstützt durch den von ihm geförderten Ausbau des Stephansdoms, ein Bistum zu etablieren versuchte. Dies erklärt auch die singuläre Präsenz monumentaler Darstellungen lebender Herrscherpersönlichkeiten an einem Sakralbau.[4] Mit diesem hohen politischen Anspruch korrespondiert die herausragende künstlerische Qualität der Fürstenfiguren, die

1 Inv. Nr. 559 (Albrecht II.), 560 (Johanna von Pfirt), 567 (Karl IV.), 579 (Blanche von Valois, inventarisiert als Elisabeth von Pommern, vierte Ehefrau Karls IV.), 594 (Rudolf IV., inventarisiert als Albrecht V.), 600 (Katharina von Böhmen, inventarisiert als Elisabeth von Luxemburg). Eine konzise Zusammenfassung der Geschichte und kunsthistorischen Bedeutung der Fürstenfiguren findet sich bei Veronika Pirker-Aurenhammer, Wiener Fürstenfiguren. Gotische Meisterwerke des Stephansdoms (Publikation zur Sonderschau im Prunkstall des Unteren Belvedere), Wien 2019 (Pirker-Aurenhammer 2019). Zu den Fürstenfiguren im Kontext des Stephansdoms vgl. zuletzt die entsprechenden Beiträge in: Barbara Schedl / Franz Zehetner (Hg.), St. Stephan in Wien. Die „Herzogswerkstatt", Wien–Köln 2022 (Schedl / Zehetner 2022).

2 Vgl. Hans Tietze, Geschichte und Beschreibung des St. Stephansdomes in Wien, in: Österreichische Kunsttopographie 23, hg. Bundesdenkmalamt, Wien 1931, S. 74.

3 Ebenda, S. 72.

4 Von den Fürstenfiguren abgesehen, befinden sich Standfiguren Rudolfs und Katharinas auch am Bischofs- und am Singertor.

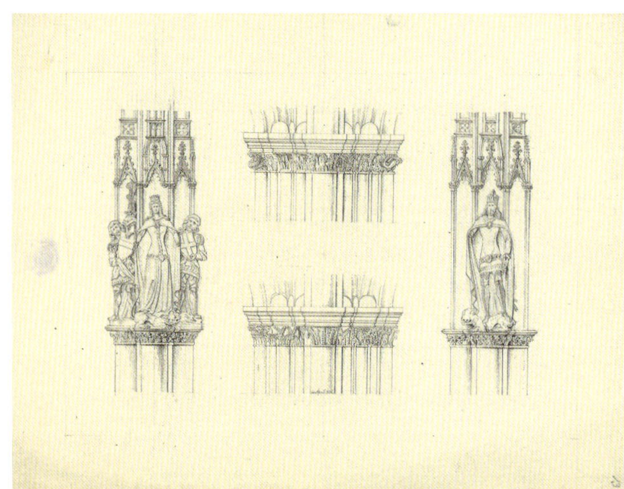

Abb. 1: Georg Christoph Wilder, Katharina von Böhmen, Rudolf IV. und Kapitelle der Westempore von St. Stephan, Bleistift und Feder auf Papier, 1825/26

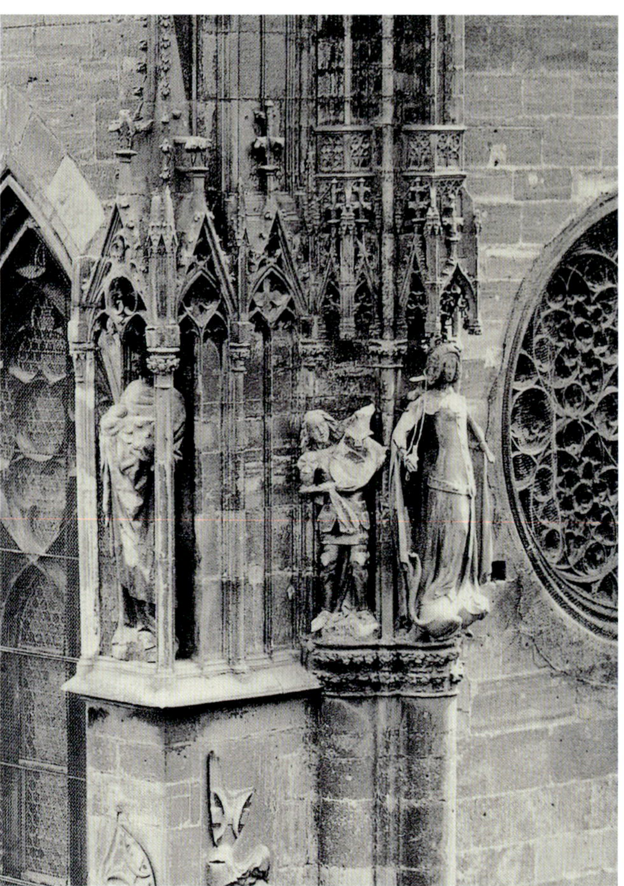

Abb. 2: Katharina von Böhmen, Detail eine Fotografie von 1854

zwar offenbar einheitlich konzipiert, aber paarweise von drei Meistern ausgeführt wurden, woraus sich stilistische Unterschiede ergeben.[5] Alle sechs Figuren stehen auf Löwen – ein Motiv, das aus der Grabplastik geläufig ist und hier wohl als triumphaler Herrschergestus zu verstehen ist. Alle Skulpturen zeichnet darüber hinaus eine besondere Betonung des stets individuell gestalteten, detailreichen modischen Kostüms aus, die eine programmatisch-repräsentative Bedeutung nahelegt.[6] Insignien wie Krone, Szepter oder Reichsapfel weisen die Dargestellten als Herrscherpersönlichkeiten aus, die Eltern und Schwiegereltern Rudolfs halten außerdem ein Spruchband, dessen Inschriften mit der gesamten ursprünglichen Fassung sämtlicher Figuren verloren sind. Davon abgesehen, sind die Paare durchaus unterschiedlich charakterisiert: Rudolf und Katharina von Böhmen geben durch ihre demonstrativ weit geöffneten, ja, wie vom Wind aufgeblähten Umhänge den Blick auf spindelartig dünne Körper frei. Die Statuen von Albrecht und Johanna von Pfirt besitzen einen bemerkenswerten Realismus in der Wiedergabe porträthafter Züge und modischer Details. Die schlanken und stark s-förmig geschwungenen Körper von Karl IV. und Blanche, deren Gesichter gelängt wirken, werden von fließenden Gewändern umspielt.

Unklar ist der ursprüngliche Zusammenhang dieses Zyklus im Kontext des Stephansdoms. Fest steht, dass die Figurenpaare der Eltern und Schwiegereltern

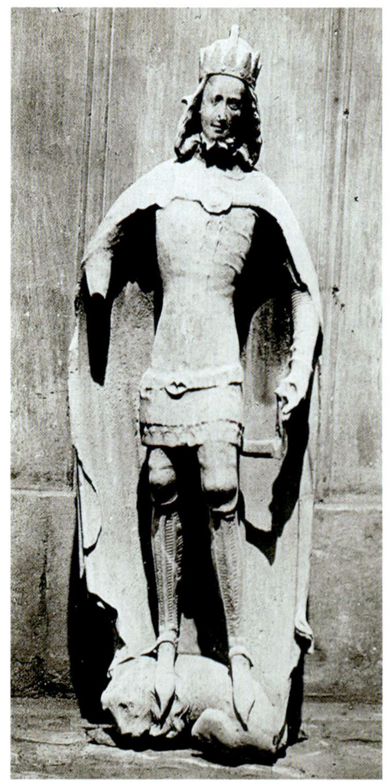

Abb. 3: Rudolf der Stifter, Detail einer Fotografie um 1860

5 Zusammenfassend zur kunsthistorischen Bedeutung: Lothar Schultes, Kat.-Nr. 98–100, in: Günter Brucher (Hg.), Gotik. Geschichte der bildenden Kunst in Österreich 2, München–London–New York 2000, S. 355–357 (Schultes 2000).

6 Vgl. Assaf Pinkus, Prachtvolle Erscheinung und anmutige Bewegung. Höfisches Dekorum und die Wiener Herzogsfiguren, in: Schedl / Zehetner 2022, S. 189–202.

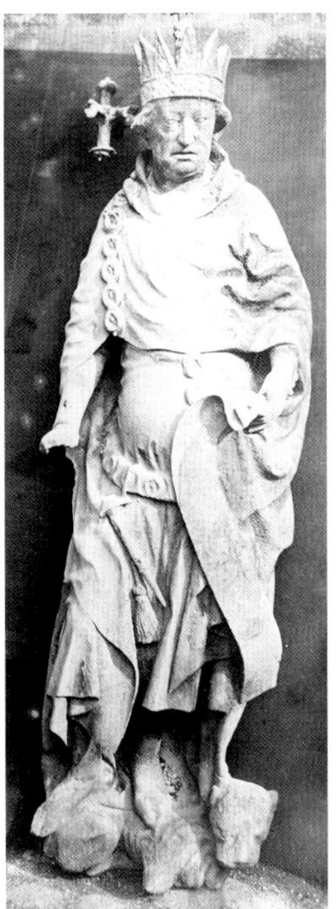

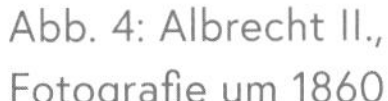
Abb. 4: Albrecht II., Fotografie um 1860

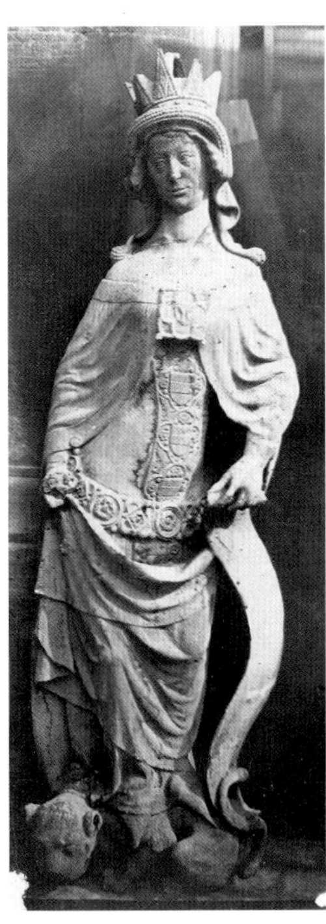
Abb. 5: Johanna von Pfirt, Fotografie um 1860

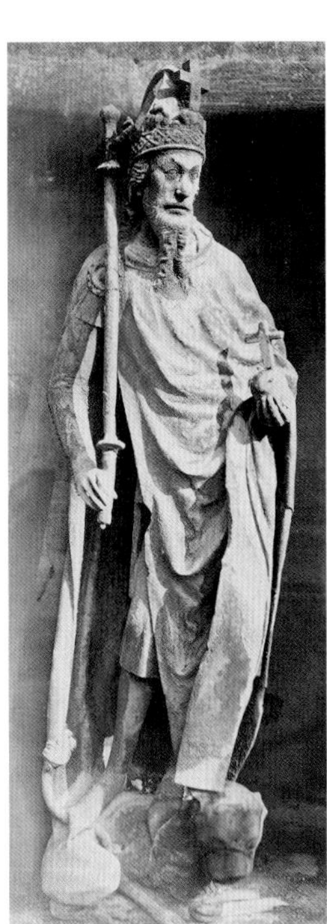
Abb. 6: Karl IV., Fotografie um 1860

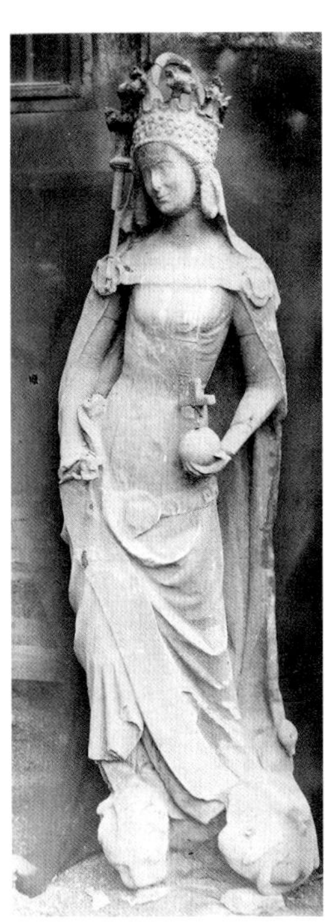
Abb. 7: Blanche von Valois, Fotografie um 1860

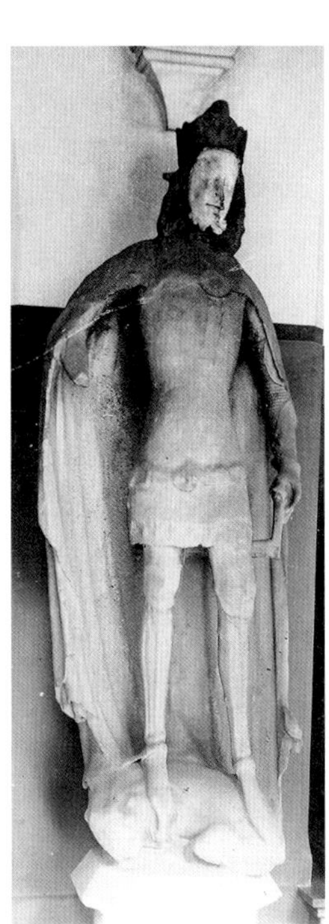
Abb. 8: Fürstenfiguren in der I. Abteilung des Historischen Museums der Stadt Wien im Korridor des neuen Rathauses, vermutlich vor dem Zweiten Weltkrieg

Rudolfs aufgrund des langsamen Baufortschritts erst Jahrzehnte nach ihrer Entstehung am Südturm aufgestellt werden konnten. Anders als Rudolf und Katharina, die einigermaßen schlüssig in die Struktur der Westseite integriert sind, müssen die Statuen der Eltern und Schwiegereltern in den relativ weit voneinander entfernten Tabernakeln deplatziert und aus dem Zusammenhang gerissen gewirkt haben. Auch aus diesem Grund wurde vermutet, dass die Statuen der Eltern und Schwiegereltern ursprünglich in den Tabernakeln an den Seitenfassaden der herzoglichen Doppelkapellen im Westen und damit in unmittelbarer Nähe zu Rudolf und Katharina aufgestellt werden sollten; ein anderer Vorschlag lokalisierte den gesamten Zyklus im Inneren des Doms – etwa in Zusammenhang mit der Grablege Herzog Rudolfs IV. Auch eine Verwendung als Schmuck eines nie verwirklichten Portals wurde vorgeschlagen.[7]

Die älteste erhaltene Darstellung der Fürstenfiguren findet sich auf einem Stich von Marquard Herrgott von 1760, der neben anderen Skulpturen die damals offenbar bereits beschädigten Statuen von Rudolf und Katharina wiedergibt.[8] Als Georg Christoph Wilder 1825/26 seine detailgetreuen Zeichnungen von Architektur und Bauplastik des Stephansdoms schuf, waren die Verluste an diesen beiden Skulpturen schon weiter fortgeschritten (Abb. 1). Auf einer Fotografie von 1854 ist die Statue Katharinas noch in situ zu sehen (Abb. 2), während die Statue ihres Gemahls wohl anlässlich der Abnahme im Zuge der Herstellung der Kopie 1858 fotografiert wurde (Abb. 3) und damals bereits eine stark verwitterte Oberfläche aufwies.[9] Auch die vier Skulpturen am Südturm wurden wohl unmittelbar nach ihrer Abnahme fotografiert (Abb. 4–7), womit der Zustand vor der Herstellung der Kopien 1870/71 und der Schenkung an das Historische Museum 1888 dokumentiert ist.

Daher war vor der Restaurierung u. a. auch die Fragestellung interessant, ob sich im Rahmen von kunsttechnologischen Untersuchungen und Laboranalysen Reste eines Fassungsaufbaus oder gar einer Polychromie nachweisen lassen.

7 Vgl. zusammenfassend Schultes 2000, S. 356; Pirker-Aurenhammer 2019, S. 5.
8 Pirker-Aurenhammer 2019, S. 20.
9 Auch der Umstand, dass die Kopie in der Körperhaltung, aber auch in den Details des Kostüms erheblich vom Original abweicht, deutet darauf hin, dass letzteres zum damaligen Zeitpunkt bereits starke Verluste aufwies.

Standort- und Restaurierungsgeschichte

Um den heutigen Erhaltungszustand der Skulpturen besser nachvollziehen zu können, ist es wichtig, sowohl die Standort- als auch die Restaurierungsgeschichte zu ergründen. Insbesondere Standorte im Außenbereich und jede Art von Transporten bergen bei Steinskulpturen heute wie ehedem die Gefahr von Verwitterungs- und Transportschäden. Zu bedenken ist dabei, dass die Möglichkeiten im 19. Jahrhundert, als die Skulpturen von den Fassaden abgenommen, kopiert und schließlich in museale Obhut übertragen wurden, andere waren, als sie es heute sind. Noch heute verlangt der Transport von lebensgroßen Steinskulpturen Spezialwissen mit technischem und logistischem Sachverstand im Einklang mit einem gesteigerten Risikobewusstsein. Schließlich hat man es nicht nur mit hohem Gewicht und unhandlichen Dimensionen zu tun, sondern auch mit der enormen Fragilität des Steins. Zudem waren die Kopisten weniger zögerlich, am Objekt Ergänzungen anzubringen und Punktiermarken[10] zu setzen. Des Weiteren ist jede neue Präsentation zumeist damit verbunden, dass Objekte gepflegt oder behandelt werden, sodass Informationen zu Standortwechseln Hinweise zu Schäden und Maßnahmen liefern können. Der entstehungszeitliche Aufstellungsort der Fürstenfiguren am Stephansdom ist nicht eindeutig geklärt. Gesichert ist lediglich, dass sie bis Mitte bzw. Ende des 19. Jahrhunderts an der Westfassade bzw. am Südturm des Stephansdoms unter Baldachinen aufgestellt und der Verwitterung ausgesetzt waren. Fraglich ist, ob sie sich jemals im Inneren des Kirchenraums befunden haben. Wie bereits oben erwähnt, wurden die Schäden an der Fassade bis zu ihrem Zugang ins Museum verschiedentlich bildlich dokumentiert.

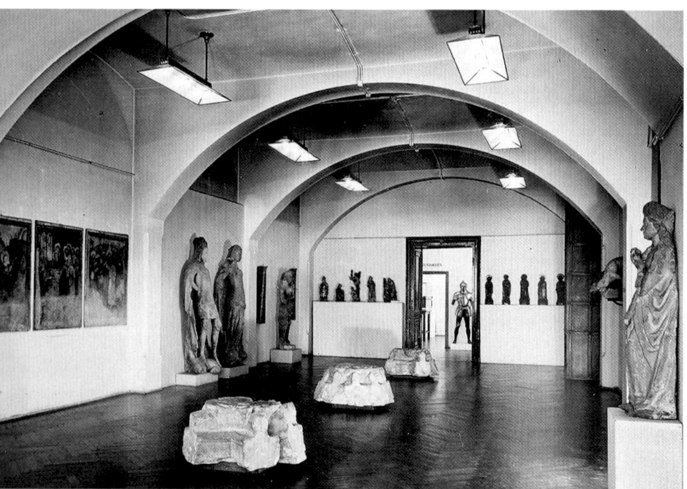

Abb. 9: Museale Aufstellung von Rudolf IV. und Katharina in Saal 2 vor einer weißen Wand, im neuen Rathaus, vermutlich nach dem Zweiten Weltkrieg aufgenommen

Der Aufenthaltsort der Figuren zwischen ihrer Abnahme und der aktenkundigen Übertragung an das Historische Museum der Stadt Wien im Jahre 1888 ist nicht bekannt. Möglicherweise wurden sie zunächst in die Bauhütte verbracht, wo sie den Bildhauern zur Herstellung der Kopien zur Verfügung standen. Auch könnten sie zeitweise innerhalb des Doms aufbewahrt worden sein.

Nachdem 1883 das neue Rathausgebäude fertiggestellt worden war, konnten die ersten Ausstellungsräume für das Historische Museum der Stadt Wien nach und nach bezogen werden. Die Räumlichkeiten waren über mehrere Geschosse verteilt.[11] Basierend auf den räumlichen Gegebenheiten, wurde die Sammlung in vier Abteilungen gruppiert.[12] Von Beginn an gab es eine eigene Abteilung für die Denkmäler von St. Stephan (I. Abteilung). Im Katalog von 1890[13] sind Objekte mit Bezug zum Stephansdom für einen Korridor, vermutlich im Mezzanin, aufgelistet (Abb. 8). Dort blieben sie vermutlich bis 1942, bis sie im Zuge der kriegsbedingten Bergungsmaßnahmen an verschiedene Auslagerungsorte verbracht wurden. Darauf deutet eine Beschreibung im Mitteilungsblatt der Museen Österreichs von 1959[14] hin, in dem von mehrmaligen Transporten die Rede ist. Zudem steht darin zu lesen, dass vier Skulpturen im Kunsthistorischen Museum und weitere Figuren unter schlechten Lagerungsbedingun-

10 Die Herstellung der Kopien lässt sich an den Originalen stellenweise in Form von Punktiermarken nachvollziehen. Näheres dazu in der Restaurierungsdokumentation für das Wien Museum von Anna-Maria Tupy 2023/24.

11 Historisches Museum der Stadt Wien (Hg.), Hundert Jahre Historisches Museum der Stadt Wien, Wien 1987, S. 16.

12 Katalog des Historischen Museum der K. K. Haupt- und Residenzstadt Wien – I., II. und III. Abteilung (2. Ausgabe), Wien 1890, S. 2.

13 Ebenda.

14 Vgl. Gustav Mazanetz, Erster Bericht über die neue Konservierung der gotischen Plastiken von St. Stephan im Historischen Museum der Stadt Wien, in: Adolf Mais (Hg.), Mitteilungsblatt der Museen Österreichs, Ergänzungsheft Nr. 7, Aus der Arbeit des Historischen Museums der Stadt Wien, Wien 1959, S. 32–36.

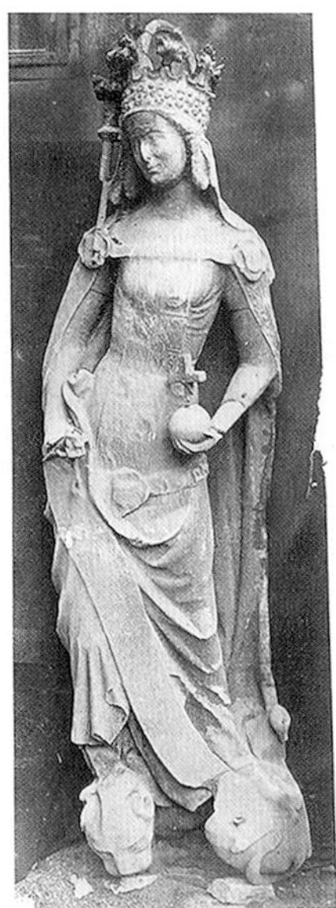
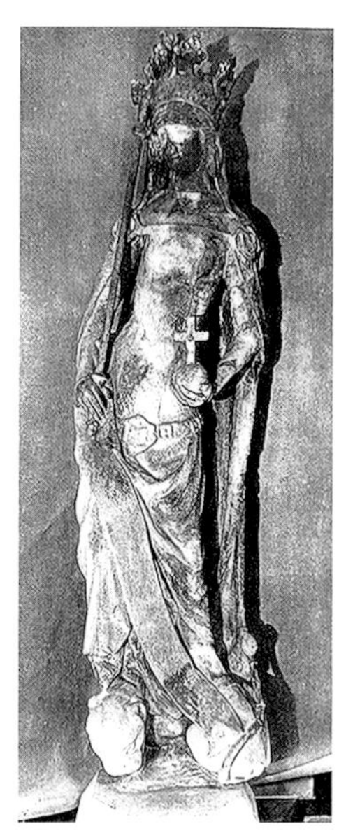
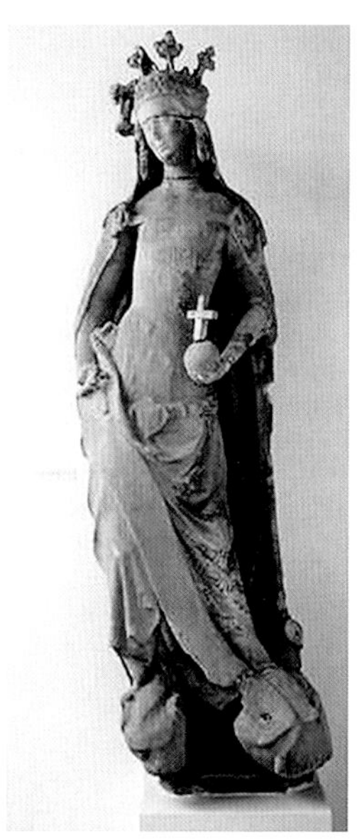
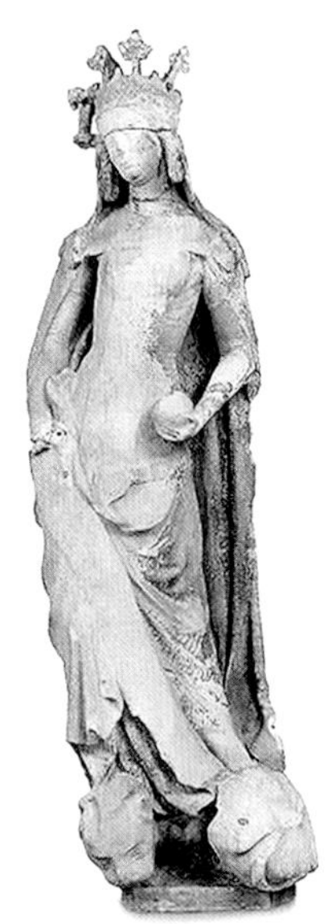
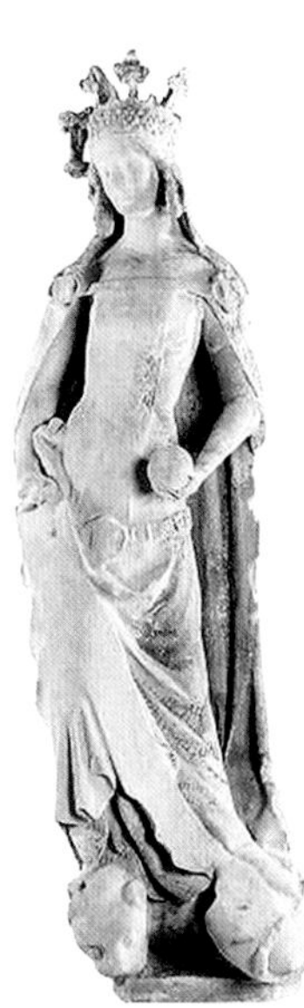

Abb. 10: Visualisierung der Restaurierungsgeschichte anhand historischer Fotos am Beispiel der Blanche von Valois

gen in Depots in einem Stadtbahnbogen und in einer Markthalle aufgefunden wurden.[15]

Ein Foto aus der Sammlung des Wien Museums, welches um 1957 aufgenommen wurde, zeigt eine museale Aufstellung von Rudolf IV. und Katharina wieder im Rathaus, in Saal 2 vor einer weißen Wand (Abb. 9).

Die Präsentation der Denkmäler von St. Stephan nahm auch nach der Übersiedlung in das neu errichtete Historische Museum auf dem Karlsplatz einen großen Stellenwert ein. In der damaligen Dauerausstellung wurden die Fürstenfiguren ab 1959 im Erdgeschoß präsentiert.

Nach der sanierungsbedingten Schließung des Museumsgebäudes am Karlsplatz 2019 wurden die sechs Skulpturen im Prunkstall des Unteren Belvedere präsentiert, um sie auch während der Baumaßnahmen dem Publikum zugänglich zu machen.[16]

Später wurden sie in die Steinrestaurierungswerkstatt des Bundesdenkmalamtes verbracht, wo sie zuerst naturwissenschaftlich durch das dortige Labor untersucht und anschließend durch die selbstständige Restauratorin Anna-Maria Tupy unter der Begleitung des Wien Museums restauriert wurden.

Ziel der Laboranalysen war zum einen, nach Spuren entstehungszeitlicher Fassungen zu suchen, und zum anderen, die zahlreichen sich an den Oberflächen der Steinskulpturen inhomogen und fleckig abzeichnenden Substanzen zu identifizieren, um so einerseits die Restaurierungsgeschichte weiter zu ergründen und andererseits geeignete Konservierungs- und Restaurierungsmaßnahmen definieren zu können. Alle Beobachtungen an den Skulpturen in Kombination mit den naturwissenschaftlichen Untersuchungen sollten in einem zeitgemäßen Restaurierungskonzept münden, welches den Substanzerhalt des Originalbestands unter Berücksichtigung des Alterswerts sichert und gleichzeitig eine Verbesserung der Lesbarkeit und des ästhetischen Erscheinungsbildes fördert.

Zwar wurden nicht – wie zu Projektbeginn erhofft – eindeutige Spuren einer ursprünglichen Fassung und Polychromie auf den Steinoberflächen gefunden. Dafür konnten durch Querschliffauswertungen und labortechnische Materialanalysen frühere Restaurierungsmittel diagnostiziert und durch kunsttechnologische Untersuchungen teils drastische bildhauerische Überarbeitungen festgestellt werden. Dazu später mehr.

Der Grad an bildhauerischer Bearbeitung der Steinoberflächen – soweit dies am überlieferten Zustand der Figuren beurteilt werden kann – weist auf die Anlage eines Malschichtaufbaus hin. Sowohl die modischen Details als auch die Spruchbänder verlangen eine malerische Vervollkommnung, blieben sie doch in ihrer Steinsichtigkeit unvollständig und für den Betrachter nicht verständlich. Die durch die Witterung und durch frühere chemische und physikalische Abtragungen stark reduzierten Steinoberflächen lassen zwar kein absolut eindeutiges Ergebnis einer Oberflächenbeurteilung zu,

15 Ebenda.
16 Vgl. Pirker-Aurenhammer 2019.

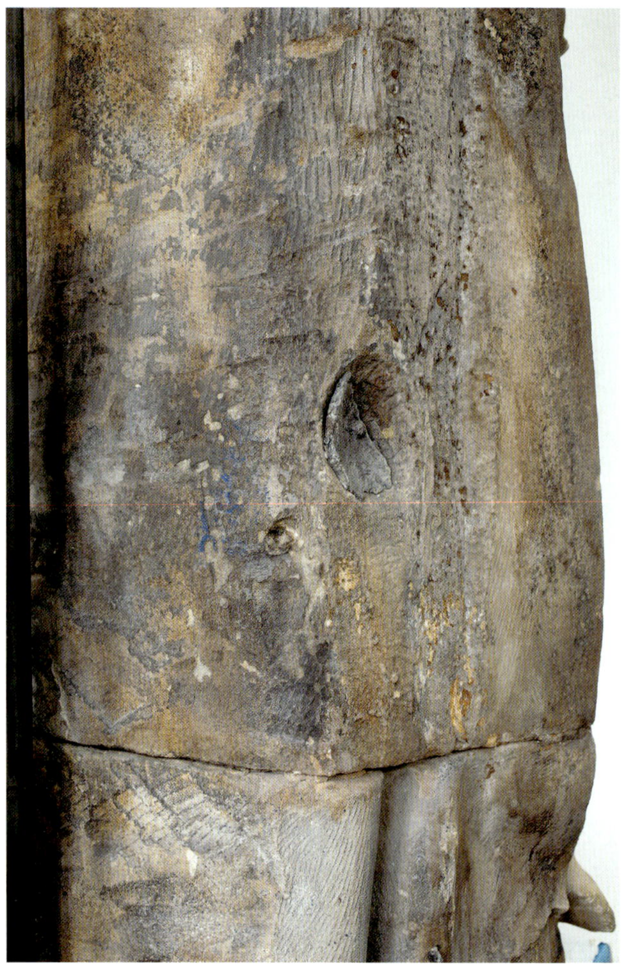

Abb. 11: Verschiedene Werkzeugspuren an der Rückseite der Skulptur Herzog Albrecht II. (Zahndechsel, gezahntes Schabeisen und Bleigusskanal)

dennoch wird – auch ohne materielle Belege – weiterhin von einer ursprünglichen Bemalung ausgegangen.

Die Aufarbeitung der Standort- und Restaurierungsgeschichte erfolgte als Ergänzung zur Bestandsaufnahme der Skulpturen und ermöglichte die zeitliche Eingrenzung von Schadensbildern. Abb. 10 veranschaulicht die Veränderungen im Laufe der Zeit am Beispiel von Blanche. Sie zeigt, dass um 1860 (erstes Foto von links) der obere Bereich am Szepter, eine Bügelkrone mit Kreuz und ein Kreuz am Reichsapfel erhalten sind. Die Finger ihrer rechten Hand fehlen zu diesem Zeitpunkt. Die Fuge auf der Stirn ist geschlossen und insgesamt weist die Skulptur weniger Verschwärzungen auf als bei dem chronologisch folgenden Foto. Auf dem zweiten Foto von links sind das Szepter und die Finger der rechten Hand ergänzt, was möglicherweise mit der Arbeit der Kopisten in Zusammenhang steht. Das Kreuz am Reichsapfel ist zu sehen, aber die Bügelkrone mit Kreuz ist nur noch in Teilen vorhanden. Die Fuge auf der Stirn ist weiterhin geschlossen. Insgesamt zeigt die Skulptur starke Verschwärzungen. Das mittlere Foto belegt, dass um 1960 die Ergänzungen am Szepter und die ergänzten Finger der rechten Hand nicht mehr vorhanden sind. Sie wurden höchstwahrscheinlich im Zuge der Restaurierung um 1957 entfernt. Die Bügelkrone ist weiter reduziert. Das Kreuz am Reichsapfel ist zu sehen. Auch zeichnet sich nun die offene Fuge auf der Stirn deutlich ab. Das Foto von 2019 (zweites von rechts) beweist, dass das Kreuz am Reichsapfel in der Zwischenzeit abgenommen wurde. Der aktuelle Zustand (Foto ganz rechts) präsentiert das Restaurierungsergebnis, dass das Szepter und die Finger der rechten Hand und die Bügelkrone reduziert bleiben und das Kreuz am Reichsapfel nicht angefügt wurde. Die vormals offene Fuge auf der Stirn wurde jedoch geschlossen und insgesamt ist ein gereinigter Zustand zu sehen.

Die Behandlung der Fürstenfiguren mit Öl

Eine Öltränkung von Steinskulpturen im Außenbereich kann historisch betrachtet verschieden begründet werden: zur Vorbereitung des porösen Steingrundes auf eine Farbfassung[17], zur Festigung der Gesteinssubstanz oder zu dessen Hydrophobierung[18]. Die Konservierung und Restaurierung einer ölgetränkten Natursteinskulptur ist komplex. Öle bewirken während des Alterungsprozesses eine Reihe von Schadensphänomenen innerhalb der Gesteinssubstanz. Ob die Fürstenfiguren der Kirchenfassade St. Stephan entstehungszeitlich einer solchen Behandlung unterzogen wurden, lässt sich nur mehr vermuten. Fest steht aber, dass diese wohl erst nach deren Abnahme von der Fassade stattgefunden hat. Ungeachtet dessen, führte die Behandlung im Laufe der Jahre zu einem vergilbten und stark fleckigen Erscheinungsbild, was die Lesbarkeit und Ausstellungsfähigkeit der Skulpturen maßgeblich beeinträchtigte. Deshalb war für deren Präsentation in der neuen Dauerausstellung des Wien Museums eine Reduzierung der orange-bräunlichen Verfärbungen vorgesehen. In enger Kooperation mit dem Museum fand die etwa ein Jahr dauernde Bearbeitung in den Restaurierungswerkstätten des Bundesdenkmalamtes im Wiener Arsenal statt, welches das Projekt durch

17 Durch die Öltränkung wird die Saugfähigkeit der porösen Oberfläche reguliert.
18 Herstellung einer wasserabweisenden Oberfläche zur höheren Widerstandsfähigkeit gegen Witterung.

Bereitstellung der Infrastruktur, Laboranalysen[19] sowie fachliche Beratung unterstützte.

In diesem Teil des Beitrags stehen die Entwicklung eines geeigneten Reinigungskonzepts und dessen praktische Durchführung an ölgetränkten Steinskulpturen im Fokus. Nach einer überblicksartigen Vorstellung des Bestands und Zustands der Fürstenfiguren werden Anforderungen an die Reinigungsmethode, Produkte und Materialien diskutiert. Mithilfe der Ergebnisse einer breit angelegten Testreihe sollte eine praxisnahe und anwenderfreundliche Methodik entwickelt werden.

Bestands- und Zustandserfassung

Die Fürstenfiguren bestehen aus einem feinkörnigen, weitgehend homogenen, hellgrauen Kalkarenit aus Au am Leithagebirge.[20] Formale, stilistische und technologische Merkmale, insbesondere deren unvollständig ausgearbeitete Rückseiten und entstehungszeitliche Werkzeugspuren, lassen darauf schließen, dass die Figuren auf eine Hauptansichtsseite hin konzipiert wurden. Die grob behauenen rückseitigen Partien legen die Verwendung von historischen Steinmetz- und Bildhauerwerkzeugen wie Zweispitz, Zahndechsel, Zahneisen, Schlag- bzw. Beizeisen, gezahntes Schabeisen, Schleifsteine und Bohrer nahe (Abb. 11).[21] Historische Steinvierungen und Reparaturarbeiten an den Händen, Armen, Szepter und Reichsapfel sind, abhängig von ihrer Größe, mit Bleiverguss oder Naturharz-Kitt befestigt.[22]

Reste einer entstehungszeitlichen polychromen Fassung konnten während der Untersuchung von Stückproben im Licht- und Rasterelektronenmikroskop nicht nachgewiesen werden. Lediglich Rückstände von rezenten Kalktünchen und Kalk-Zementschlämmen waren partiell festzustellen.

Der generell schlechte Erhaltungszustand der Fürstenfiguren ist durch mehrere Ursachen bedingt. Schadensphänomene umfassen eine massive Oberflächenverschmutzung, einen erheblichen Materialabtrag und sekundäre Oberflächenbehandlungen. Die jahrhundertelange Aufstellung im Außenbereich hatte eine Rückwitterung der Steinoberfläche sämtlicher Statuen zur Folge. Nicht nur die Verwitterung führte zu einer Aufrauhung der Oberfläche durch den Abtrag kleiner Gesteinspartikel, auch aggressive Reinigungsmaßnahmen der jüngeren Vergangenheit haben ihre Spuren hinterlassen.

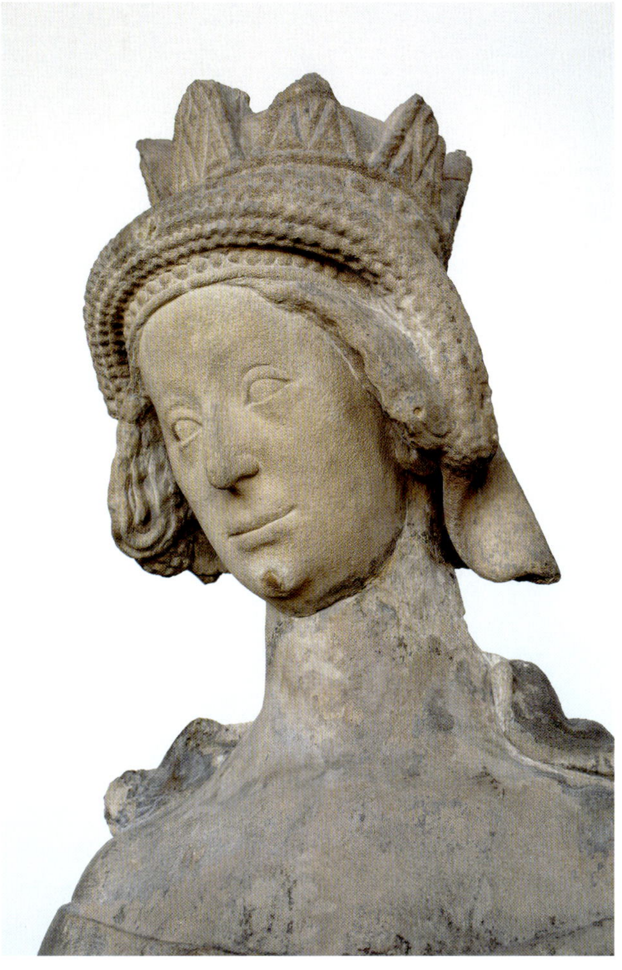

Abb. 12: Haarreif der Skulptur Johanna von Pfirt, mechanische Nachbearbeitung der bildhauerischen Details

Aus einem Bericht zur Konservierung gotischer Plastiken des Stephansdoms von Franz Glück und Gustav Mazanetz des Jahres 1959 geht hervor, dass einige der

19 Herzlicher Dank ergeht an Johann Nimmrichter, Robert Linke, Kristina Kocic und Irene Hofer.

20 Harald W. Müller / Andreas Rohatsch, Gesteinskundliche Untersuchungen an historischen Plastiken am Beispiel der „Blanche von Valois", in: Mitteilungen der Gesellschaft der Geologie- und Bergbaustudenten in Österreich 39/40, hg. Gesellschaft der Geologie- und Bergbaustudenten in Österreich, Wien 1996, S. 29–33.

21 Die Annahme der verwendeten Werkzeuge geschah zum einen durch den Vergleich mit ähnlichen illustrierten Werkzeugspuren in Peter Völkle (Hg.), Werkplanung und Steinbearbeitung im Mittelalter. Grundlagen der handwerklichen Arbeitstechniken im mittleren Europa von 1000 bis 1500, 1. Auflage, Ulm 2016, (Völkle 2016); zum anderen durch Peter Völkle im Zuge des Fachgesprächs des Bundesdenkmalamts „Und sie stehen noch. Zum Umgang mit mittelalterlicher Bauplastik" am 13.09.2023 an ein paar Figuren.

22 Für die Verbindung der beiden Steinteile wurde Blei verwendet, eine in der Spätgotik weit verbreitete Technik aufgrund der guten Verarbeitbarkeit und Elastizität des Materials. Vor allem wurde diese Technik bei Steinfiguren im Außenbereich angewandt, wo eine stabile Verbindung gegen alle Wetterlagen vonnöten war – vgl. Völkle 2016, S. 154 und 156.

Fürstenfiguren in einer stark beschädigten Markthalle bzw. einem Wiener Stadtbahnbogen[23] aufbewahrt wurden, während vier andere im Depot des Kunsthistorischen Museums verblieben.[24] Unterschiede des Verwitterungsgrades werden im direkten Vergleich der Figuren deutlich: Im Gegensatz zum Rest der Gruppe besitzt das Stifterpaar (Rudolf IV. und Katharina von Böhmen) stark „verwaschene" Konturen und eine stärkere Aufrauhung im Kopf- und Oberkörperbereich. Die beiden Elternpaare mit vergleichsweise wenig Formverlust dürften wohl ihre Zwischenlagerung in der Zeit nach dem Zweiten Weltkrieg im Kunsthistorischen Museum unter witterungsgeschützten Bedingungen erfahren haben. Abgesehen davon, wurden deren Gesichter und Haarschmuck mit scharfen Werkzeugen und Raspeln bildhauermäßig nachgezogen. Die dabei entstandenen Vertiefungen erscheinen heute weißlich (Abb. 12). Diese drastische Maßnahme sollte vermutlich dazu dienen, dem Ausdruck der Gesichter mehr Nachdruck zu verleihen und zugleich die Lesbarkeit zu verbessern. Rudolf IV. und Katharina von Böhmen wurden keiner bildhauerischen Nachbearbeitung unterzogen.

Die Probenuntersuchungen ergaben, dass die Skulpturen mehrere Oberflächenbehandlungen erfahren haben. Am auffälligsten ist die als sekundär einzustufende Öltränkung der Figuren.[25] Die markanten dunklen, orange-braunen Flecken und deren infrarotspektroskopische Untersuchung legen die Verwendung von Tungöl nahe (Abb. 13).[26] Das aus dem chinesischen und japanischen Raum stammende Tungöl ist pflanzlichen Ursprungs. Dessen Verwendung in Europa kann erst ab Beginn des 20. Jahrhunderts nachgewiesen werden.[27] Die Imprägnierung der Figuren mit Tungöl diente wahrscheinlich nicht dem Witterungsschutz, da sie im 19. Jahrhundert von der Fassade des Stephansdoms abgenommen wurden, sondern eher dem Versuch einer Konservierung oder Konsolidierung während ihrer Einlagerung im Historischen Museum der Stadt Wien oder danach.

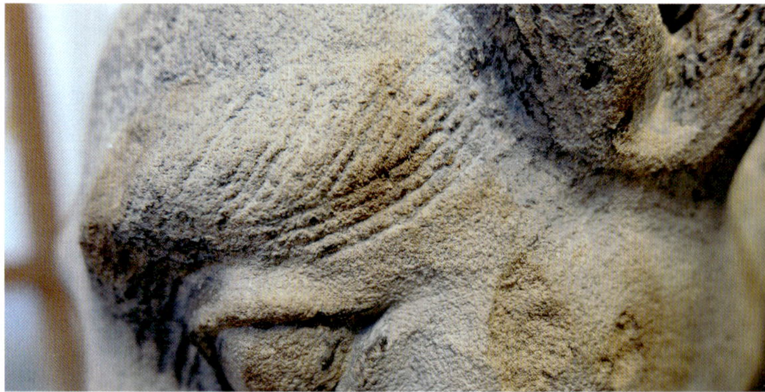

Abb. 13: Ölflecken (Tungöl) an der Oberfläche der Löwendarstellung der Skulptur Johanna von Pfirt

Abb. 14: Testflächen mit Grünlicht- und Infrarot-Laser

23 Franz Glück beschreibt, dass die Figuren mit dem Rücken an der Wand gelehnt waren, sodass Wasser aus den zerstörten Fenstern ungehindert über ihre Oberflächen rinnen konnte.

24 Franz Glück, Erster Bericht über die neue Konservierung der gotischen Plastiken von St. Stephan im Historischen Museum der Stadt Wien, in: Adolf Mais (Hg.), Mitteilungsblatt der Museen Österreichs, Ergänzungsheft Nr. 7, Wien 1959, S. 32 (Glück 1959).

25 Mit einer höchstwahrscheinlich entstehungszeitlichen ölgebundenen, polychromen Fassung ist auch eine vorbereitende Tränkung der porösen Steinsubstanz mit Leinöl anzunehmen.

26 Die dunkle Färbung der Flecken wäre äußerst untypisch für Leinöl, welches zur Entstehungszeit der Fürstenfiguren für eine Öltränkung oder Fassung Anwendung gefunden hätte.

27 Ursprünglich wurde es in China seit der Antike unter anderem zur Holzimprägnierung im Schiffsbau verwendet. Oftmals wurde es auch als Zusatz für Urushi-Lackmalereien verwendet aufgrund seiner schnelltrocknenden Eigenschaften. Dieses Öl wurde vorwiegend für Holzobjekte eingesetzt. Frisches Tungöl ist, nach Abhängigkeit von der Sorgfalt beim Pressen, besonders beim Rösten der Samen und der Reinlichkeit beim Auffangen, hellgelb bis bernsteinfarben bis dunkelbraun. Aufgrund dieser starken Eigenfarbe wird dieses Öl auch zum Einlassen von Musikinstrumenten verwendet, um die mitunter charakteristische dunkel-orangefarbene Farbe zu erhalten. Im Fall der Fürstenfiguren bleibt unklar, weshalb dieses Öl zum Tränken der Figuren herangezogen wurde, zumal es eine im Vergleich zur Steinoberfläche viel dunklere und orangefarbene Farbgebung besitzt und weil es sich um ein sehr kostspieliges Öl handelt. Die Identifizierung von Tungöl ergibt sich aus dem Vergleich der Spektren mit einer Referenzdatenbank durch das naturwissenschaftliche Labor des Bundesdenkmalamtes. Vgl. Anna Schönemann et al., An Investigation Of The Fatty Acid Composition Of New And Aged Tung Oil, in: Studies in Conservation 51:2, 2006, S. 99 f. Die Identifizierung von Tungöl ergibt sich aus dem Vergleich der Spektren mit einer Referenzdatenbank durch das naturwissenschaftliche Labor des Bundesdenkmalamtes.

Neben der Öltränkung sind an sämtlichen Fürstenfiguren auch dichte und homogene Krustenauflagen zu beobachten, die ebenfalls das ästhetische Erscheinungsbild und die physikalischen Eigenschaften der Steinoberfläche verändern. Im Zuge der Probenuntersuchung wurde diese als kalziumfluoridhaltige Kruste identifiziert, welche als Nebenprodukt zweier verschiedener historischer Steinkonservierungsmaßnahmen verstanden werden kann. Zum einen besteht die Möglichkeit, dass die Skulpturen einer „Absäuerung" mit Hexafluoridkieselsäure unterzogen wurden. Für diesen Vorgang wurde der Stein zunächst vorgenässt, um dessen Poren zu füllen und ein tiefes Eindringen der Säure zu vermeiden. Nach der Behandlung wurde die Oberfläche mit Wasser nachgewaschen, um Rückstände der ätzenden Chemikalie zu entfernen. Allerdings wurden dabei meist nicht nur Schmutzschichten, sondern es wurde auch die Gesteinsoberfläche angegriffen. Hexafluoridkieselsäure reagiert dabei mit der karbonatischen Gesteinsoberfläche und hinterlässt kalziumfluoridhaltige Krusten.[28]

Im Allgemeinen wurden Säurebehandlungen ab dem 19. Jahrhundert an stark verschmutzten oder bereits verkrusteten Steinskulpturen angewandt.[29] Zwar gibt es Hinweise auf Reinigungsmaßnahmen am Bischofstor des Stephansdoms aus der ersten Hälfte des 19. Jahrhunderts unter Dombaumeister Leopold Ernst; ob im Zuge dessen diese Chemikalie bereits verwendet wurde, ist unklar.[30]

Als zweite mögliche Erklärung für die Krustenbildung kann eine Festigung mit Fluaten in Betracht gezogen werden. Fluate sind die Salze der Hexafluoridkieselsäure und wurden als Festigungsmittel in Kombination mit einem wasserabweisenden Schlussauftrag (u. a. Wachs) Anfang des 20. Jahrhunderts in der Steinkonservierung angewandt. Während der Fluatfestigung werden mitunter Kalziumfluoride aufgrund der Ätzung der karbonatisch gebundenen Steinoberfläche gebildet. Ergebnis der Festigung ist eine stark verdichtete, etwa ein bis zwei Millimeter tiefgehende Krustenbildung.[31]

Darüber hinaus konnte bei der Skulptur Katharina von Böhmen eine Auflage aus Siliziumdioxid mit variierender Schichtstärke ausgemacht werden, die wohl auf einen Festigungsversuch mit Wasserglas schließen lässt. Die daraus hervorgegangene weißliche Ablagerung hat sich auf der Kalziumfluoridschicht abgesetzt, weshalb diese nach der Absäuerung bzw. Fluatfestigung entstanden sein muss. Eine Festigung mit Fluaten oder Wasserglas ist aus konservatorischer Sicht als problematisch einzustufen, da die Verdichtung der Oberfläche den Feuchtetransport des Gesteins negativ beeinflusst. Die im Gestein vorhandene Feuchtigkeit wird dadurch gezwungen, durch etwaige Ausbrüche und Risse zu migrieren, was zu Schalenbildung und letzten Endes auch zu Formverlust an den Skulpturen führt.[32]

Die letzte Oberflächenbehandlung aller Figuren umfasste einen Wachsauftrag, der speziell bei der Figur Karls IV. besonders stark ausgeprägt ist. Abgesehen von der störenden matt glänzenden Oberflächenerscheinung bewirkte die hydrophobe Wachsschicht eine zusätzliche Oberflächenverdichtung.[33] Zudem trägt sie zu der stark vorherrschenden Oberflächenverschmutzung bei, da sich die Staub- und Fremdpartikel gut in das weiche Substrat einbinden können.

Sämtliche beschriebene Oberflächenbehandlungen wurden nach dem Abbau der Fürstenfiguren von der Domfassade durchgeführt, die Absäuerung möglicherweise noch in situ.

Aktuelle Restaurierungsmaßnahmen

Ziel der aktuellen Restaurierung war es, ein gepflegtes, homogenes Erscheinungsbild der Fürstenfiguren zu schaffen und deren Lesbarkeit durch die Reduzierung der vergilbten Steinoberflächen und der stark ausgeprägten orange-bräunlichen Fleckenbildung zu verbessern. Alle einzusetzenden Materialien und Pro-

28 Rolf Wihr, Restaurierung von Steindenkmälern. Ein Handbuch für Restauratoren, Architekten, Steinbildhauer und Denkmalpfleger, 2. Auflage, München 1986, S. 96 f.

29 Manfred Koller, Zwanzig Jahre Steinkonservierung in Österreich und ihre Vorgeschichte seit dem 18. Jahrhundert – Bilanz und Perspektiven, in: Restauratorenblätter 17, Klosterneuburg 1996, S. 36 f.

30 Vgl. Johann Nimmrichter, Farbgebung am Bischofstor und Vergleiche mit zeitnahen Fassungsbeständen am Wiener Stephansdom sowie weitere Beobachtungen an den Steinoberflächen des gotischen Portals, in: Schedl / Zehetner (2020), S. 249–271.

31 Rolf Snethlage, Stone conservation, in: Siegfried Siegesmund / Rolf Snethlage (Hg.), Stone in Architecture. Properties, Durability, 5. Auflage, Berlin–Heidelberg 2014, S. 423 f.

32 Alois Kieslinger, Zerstörung an Steinbauten. Ihre Ursachen und ihre Abwehr, Leipzig–Wien 1932, S. 74 f.

33 Wahrscheinlich sollte der Wachsauftrag zur Hydrophobierung der Steinoberfläche dienen, wie es zum Beispiel seit 1870 in der Steinkonservierung im deutschsprachigen Raum unter anderem gemacht wurde – vgl. Holger Farrak, Historische Steinkonservierungsmaßnahmen in Sachsen um 1900, Diplomarbeit, Fachhochschule Potsdam, 1999, S. 60 f.

dukte sollten sowohl für die Objekte als auch für die Anwender:innen gut verträglich sein.

Die von zahlreichen Heterogenitäten – hydrophob/hydrophil, glatt/rau, stabil/leicht entfestigt – geprägte Oberfläche der Skulpturen verlangte die Beachtung folgender Kriterien: Die gesuchte Reinigungsmethode sollte die Wachsschicht weitgehend entfernen oder deutlich reduzieren, um die Gesteinsporen oberflächennaher Bereiche unter möglichst geringem Einsatz mechanischer Beanspruchung wieder zu öffnen. Das infrage kommende Lösemittel sollte zwar diese Schicht lösen, nicht aber Öl aus der Steinmatrix herausziehen. Eine neuerliche Fleckenbildung bzw. eine Vergrößerung und Migration der bereits vorhandenen Ölflecke sollte dadurch verhindert werden. Die beachtliche Größe der Figuren verlangte einen kontrollierbaren und reproduzierfähigen Reinigungsvorgang. Eine geeignete Methode sollte anhand von repräsentativen Musterflächen ermittelt werden.

Diese wurden an den Rückseiten der Figuren des Herzogs Rudolf IV. und der Blanche von Valois angelegt, da dort für die gesamte Figurengruppe repräsentative Schadensbilder vorhanden waren: Rudolfs Rückseite besaß eine sehr verhärtete Kalziumfluoridschicht sowie eine massive Verbräunung mit ausgeprägten Ölflecken. Konträr dazu wies Blanche eine poröse, saugende Oberfläche auf, die bereichsweise, bei starker Durchfeuchtung, leicht entfestigt war. Beide Figuren besaßen zudem einen Wachsauftrag.

Für die Testreihe wurden polare und unpolare Lösemittel mit Wattestäbchen, Peel-off-Pasten, Ionenaustauscherharze und diverse Gele eingesetzt. Außerdem wurde die Verwendung eines Lasers in Betracht gezogen. Um ein kontrolliertes und oberflächenschonendes Arbeiten zu ermöglichen, sollten Lösemittel in Gel-Form angewendet werden. Eine Anlösung der Wachsschicht konnte mit Benzinen verschiedener Fraktionen und Benzylalkohol erreicht werden.

Bei der Testung von Peel-off-Pasten[34] wurde das Produkt Arte Mundit ECO (Fa. Remmers)[35] herangezogen. Die viskose Substanz (pH-Wert 10,5) wurde aufgetragen[36] und nach der vorgeschriebenen Einwirkzeit von 20 Stunden abgezogen. Da die Paste fest an der Steinoberfläche haften blieb, sodass beim Abziehen Gesteinskörner mit entfernt wurden, wurde diese für eine Anwendung an den Objekten ausgeschlossen.

Getestet wurden außerdem OH- belegte Anionenaustauscher[37] des Herstellers CTS. Dabei wurde die in Pulverform vorliegende Chemikalie mit Leitungswasser als auch mit Leitungswasser-Ethanol (1 zu 1) für jeweils 30 und 60 Minuten auf der Oberfläche belassen und die Rückstände wurden mit dem jeweiligen Anmachwasser nachgewaschen. Da diese Methode zu deutlich divergierenden Ergebnissen führte, wurde deren Anwendung für die Konzepterstellung vorerst außer Acht gelassen.

Mittels Laseranwendung[38] sollte die Reduzierung von ansonsten nicht zu entfernenden Ölrändern und -flecken, schwärzlichen Auflagen oder anderen Inhomogenitäten erfolgen. Eingesetzt wurde ein Laser von Quanta System der Serie Thunder Compact. Die Testflächen waren jeweils einen Quadratzentimeter groß und die Oberfläche wurde sowohl mit Infrarot- (Energien: 0.3, 0.5, 0.7) als auch mit Grünlicht (Energie: 0.45) bearbeitet (Abb. 14). Die Anwendung mit Infrarot-Laser hat eine deutliche Vergilbung der Oberfläche hervorgerufen – unabhängig von der eingestellten Impulsenergie. Mit dem Grünlicht-Laser erhielt die Oberfläche ein kühles, gräuliches Erscheinungsbild.

34 In der Konservierung werden verschiedene gebrauchsfertige wasserfreie, abziehbare, filmbildende Peel-off-Pasten zur Reinigung stark verschmutzter Oberflächen eingesetzt. Meist wird die Paste mit milchiger oder hochpastöser Konsistenz auf die zu bearbeitende Oberfläche aufgetragen und nach Ablauf der Einwirkzeit lt. Herstellerangaben entsteht ein homogener, fester Film, der in einem Zug rückstandsfrei abgezogen werden kann. Dabei unterscheiden sich diese meist hochalkalischen Peel-off-Pasten in Hinblick auf ihr Lösungsmittel und ihren pH-Wert. Sie bestehen aus Naturkautschuk mit Gemischen aus Zinkbis(dibutyldithiocarbamat), Ammoniak, (2S)-Alanin, N,N-bis(carboxymethyl)-, Trinatriumsalz und (2R)-Alanin, N-N-bis(carboxymethyl)-, Trinatriumsalz, Zinkoxid.

35 Inhaltsstoffe: (2S)-Alanin, N,Nbis(carboxymethyl)-, Trinatriumsalz und (2R)-Alanin, N-N-bis(carboxymethyl)-, Trinatriumsalz, Zinkbis(dibutyldithiocarbamat) und Zinkoxid, siehe Sicherheitsdatenblatt Hersteller.

36 Die Größe aller Testflächen entsprach zwei mal vier Zentimeter.

37 Ionentauscher oder Ionenaustauscher sind Materialien, mit denen in Wasser gelöste Ionen gegen andere, gleichwertige Ionen ersetzt werden können. Die auszutauschenden Teilchen werden am Ionenaustauschermaterial gebunden, das seinerseits dafür eine äquivalente Stoffmenge von vorher gebundenen Ionen in die Lösung abgibt. In der Steinrestaurierung werden vor allem Anionenaustauscher verwendet. Diese enthalten stark basische quartäre Ammoniumgruppen als aktive Gruppen, die ihr Gegenion austauschen können.

38 Mithilfe eines Lasers können Oberflächen bearbeitet/gereinigt werden ohne Einsatz von mechanischen Werkzeugen oder Lösemitteln, wodurch die Beanspruchung der Oberfläche erheblich reduziert werden kann. Die hohe Energie des Laserstrahls (Impulse) zerstört die abzunehmende Schicht, arbeitet jedoch nur im Mikron-Bereich, sodass ein kontrolliertes, langsames Abtragen der Verschmutzung möglich ist. Zudem kann mit dieser Methode sehr selektiv gearbeitet werden, da Art und Größe des Impulses moduliert werden können.

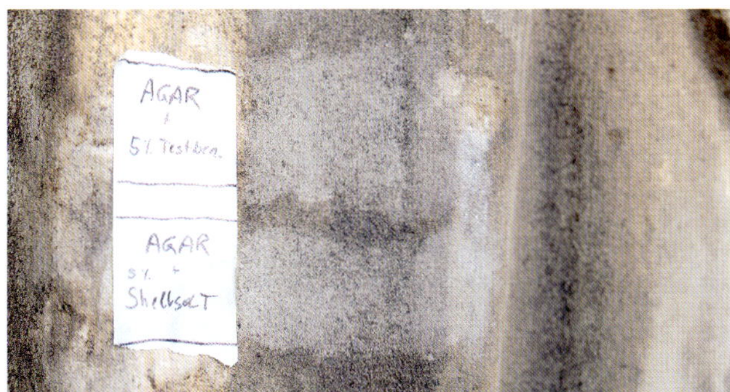

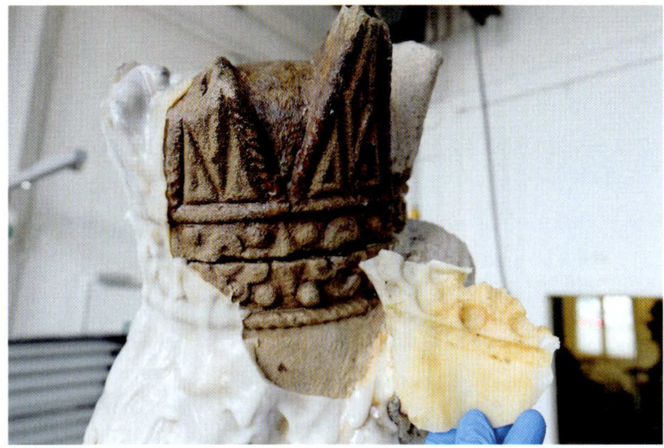

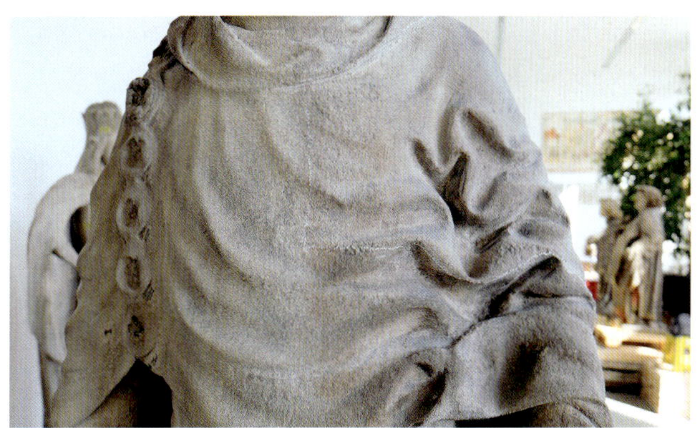

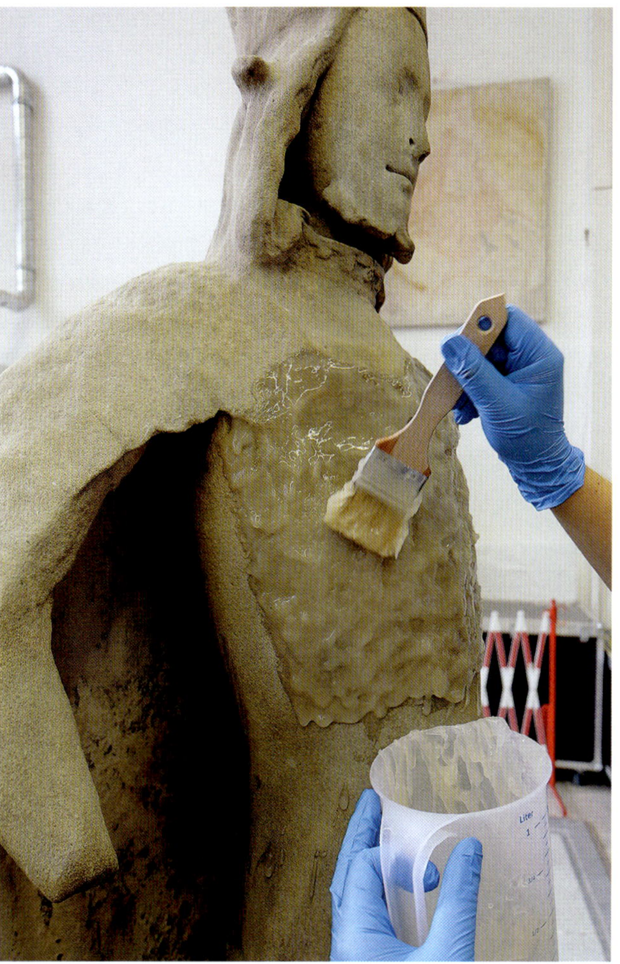

Abb. 15–18: Agar-Agar-Gel-Anwendungen

Die Ergebnisse waren wenig zufriedenstellend und es konnte keine Reduzierung von Ölflecken- oder Rändern erreicht werden. Abschließend wurden diverse Gel-Systeme erprobt. Die Reinigung mit Gelen ist für viele Anwendungsgebiete von Vorteil, beispielsweise wenn eine geringe mechanische Beanspruchung der Oberfläche gefordert ist. Für die Testreihe wurden unterschiedliche in der Konservierung gängige Gele, darunter Klucel® H (Hydroxypropylcellulose), auf Basis von Carbopol® EZ 2 (Polyacrylsäure) und Ethomeen C-12 (Kokosalkyl(dihydroxyethyl)amin) sowie Agar-Agar (Extrakt aus bestimmten Seetangarten – Rotalgen) ausgewählt. Diese unterscheiden sich nicht nur in der Art ihres Bindemittels, sondern auch in ihrer Aufbereitung, Applikation bzw. Abnahme, Stabilität und dem Retentionsvermögen des eingebrachten Lösemittels. Mehrere Testflächen wurden mit SG (Solvent-Gel nach Paolo Cremonesi[39]), SSG-C12 (Solvent-Surfactant-Gel auf Basis von Ethomeen C12 nach Paolo Cremonesi[40]), Klucel® H Gel[41] und Agar-Agar-Gel mit folgenden Lösemittelzusätzen angelegt: Ethylacetat, Benzylalkohol, Benzine verschiedener Fraktionen (Shellsol® A, Shellsol® D40, Testbenzin) und 1%ige Tensidlösungen (Marlipal® und EcosurfTM EH-6). Mit Ausnahme von Agar-Agar behielten alle Produkte ihren gelartigen Zustand, was eine aufwendige Nachreinigung und somit größere mechanische Beanspruchung der Oberfläche zur Folge hatte, außerdem zeigte sich kein oder ein nur mäßiger Reinigungserfolg. Gele auf Basis von Agar-Agar liefer-

39 Rezeptur: 80 ml Shellsol® D40, 2 g Carbopol® EZ 2, 14 ml Ethomeen C-12, 2–3 Tropfen Wasser.

40 Paolo Cremonesi, Materials and Methods for Surface Cleaning and Removal of Organic Fil Forming Materials and Inorganic Materials, unveröffentlichtes Kursskript, Edition 2023.

41 Rezeptur: 90 ml Shellsol® D40, 10 ml Wasser, 4–5 ml EcosurfTM EH-6.

ten hingegen äußerst zufriedenstellende Ergebnisse (Abb. 15, links oben). Durch eine korrekte Zubereitung und Einwirkzeit[42] war ein rückstandsfreies Abziehen und somit ein gleichmäßiger Reinigungserfolg möglich.[43] Da nach der Abnahme des Agar-Agar-Gels partiell Rückstände des gelösten Wachses auf der Oberfläche verblieben, mussten diese mit entsprechendem Lösemittel, Pinsel und Wattepads entfernt werden. Die besten Ergebnisse lieferte ein 5%iges Agar-Agar-Gel mit einem Zusatz von 5%igem Shellsol® D40 und einer Einwirkzeit von 30 Minuten. Ein 5%iger Zusatz von Benzylalkohol brachte ähnlich gute Ergebnisse. Aufgrund der schweren Flüchtigkeit dieses Lösemittels konnte die Bewertung der Testflächen erst nach einigen Tagen stattfinden. Deshalb konnte der Einsatz von Benzylalkohol nicht favorisiert werden, da ein stets kontrollierbarer Reinigungsablauf zur Erreichung eines homogenen Ergebnisses gefordert wurde.

Nach Abschluss der Testreihe wurde die Reinigung mit 5%igem Agar-Agar und einem Zusatz von 5 % Shellsol® D40 beschlossen. Das Gel wurde warm und im flüssigen, mittel-viskosen Zustand mit einem Silikonspatel etwa einen halben bis einen Zentimeter stark aufgetragen und für 30 Minuten auf der Oberfläche belassen (Abb. 16, rechts). Aufgrund der Heterogenität der Oberflächen der Fürstenfiguren konnten nicht flächendeckend gleichbleibende Ergebnisse erzielt werden. Die Art der Präparation des Gels, der Zusatz von Lösemitteln, deren Einwirkzeit und Konzentration mussten jeweils modifiziert werden, um einen möglichst kohärenten Ausgang zu erzielen. Beispielsweise führt ein- oder mehrmaliges Aufkochen zu einem mehr oder weniger festen/stabilen Gel. Für die Behandlung von offenen, porösen und leicht entfestigten Oberflächen genügt ein einmaliges Aufkochen des Gels, das nur mäßig stark an der Oberfläche haftet. Nach der bestmöglichen Reduzierung der Wachsschicht mit Agar-Agar-Gelen konnte eine Homogenisierung der Verbräunungen oder Reduzierung der Ölflecke partiell noch nicht erreicht werden. Unter Einsatz eines 5%igen Agar-Agar-Gels unter Zusatz 10%igen Benzylalkohols (Einwirkzeit 1 Stunde) konnte jedoch nachfolgend eine deutliche Reduzierung der Vergilbung der Krone von Johanna von Pfirt und des Szepters von Karl IV. verzeichnet werden (Abb. 17, links Mitte). Bereiche mit dickem Wachsauftrag wie bei Karl IV. oder stark verschmutzte Bereiche wie beim Oberkörper Albrechts II. benötigten eine längere Einwirkzeit des Gels von ein bis zwei Stunden (Abb. 18, links unten). Fallweise musste dieser Vorgang wiederholt werden. Neben der Einwirkzeit wurde auch die Lösemittelkonzentration variiert, um eine bessere Anlösung der Wachs-Schmutzschicht zu bewirken. Die gesamte Figur von Karl IV. sowie die linke Hälfte des Oberkörpers Herzog Albrechts II. wurden mit 5%igem Agar-Agar-Gel mit 10%igem Shellsol® D40-Zusatz bearbeitet. Während der Durchführung der konservatorischen Maßnahmen hat sich gezeigt, dass für die Nachreinigung mit dem jeweiligen Lösemittel das Gel nur kleinräumig abgezogen werden durfte, damit sich die gelöste Wachsschicht nicht erneut verfestigt.

Insgesamt kann die angewandte Reinigungsmethode mit Agar-Agar-Gelen in diesem Fall als äußerst zufriedenstellend bewertet werden, da die großflächige Vergilbung und Ölflecken weitgehend entfernt bzw. reduziert werden konnten. Der Vorteil der Methode liegt insbesondere in der individuellen Anpassung einzelner Parameter wie Einwirkzeit oder Lösemittelkonzentration bei hartnäckigen Verschmutzungen. Außerdem ermöglicht die Reinigung mit Agar-Agar-Gelen einen äußerst kontrollierten Vorgang, bei dem in diesem Fall eine minimal gehaltene mechanische Beanspruchung der Oberfläche stattfand und keine neue Ölfleckenbildung hervorgerufen wurde. Mit ihrem hellgrauen Steincharakter präsentieren sich die Fürstenfiguren nach der Konservierung in der neuen Dauerausstellung des Wien Museums.

Präsentation in der neuen Dauerausstellung des Wien Museums

Den Fürstenfiguren von St. Stephan sollte ein ihrer Bedeutung entsprechender Platz im Zentrum der Ausstellung zugewiesen werden (Abb. 19). Deshalb wurde als Aufstellungsort die mittlere Sichtachse des Ausstellungsraums gewählt. Die Präsentation als Gruppe lässt die gestalterischen Vorzüge der einzel-

42 Es wurde sich schrittweise mit 5/10/15/20/30/60 Minuten an die geeignete Einwirkzeit angenähert.

43 Für die Zubereitung eines 5%igen Agar-Agar-Gels werden 5 g Agar-Agar in 100 ml kaltem Wasser aufgelöst und in der Mikrowelle zum Kochen gebracht. Nach der Abkühlung und Erstarrung des Gels in einem flachen Behältnis wird das Gel in kleine Würfel geschnitten und abermals zum Kochen gebracht. Durch das zweimalige Aufkochen wird ein kompaktes Gel erzeugt, was später beim Abziehen von Vorteil ist. Bei stärker porösen Oberflächen wird das Gel nach erstmaligem Aufkochen weiterverarbeitet, da es in dem Fall weniger stark an der Oberfläche haftet. Nach der letzten Erhitzung muss das Gel auf Raumtemperatur abkühlen, um das Lösemittel hinzufügen zu können. Der 0,5–1 cm starke Auftrag erfolgt noch im warmen Zustand.

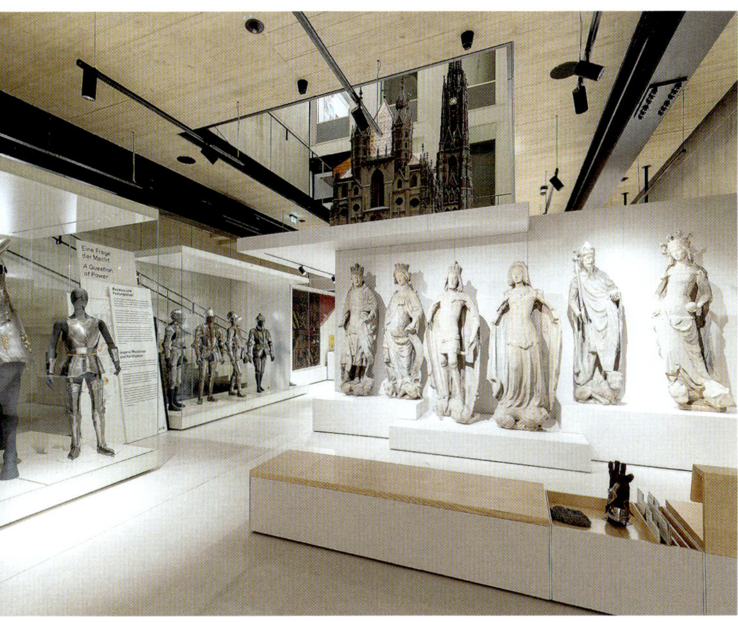

Abb. 19: Die Fürstenfiguren im Erdgeschoß der neuen Dauerausstellung des Wien Museums. Darüber das Modell des Stephansdoms von Carl Schropp aus dem 19. Jahrhundert, links davon Harnische und Rüstungen aus der bürgerlichen Zeughaussammlung, 2023

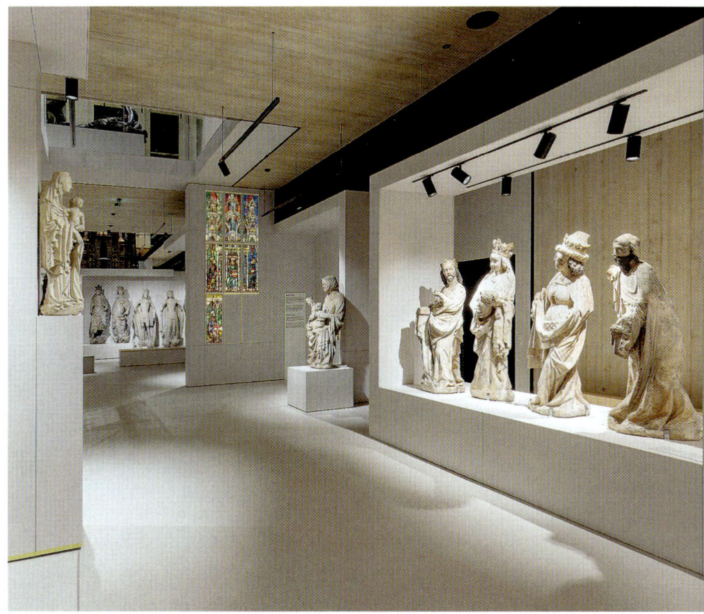

Abb. 20: Erdgeschoß der neuen Dauerausstellung des Wien Museums. Im Vordergrund rechts die Epiphaniegruppe aus dem Stephansdom, dahinter mittig Glasmalereien aus der Bartholomäuskapelle des Stephansdoms. Im Hintergrund links der Mitte die Fürstenfiguren, 2023

nen Skulpturen in ihrem Zusammenspiel hervortreten. So kommt besonders die Dynamik der Figuren des Rudolf IV. und der Katharina von Böhmen zum Tragen. Mit ihren sicheren, nach vorne ausgreifenden Schritten scheinen sie gemeinsam in den Raum zu schreiten und diesen für sich einzunehmen. Das wird durch die ihre Körper umspielenden wehenden Mäntel unterstützt. Die beiden Elternpaare zu ihren Seiten beziehen sich formal aufeinander. Das wird durch die den Skulpturen eingeschriebene Bewegung betont, die gleichsam auf ihr Gegenstück reagiert. Sie schaffen so in der jeweiligen Zweiergruppe eine Anmutung von Zusammengehörigkeit. Als Gruppe ergibt sich das Bild einer Herrscherfamilie, die wohl die Keimzelle einer neuen Dynastie sein sollte.

Die große Deckenöffnung hinter der Skulpturengruppe ermöglichte es, das große Modell von St. Stephan von Carl Schropp aus dem 19. Jahrhundert sowohl als Highlight im oberen Bereich der Halle zu präsentieren, als auch – bedingt durch sein Absenken in den unteren Teil dieses Gefüges – einen szenografischen Blickfang im unteren Bereich der Ausstellung entstehen zu lassen.

Die Stephanskirche war zur Zeit ihrer Entstehung nicht nur der bedeutendste Sakralbau Wiens. Sie ist auf vielerlei Art zu lesen: als Zentrum des geistigen Lebens, als größter und repräsentativster Versammlungsort der Stadt und auch als vorbestimmte Grablege der Dynastie der Habsburger Landesherren. Mit dieser Setzung lassen sich die unterschiedlichen Schwerpunkte und Objekte des Kapitels „Wien im Mittelalter“ verknüpfen – inhaltlich wie materiell.

Werke wie die Fürstenfiguren von St. Stephan können nicht isoliert gesehen werden. Sie entstanden in einem produktiven Umfeld künstlerischen Schaffens, in dessen Zentrum wiederum St. Stephan mit seiner Bauhütte stand. Allein das über 300 Jahre währende Bauprojekt erforderte eine Kontinuität der Handwerkskunst, die weit über die Grenzen Wiens reichte und zum Motor zahlreicher Bauprojekte wurde. Im Repertoire standen sowohl bauliche Innovationen wie auch Skulpturales. Unzählige Architekturteile und Kunstwerke zieren das Bauwerk. Eine besondere Blütezeit des Kunstschaffens fällt in die Regentschaft Rudolfs IV. Die von ihm geförderte Herzogswerkstatt war die Wiege einzigartiger Kunstwerke aus Glas und Stein, wie auch die Fürstenfiguren. In der Ausstellung (Abb. 20) sind diesem Themenkreis zwei Teilbereiche gewidmet, die eine Auswahl der Bandbreite des Kunstschaffens präsentieren. Hervorzuheben ist mit dem zweiten Habsburgerfenster aus der südlich gelegenen Bartholomäuskapelle von St. Stephan ein zentrales Werk der Glaskunst: Eine Scheibe zeigt Rudolf IV., der in der zentralen Blickachse mit seinem in Stein geschaffenen Abbild in Verbindung gesetzt werden kann.

Zusammenfassung

Im chronologischen Rundgang der neuen Dauerausstellung des Wien Museums spielen die Fürstenfiguren eine zentrale Rolle. Als Repräsentanten des mittelalterlichen Wiens zur Zeit Rudolfs des Stifters werden sie im Kapitel „Wien im Mittelalter" gemeinsam mit weiteren Objekten mit Bezug zum Stephansdom präsentiert. Durch die Restaurierung und Neupräsentation erfuhren die Fürstenfiguren eine neue Qualität der Wertschätzung. Die im Vorfeld und während der Restaurierung erfolgten Untersuchungen und Analysen führten zu neuen Erkenntnissen über die Herstellungs-, Standort-, Schadens- und Restaurierungsgeschichte der mittelalterlichen Skulpturen. Es konnte kein naturwissenschaftlicher Nachweis eines ursprünglichen Fassungsaufbaus erbracht werden. Dies liegt zum einen an Witterungsschäden, des Weiteren ist dies in der aggressiven Oberflächenbehandlung mit schädigenden Chemikalien und Werkzeugen in der Vergangenheit begründet. Grundsätzlich wird anhand der kunsttechnologisch untersuchten Oberflächenbearbeitung nach wie vor von einer Fassung zur Entstehungszeit ausgegangen, auch wenn diese die Zeit bis heute nicht überdauert hat. Eine wesentliche neue Erkenntnis stellen die zu einem früheren Zeitpunkt bildhauerisch nachbearbeiteten Gesichter von vier Fürstenfiguren dar. Schäden, die bestimmten Transporten eindeutig zugeordnet werden können, wurden trotz eingehender Untersuchungen nicht nachgewiesen.

Die im Laufe der Restaurierungsgeschichte mit zahlreichen Mitteln behandelten Oberflächenbehandlungen zeugen von vergangenen Erhaltungsstrategien, die aus heutiger Sicht nicht mehr geeignet sind. Die jüngste Restaurierungsmaßnahme zielte vielmehr auf eine Abnahme der gealterten Restaurierungsmaterialien ab, um größere Schäden in Zukunft zu vermeiden und das Erscheinungsbild weniger zu beeinträchtigen. Dieses Ziel wurde erreicht, denn in der neuen Dauerausstellung des Wien Museums kommen die Figuren in ihrer Form und Oberfläche wieder besonders kraftvoll und ästhetisch zur Geltung.

Johannes Jacob

Ein spätmittelalterliches steinernes Taufbecken aus der Pfarrkirche Münsteuer

Zur Restaurierung von Steinsubstanz und Fassungsbestand

Restoring the stone substance and paintwork of a late medieval stone baptismal font from the Münsteuer parish church
The fifteenth-century limestone baptismal font and its nineteenth-century wooden cover were brought from the Parish Church of Saint Peter and Paul in Münsteuer, Upper Austria, to the workshops of the Bundesdenkmalamt (Austrian Federal Monuments Office) at the Arsenal in Vienna in 2022. This was because the baptismal font's stone substance had become fragmented – cracked open by rust due to the corrosion of the iron elements that had been installed – and because the paintwork had been progressively lost, parts were missing, and the font's cover had lost its polychromy. Scientific examinations have dated the surviving paint layers as belonging to the nineteenth and twentieth century. Restoration measures included bonding all fragmented stone parts, removing rusting iron parts, and reinforcing and retouching the paint layers, among other things. Wood cracks in the baptismal font cover were closed, its paintwork was reinforced and retouched, and missing parts were replaced.

Einleitung

Das Taufbecken aus der dem Stift Reichersberg am Inn inkorporierten Pfarrkirche zum Heiligen Petrus und Paulus in Münsteuer, Oberösterreich, wird in das 15. Jahrhundert datiert und zeichnet sich durch harmonische Proportionen und eine ausgewogene ornamentale Gestaltung aus. Das Taufbecken aus Kalksandstein besteht aus dem Becken mit dem Schaft und einem separaten Fuß, welcher im ursprünglichen Zustand mit dem Becken durch schmiedeeiserne Vierkante mittels Verbleiungen verbunden war. Zum Taufbecken gehört ein hölzerner Deckel mit einer Figur des heiligen Johannes des Täufers mit Lamm aus dem 19. Jahrhundert.

Deckel und Taufbecken wurden 2022 in die Restaurierungswerkstätten des Bundesdenkmalamts im Arsenal transferiert. Anlassgebend waren eine Fragmentierung der Steinsubstanz durch Rostsprengung infolge von Korrosion der enthaltenen Eisenelemente und eine starke Schädigung der Fassungen des Taufbeckens durch frühere Reinigungsmaßnahmen. Der Deckel wies Risse im Holz, Haftungsverluste an der Fassung sowie abgebrochene Teile an der Johannesfigur auf. Der Schwerpunkt der ausgeführten Konservierungs- und Restaurierungsmaßnahmen lag auf einer Reparatur der Steinschäden und einer Wiederherstellung eines optisch ansehnlichen Zustandes von Taufbecken und Deckel, da das Taufbecken wieder für Taufen in der Pfarrkirche verwendet wird. Durch begleitend zu den erfolgten Restaurierungsmaßnahmen durchgeführte Untersuchungen durch das Labor des Bundesdenkmalamtes konnte festgestellt werden, dass der Großteil des enthaltenen Fassungsbestandes am Taufbecken aus dem 19. Jahrhundert stammt.[1]

Eine genaue Datierung des Taufbeckens liegt nicht vor, denkbar ist eine Entstehung im Zusammenhang mit der Errichtung des gotischen Kirchenbaus in der Zeit von 1456–1458.[2] Nach neueren Erkenntnissen kann jedoch auch von einer Entstehung des Taufbeckens um 1400 und einer Übertragung in den gotischen

1 Konservierung und Restaurierung des Taufbeckens erfolgten durch den Verfasser; die des Taufbeckendeckels durch Julia Kolar in den Werkstätten des Bundesdenkmalamts im Arsenal 2023.

2 Philipp Schachinger, Du pist worden ein aff und ein tor… Gedanken zu einem steinernen Zeugnis mittelalterlicher Tauftheologie, in: Jahrbuch der österreichischen Augustiner-Chorherren-Kongregation, hg. Augustiner-Chorherren-Kongregation, Klosterneuburg 2003, S. 87–98, hier: S. 87 (Schachinger 2003); Franz Berger, Der Bezirk Ried i. Innkreis, in: Rieder Heimatkunde 22, hg. Kath. Preßvereinsdr., Ried im Innkreis 1938, S. 105.

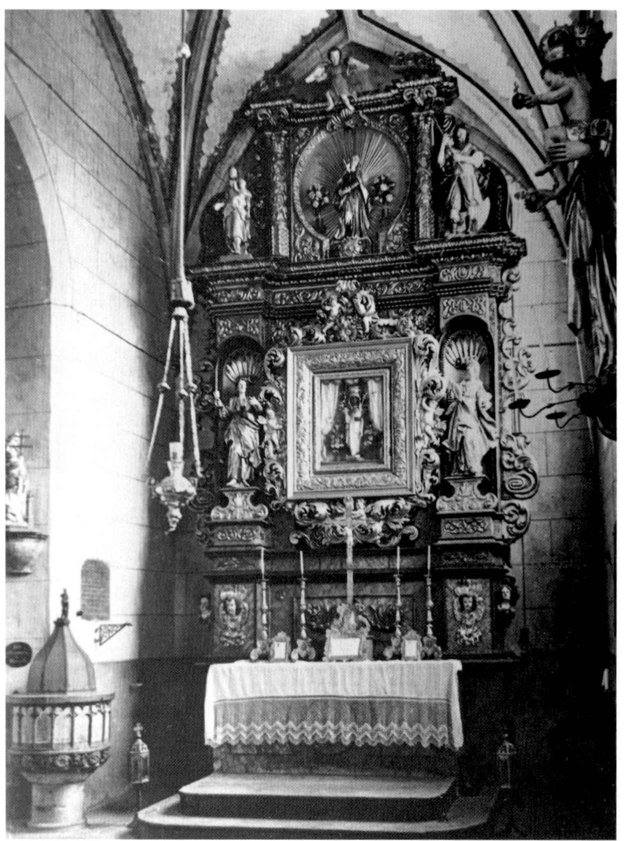

Abb. 1: Pfarrkirche Münsteuer, Oberösterreich, Taufbecken neben dem Altar der Marienkapelle, Aufnahme vermutlich Mitte/Ende 1920er Jahre

Kirchenneubau aus dem romanischen Vorgängerbau ausgegangen werden.[3]

Bildhauerische Gestaltung

Der Fuß hat die Gestaltung einer einfachen Säulenbasis. Der untere Teil besteht aus einer Rundplinthe mit einer ungefähren Höhe von 15 cm. Die Rundplinthe geht in einer einfachen Abschrägung in eine Hohlkehle bzw. Trochilus über, diese geht mittels eines leicht gewölbten Torus in den Taufbeckenschaft über. Der gesamte Fuß hat eine Höhe von 30 cm und ist an der Unterseite 45 cm und an der Oberseite 35 cm breit. Das kelchförmige Taufbecken weist zusammen mit dem Sockel eine Höhe von 113 cm auf und hat eine maximale Breite von 80 cm. Der untere Teil des Fußes war in der letzten Aufstellungssituation bis zum Abbau und Transport in die Werkstätten des Bundesdenkmalamts im Fußbodenaufbau der Kirche verborgen.[4] An der Außenseite dieses Bereiches ist durch das gänzliche Fehlen von Fassungsresten die Oberflächenbearbeitung des Steins mit einer Zahnfläche gut erkennbar.[5]

Beide Teile sind ursprünglich durch drei schmiedeeiserne Vierkantstäbe mit einer durchschnittlichen Länge von 15 cm und einer Stärke von 2 cm miteinander verbunden gewesen. Diese Vierkantstäbe waren durch über Gießkanäle im Stein gegossene Verbleiungen in den beiden Taufbeckenteilen befestigt.[6]

Der Taufbeckenschaft geht von einer Trichterform in eine Zylinderform über. Trichter und Zylinder bilden mit einer dazwischenliegenden Frieszone die Cuppa[7] des Taufbeckens. Die Frieszone ist der bildhauerisch am aufwendigsten gestaltete Bereich: In einer Hohlkehle windet sich eine Astwerkranke mit insgesamt acht Blüten, welche in ihrer formalen Gestaltung Ähnlichkeiten zu den Korbblütlern aufweisen, und acht dazwischenliegenden dreigeteilten Blättern um das Taufbecken herum. Zwischen einem Blatt und einer Blüte befindet sich ein Affe in kauernder Haltung ohne Schwanz, die Ranke des Astwerks mit der rechten Pfote gepackt, ein anderes Ende der Ranke umwindet seinen Hals (Abb. 13). Die Frieszone schließt mit einem Halbrundstab ab.

Darüber schließt sich die Wandzone der Taufbeckencuppa an. Diese gliedert sich in 16 Maßwerkfelder mit einer durchschnittlichen Breite von 14,5 cm zwischen den Maßwerkstäben. Die Maßwerkfelder bilden nach

3 Philipp Schachinger, Pfarrkirche Münsteuer Bau- und Kunstgeschichtliche Notizen, gekürzte Fassung vom 31. Mai 2023, S. 2, unpublizierter Text (Schachinger 2023).

4 Das Taufbecken befand sich bis zum Transport ins Arsenal in der Seiten-/Marienkapelle südlich des Hauptschiffs vor dem Altar etwas versetzt an dessen linker Seite (Abb. 1). Vielen Dank an Werner Schachinger für folgenden Hinweis: Der jetzige Fußboden der südlichen Seitenkapelle aus Kunststeinfliesen wurde 1917 gelegt. Siehe auch Pfarrchronik Münsteuer 1885–1949, S. 193, in: Schachinger 2023, S. 4. Dadurch erhöhte sich das Fußbodenniveau um 17 cm. Beim Abbau des Taufbeckens kam ein unter dem Fuß liegendes Ziegelfundament zum Vorschein (Abb. 2). Ein daran anschließender einheitlicher, älterer Fußboden wurde nicht vorgefunden.

5 Das Flächen mit der Zahnfläche war in der Gotik eine sehr übliche Technik der Flächenbearbeitung von Werksteinen. Vgl. Stefan M. Holzer, Skript Werkstein, https://ethz.ch/content/dam/ethz/special-interest/arch/idb/holzer-dam/Skripte/Konstruktionsgeschichte/Konstruktionsgeschichte_02_Werkstein.pdf, S. 34–37 (05.05.2024).

6 An einer im Laufe der Arbeiten entnommenen Verbleiung ließ sich an einer Bruchstelle erkennen, dass es sich um eine Ausmischung von Blei mit Schwefel handelt.

7 Vgl. Schachinger 2003, S. 87. Cuppa ist die lateinische Bezeichnung für die Schale eines Abendmahlskelches; vgl. auch Johannes Jahn / Wolfgang Haubenreisser, Wörterbuch der Kunst, Stuttgart 1995, S. 422.

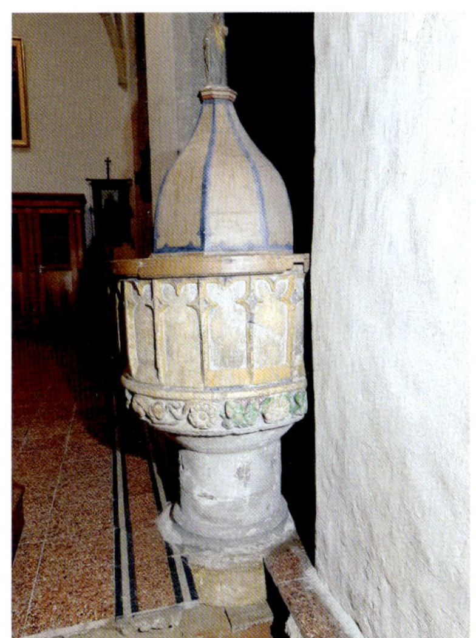
Abb. 2: Taufbecken vor dem Abbau, 2021

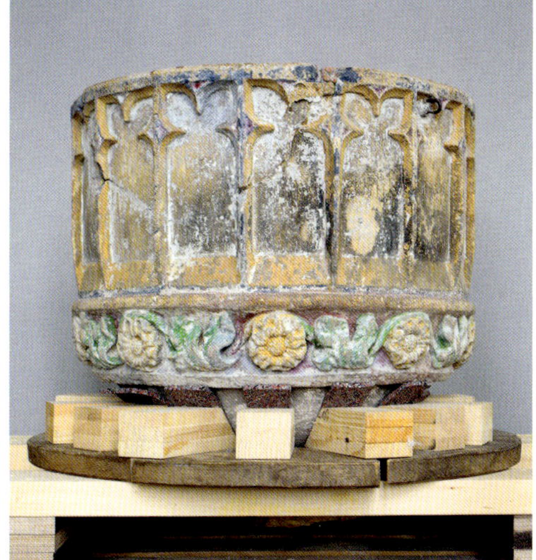
Abb. 3: Taufbecken, Vorzustand, 2022

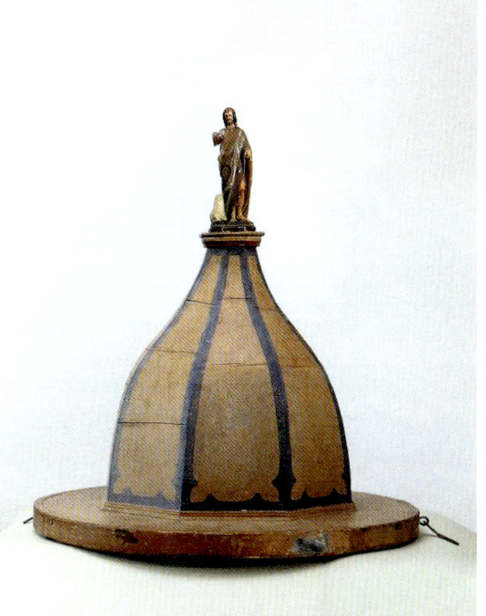
Abb. 4: Taufbeckendeckel, Vorzustand, 2022

oben hin jeweils ein Zweipassornament.[8] Die Flächen der Felder sind mit einem kleinen Zahneisen geflächt. Die unteren Abschlüsse der Maßwerkfelder bilden zwei gegeneinander gesetzte Abschrägungen, welche den Maßwerkzylinder in seiner Breite um einige wenige Zentimeter über die Frieszone hinausstehen lassen, was die Betonung der Kelchform verstärkt. Der obere Rand des Taufbeckens ist als einfache, leicht gefaste Kante gestaltet. Das Innere des Taufbeckens schließt nach unten rund ab und weist am tiefsten Punkt eine bis an die Unterseite der Rundplinthe reichende Bohrung mit einem Durchmesser von 2,5 cm als Entleerungsöffnung auf.

Philipp Schachinger führt in seinem Text „Gedanken zu einem steinernen Zeugnis mittelalterlicher Tauftheologie“ die ikonografische Bedeutung des Frieses auf die Darstellung der Bedrohung des Menschen durch die teuflische Verführung zurück. Die Astranke mit Blüten und Blättern steht für den Wald als Ort der Verführung, der Affe symbolisiert den Teufel[9], welcher selbst durch die Verführung bedroht wird. Demgegenüber steht die durch das Maßwerk architektonisch gegliederte Cuppa als Sinnbild der Himmelsstadt Jerusalem. Die Anzahl der einzelnen Gliederungselemente lässt zahlensymbolische Deutungen auf die Propheten, Apostel und Evangelisten zu (16 Felder mit je einem Zweipass ergeben 32). Das Taufbecken symbolisiert durch seine bildhauerische Gestaltung die Wandlung des Menschen von der irdischen Existenz in eine ewige durch das Sakrament der Taufe.[10]

---

8 Vielen Dank an Werner Schachinger für folgende mündliche Hinweise: Die Zweipassornamentik am Taufstein aus Münsteuer weist Ähnlichkeiten zum Zweipassmaßwerk an den Strebepfeilern am Chor des Passauer Doms auf. Der spätgotische Ostteil des Doms wurde ab 1407 von Hans Krumenauer und Nachfolgern geschaffen. Vgl. Barbara Schedl, Der Dom von Passau – mittelalterliche Baugeschichte und spätgotischer Chor, in: Michael Hauck / Herbert W. Wurster (Hg.), Der Passauer Dom des Mittelalters: Vorträge des Symposiums Passau, 12. bis 14. März 2007, Passau 2009, S. 115; Abbildung Eingang zur Zengergasse mit Übergang zur Alten Residenz und Konsolpfeiler am Dom von Andreas Praefcke, in: https://de.wikipedia.org/wiki/Dom_St._Stephan#/media/Datei:Passau_Zengergasse_Dom.jpg (05.05.2024). Ein Zusammenhang zwischen der Entstehung des Taufsteins und der Passauer Dombauhütte ist somit denkbar. Des Weiteren gibt es formale Gemeinsamkeiten bei zwei weiteren spätgotischen Taufsteinen in den Pfarrkirchen in Ering am Inn (umlaufende Blattwerkranke und Zweipassornament) und in Malching am Inn (Zweipassornament). Beide Orte liegen auf der bayerischen Innseite, in circa 10 bis 15 km Entfernung zu Münsteuer. Der Taufstein in Ering ist auf das Entstehungsjahr 1408 datiert, vgl. Georg Dehio, Handbuch der deutschen Kunstdenkmäler. Bayern II: Niederbayern, o. O. 2008, S. 117 (Dehio 2008). Der Taufstein in Malching ist in der Mitte des 15. Jahrhunderts entstanden, vgl. Dehio 2008, S. 368.

9 Im Mittelalter wurde der Affe als Symbol des Bösen, des Lasters und der Sünde gesehen. Der Physiologus und andere Schriften beschreiben ihn als Teufelsabbild. Er hat einen Kopf als Anfang, aber keinen Schwanz, also kein Ende, demnach wird die Verdammnis nicht enden. Vgl. Hannelore Sachs / Ernst Badstübner / Helga Neumann, Christliche Ikonographie in Stichworten, Leipzig 1980, S. 21.

10 Schachinger 2003, S. 89–91.

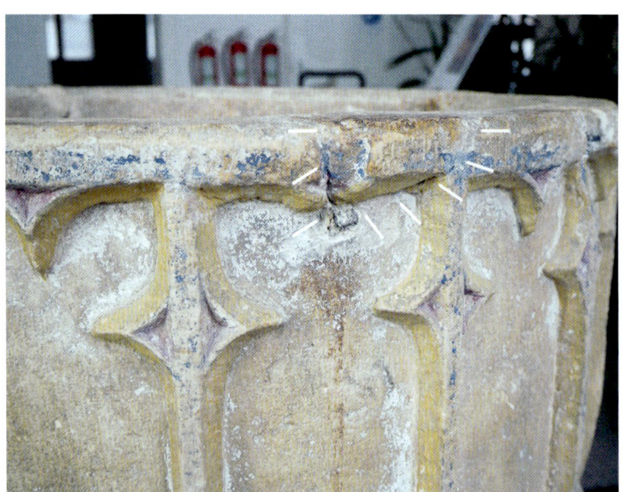

Abb. 5a: Historische Klebung eines Bruchstücks, Verlauf der Klebung – weiße Pfeile

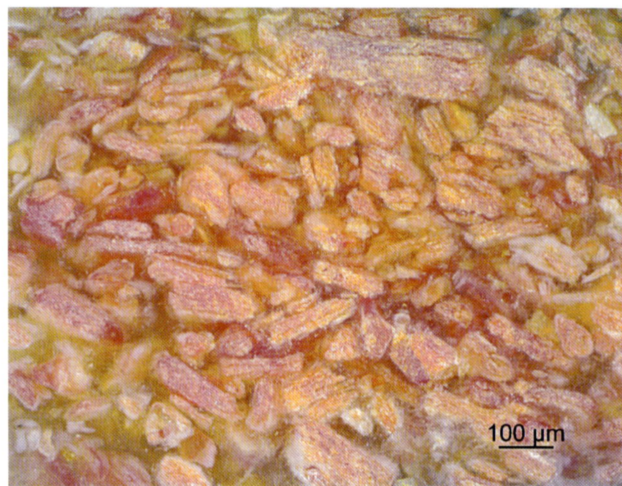

Abb. 5b: Querschliffaufnahme des Klebematerials, Minium in bleisikkativierter Ölbindung

Trägermaterial und Fassungsbestand

Das Steinmaterial von Taufbecken, Schaft und Fuß ist ein calcitisch gebundener heller Kalksandstein mit leicht gelblicher Farbe, der vereinzelte kleine rostige Eisenpartikel aufweist. Der Stein besteht aus verdichteten Fossilien, die mit dem bloßen Auge gut erkennbar sind, und relativ kleinen Quarzkörnern. An Bruchflächen im Bereich des Taufsteinschaftes lässt sich an den Randbereichen eine bräunlich-dunkle Verfärbung in ein bis zwei cm Tiefe erkennen, was als Hinweis auf eine fassungsvorbereitende Öltränkung gesehen werden kann.[11] Eine eindeutige Identifikation des Steinmaterials ist bislang noch nicht erfolgt.[12]

Innerhalb der Maßwerkzone, im oberen Bereich knapp unterhalb des oberen abschließenden Rands, waren vier Ösen aus Schmiedeeisen eingelassen. Diese sind sekundär eingebaut worden und in grob gehauenen Löchern, welche zum Teil die Ornamentik anschneiden, in den Stein eingelassen und durch Verbleiungen befestigt worden. Von diesen vier Ösen sind zwei gegenüberliegende noch gänzlich erhalten, die beiden anderen sind abgebrochen. Am Taufbeckendeckel sind zwei weitere Ösen vorhanden, welche mit jenen des Taufbeckens mithilfe von Schlössern dem Verschließen desselben dienten.[13]

Der Taufstein weist einen umfangreichen Bestand an erhaltenen Fassungen bzw. Fassungsfragmenten auf. An der Unterseite des Taufbeckens, an Schaft und Fuß, sind die Farbfassungen noch relativ geschlossen vorhanden und eine Abfolge ist gut ablesbar. An der Astwerkranke und der Wand des Taufbeckens sind die Fassungen nur noch stark fragmentiert vorhanden. Zur näheren Bestimmung der Materialität des Fassungsbestandes wurden sechs Proben entnommen und durch das naturwissenschaftliche Labor des Bundesdenkmalamts mikroskopisch im Anschliff unter Auflicht, UV-Licht und im Rasterelektronenmikroskop untersucht. Als erste Fassungsschicht konnte in mehreren Proben ein heller Kalkanstrich mit zum Teil enthaltenen Ockerpartikeln festgestellt werden. Hierbei kann es sich um Reste einer mittelalterlichen Fassung oder Grundierung handeln.[14] An Taufbeckenfuß, -schaft und der -unterseite befindet sich eine in freiliegenden Bereichen als Rotmarmorierung identifizierbare Fassung. Diese Fassung liegt auf einer weißen Grundierung aus Bleiweiß (Abb. 9) und Bergkreide in öligem Bindemittel. Die eigentliche Mar-

11 Siehe Proben 85/23, 86/23, 86A/23 in Laborbericht 77/23–87/23 (W-Nr.: 10334) Robert Linke, Bundesdenkmalamt, Wien 2023.

12 Hierzu sei verwiesen auf Karl Stingl mit vielem Dank für die freundliche Mitteilung nach augenscheinlicher Betrachtung des Steins in den Werkstätten des Bundesdenkmalamts: Aufgrund des reichhaltigen Vorkommens von versteinerten Foraminiferen und des Fehlens von Algenfossilien lässt sich der Stein als miozäner Kalksandstein aus einer küstennahen Entstehung einordnen. Als mögliche Vorkommen kämen das Traisental bei St. Pölten bzw. Eggenburg in Niederösterreich oder die Gegend um Cheb/Eger im heutigen Tschechien in Frage.

13 In der Pfarrkirche Münsteuer befindet sich auch ein älterer Taufbeckendeckel. Dieser besteht aus einer flachen runden Deckplatte aus verlötetem Eisenblech und ist in der Mitte aufklappbar.

14 Siehe Proben 80/23, 81/23, 82/23, 83/23 und 84/23 in Laborbericht 77/23–87/23 (W-Nr.: 10334) Robert Linke, Bundesdenkmalamt, Wien 2023.

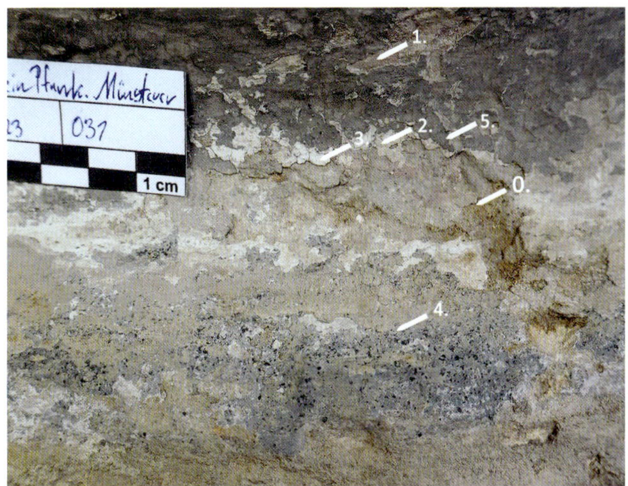

Abb. 6: Fassungsabfolge am Taufbeckenfuß, 1: Rotmarmorierung, 2: weiße Grundierungsschicht, 3: weiße Grundierungsschicht, 4: graue Marmorierung mit schwarzen Spritzern, 5: monochrom graue Sichtfassung

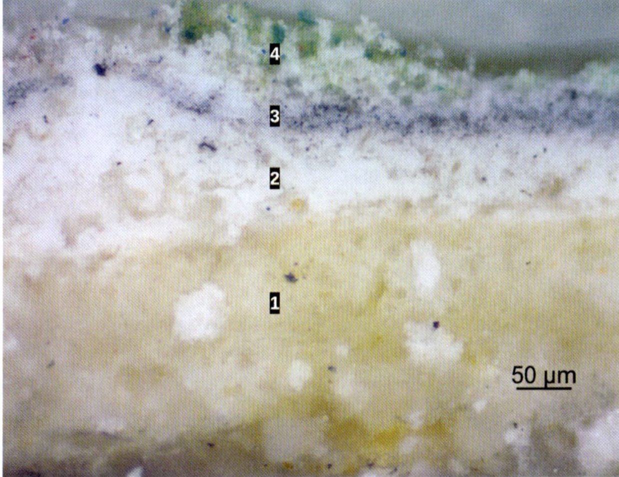

Abb. 7: Querschliffaufnahme vom Bereich der Blumenranke mit grüner Sichtfassung, 1: gelbliche Kalktünche mit weißen Bleichlorid-partikeln, 2: Bleiweißfassung mit Bleichloridpartikeln, 3: dunkelgraue Fassung aus Bleiweiß und Kohleschwarz mit Bleichloridpartikeln, 4: grüne Fassung, nicht identifizierbares Grünpigment und Schwerspat

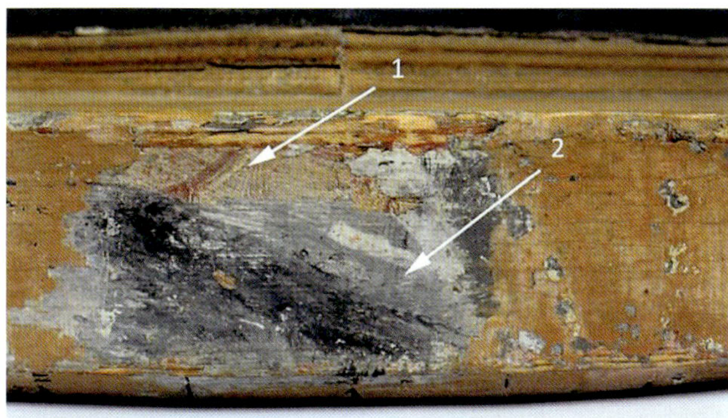

Abb. 8: Taufbeckendeckel, Fassungsbestand am Rand der Deckplatte des Taufbeckendeckels, 1: rötliche Marmorierung, 2: graue Marmorierung

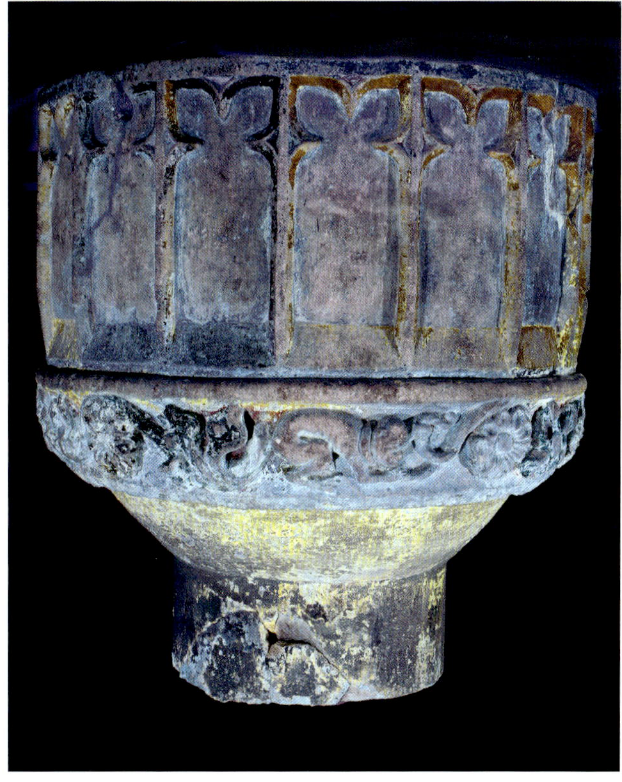

Abb. 9: UV-Aufnahme des Taufbeckens, mit gelblich fluoreszierenden bleiweißhaltigen Fassungsfragmenten

morierung enthält Eisenoxidrot, Schwerspat, Zinkweiß sowie Bergkreide und Silikate als Füllstoffe und ist somit als ab dem 19. Jahrhundert entstanden datierbar. Das Bindemittel enthält bleisikkativiertes Öl.[15]

Auf die Rotmarmorierung folgt eine graue Fassung, welche sich durch feinverteilte kleine schwarze Spritzer auf grauem Grundton auszeichnet und bei welcher es sich ebenfalls um eine Steinimitationsmalerei handelt. Als Pigmente konnten hier Bleiweiß und Kohleschwarz identifiziert werden (Abb. 6).[16] Die Rotmarmorierung und die graue Steinimitation waren auch an Astwerkranke und den Taufbeckenwänden vorhanden, sind hier aber nur noch in kleinen Fragmenten nachweisbar.

Die letzte Fassung des Taufbeckens besteht aus mehreren Farbtönen wie Grün (Blätter), Ocker (Blüten) mit kühlroten Hintergrundflächen an der Astwerkranke,

15 Siehe Probe 216/23 in Laborbericht 216/23 (W-Nr.: 10334) Kristina Kocić, Bundesdenkmalamt, Wien 2023.
16 Siehe Proben 83/23 und 84/23 in Laborbericht 77/23–87/23 (W-Nr.: 10334) Robert Linke, Bundesdenkmalamt, Wien 2023.

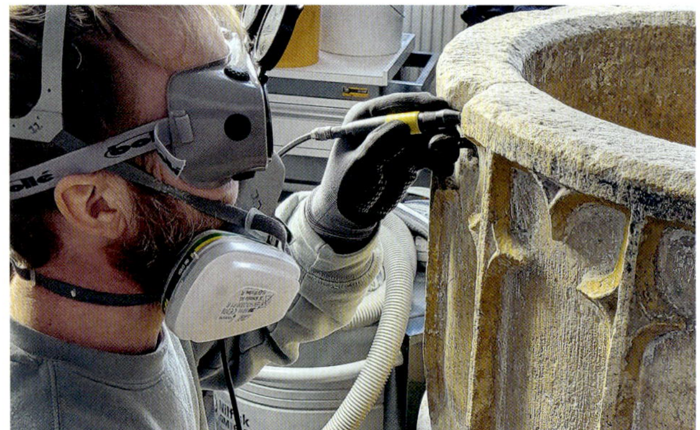

Abb. 10: Entfernung von korrodierten Ösen an der Taufbeckenwand

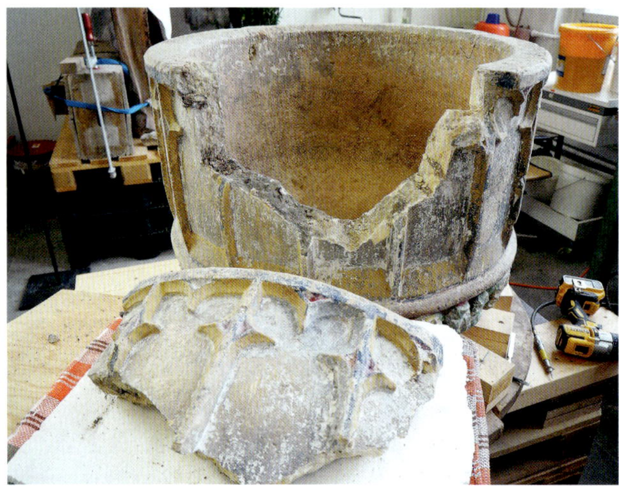

Abb. 11a: Nicht bestandsgerecht verklebtes Fragment der Taufbeckenwand vor dem Wiedereinsetzen

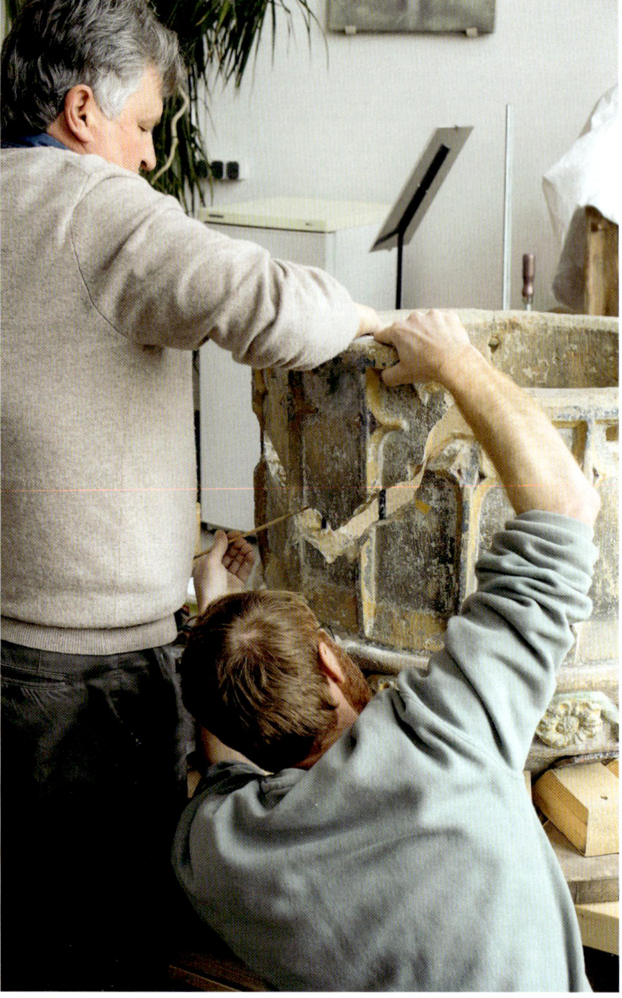

Abb. 11b: Ausrichten des Fragments der Taufbeckenwand für eine Neuverklebung mit Kohlefaserstabarmierung mithilfe von Murat Yasar, Bundesdenkmalamt

Ocker, Blau (Maßwerkstege und horizontale Profilierungen), kühlem Rot (Zwickel im Zweipass) und Grau (Unterseite des Taufbeckens, Schaft und Sockel). Als farbgebende Pigmente konnten innerhalb dieser Fassung gelber Ocker (Maßwerk) und roter Ocker und Ultramarinblau als Ausmischung (kühl-rote Hintergrundflächen der Astwerkranke) identifiziert werden. Als Füllstoff bzw. Verschnittmittel konnte im grünen und roten Bereich dieser polychromen Fassung Schwerspat gefunden werden, was sie in das 19. bis 20. Jahrhundert datieren lässt.[17]

Der Taufbeckendeckel besteht aus einer runden aus aneinander geleimten Brettern bestehenden Deckplatte und einem achteckigen Aufsatz aus Nadelholz, bestehend aus einem Stützgerüst und mit Holzdübeln daran fixierten Platten. Auf dem Aufsatz befindet sich eine Johannesfigur mit Lamm aus Laubholz mit angesetzten Armen und Attributen. Am Taufbeckendeckel konnten eine rötliche Marmorierung an der Deckplatte und am Aufsatz eine Graufassung mit schwarzen und weißen Spritzern als erste Fassung, eine graue Marmorierung als zweite Fassung und eine hellbraune Sichtfassung mit blauer schablonenartiger Rahmung am Deckelaufsatz, entsprechend zum Blau der Maßwerkstege und den waagerechten Profilierungen des Taufbeckens, festgestellt werden (Abb. 8).[18]

Zustand

Die augenscheinlichsten Schäden des Steinträgers sind Risse und eine Fragmentierung, hervorgerufen durch Korrosion der verbauten Elemente aus Schmiedeeisen, über einen längeren Zeitraum. Unterhalb zwei der vier in der Taufbeckenwand eingesetzten Eisenösen

17 Siehe Proben 80/23, 82/23 und 83/23 in Laborbericht 77/23–87/23 (W-Nr.: 10334) Robert Linke, Bundesdenkmalamt, Wien 2023.
18 Julia Kolar, Restaurierbericht, Konservierung und Restaurierung Hölzerner Deckel/Taufstein, 2023, S. 2 (Kolar 2023).

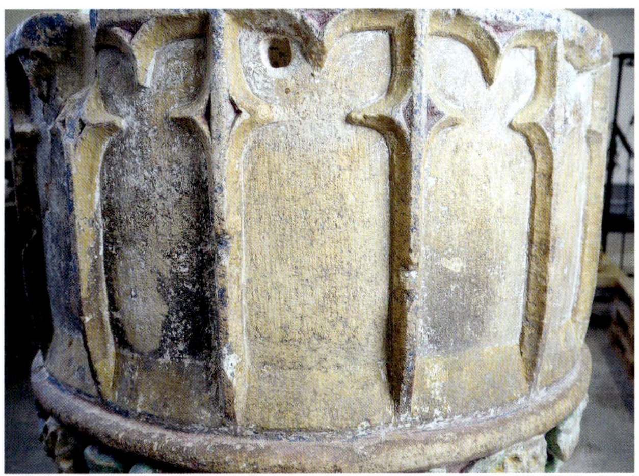

Abb. 12: Zweipassfelder der Taufbeckenwand während der Behandlung mit dem Nd:YAG Laser, mittleres Feld gereinigt, äußere Felder noch nicht gereinigt

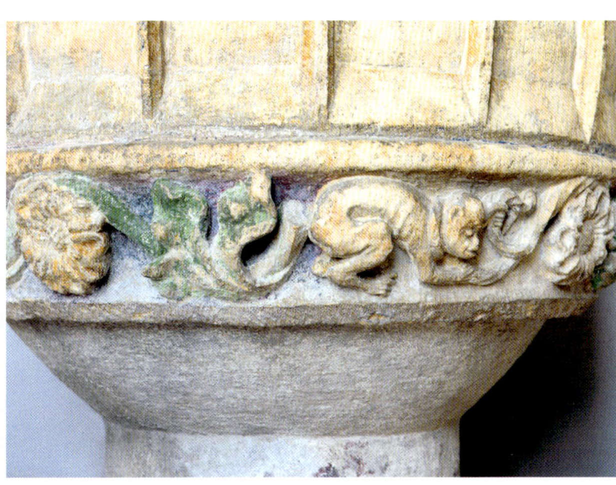

Abb. 13: Detailaufnahme der Blumenranke mit Affe nach Festigung und Retusche der Farbfassungen

ist der Stein eingerissen. Diese Risse reichen bis in den unteren Bereich des Taufbeckens. Die Rissstärke beträgt hier nur wenige mm. Zwischen zwei weiteren benachbarten Ösen ist der Stein in einem circa 80 cm breiten und 60 cm hohen Teilstück komplett abgerissen. Dieser Schaden besteht schon seit langer Zeit.[19] Er ist mehrmals repariert worden: Es konnten innerhalb des Risses drei verschiedene Kittmassen identifiziert werden. Hierbei handelt es sich um Lehmmörtel, Kalkmörtel, ein eingesetztes Ziegelstück und eine Masse aus Minium in bleisikkativierter Ölbindung (Abb. 5a und 5b).[20] Das Vorkommen einer historischen Klebemasse aus Minium in bleisikkativierter Ölbindung stellt hier eine absolute Besonderheit dar. Der obere Schaftteil des Taufbeckens ist in insgesamt acht Bruchstücke um die Vierkanteisen herum gebrochen, verursacht durch deren fortgeschrittene Korrosion.

Die noch vorhandenen Fassungsfragmente sind von einem feinteiligen Craquelée durchzogen und heben sich zu den Fehlstellenrandbereichen sichtbar vom Untergrund ab. Es war ein fortschreitender Fassungsverlust zu beobachten. Die naturwissenschaftliche Untersuchung der Malschicht ergab, dass in fast allen untersuchten Malschichtproben sekundär gebildetes Bleichlorid in Form von weißen Kristallen enthalten ist (Abb. 7). Diese Kristalle liegen eindiffundiert bis in die untersten Fassungsschichten vor.[21] Sehr wahrscheinlich rührt das Vorhandensein von Bleichlorid von einer Reinigung der gefassten Steinoberfläche mit Salzsäure und der Reaktion des enthaltenen Chlorids mit dem Blei aus dem Bleiweiß der Farbfassungen her.[22] In der Probe der grauen Kittmasse aus Kalkmörtel an der Innenseite der Taufbeckenwand wurden Natriumchloridkristalle gefunden, welche vom Versetzen des Taufwassers mit Salz aus Gründen der Konservierung und als Frostschutz herrühren könnten.

In einer weiteren Probe aus dem Bereich des Taufbeckenschaftes konnte als fassungstragende Schicht nahezu reines Calciumphosphat identifiziert werden. Dieses kann als Reaktionsprodukt von Kalkstein und Phosphorsäure gesehen werden, welches sich als Zwischenschicht zwischen Stein und Grundierung infolge einer Steinreinigung mit Phosphorsäure gebildet haben kann.[23]

Ein Teilbereich der äußeren Taufbeckenwand, circa 40 % der äußeren Oberfläche im Bereich des Maß-

19 In den Visitationsprotokollen der bayerischen Pfarreien und Klöster des Jahres 1558 heißt es dazu: „*In Münsteuer und Ort waren die Türen zum Sakramentshäuschen zerrissen und ledig gefunden worden. Das Baptisterium unbeschlossen doch rein und der Stain zerschelt. Sonst wohl versehen in der Kirche.*“ Die Brüche im Stein müssen zu dieser Zeit zumindest zu Teilen schon bestanden haben. Vgl. Geistliche Visitation im Bistum Passau 1558 - BSB Cgm 1737, S. 75, Original in der Bayerischen Staatsbibliothek (MF 6794), eingesehen unter: https://books.google.at/books?redir_esc=y&hl=de&id=nCQa5xqtpB8C&q=75#v=snippet&q=75&f=false (13.04.2024).

20 Siehe Proben 87/23 und 84/23 in Laborbericht 77/23–87/23 (W-Nr.: 10334) Robert Linke, Bundesdenkmalamt, Wien 2023.

21 Siehe Proben 80/23 bis 84/23 in Laborbericht 77/23–87/23 (W-Nr.: 10334) Robert Linke, Bundesdenkmalamt, Wien 2023.

22 In der Pfarrchronik Münsteuer 1885–1949, S. 193, ist für das Jahr 1917 unter anderem vermerkt: „*Der alte ‚Taufstein' wurde von Hochw. H. Klaudius Scherfler Hofmeister und Konservator von seiner färbigen Umkleidung gereinigt.*“ In: Schachinger 2023, S. 4.

23 Siehe Probe 216/23 in Laborbericht 216/23 (W-Nr.: 10334) Kristina Kocić, Bundesdenkmalamt, Wien 2023.

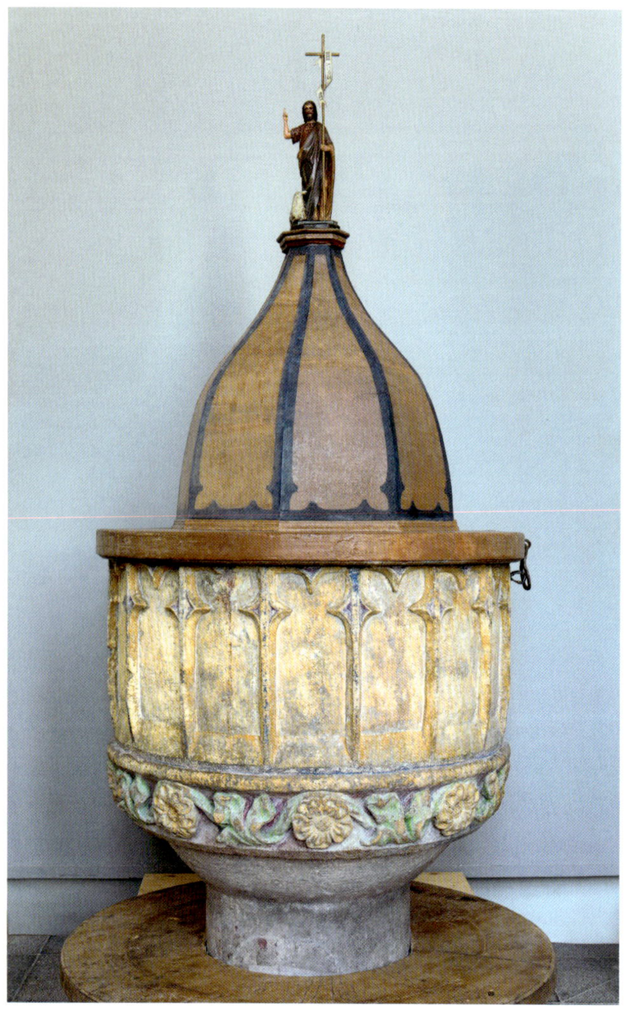

Abb. 14: Taufbecken, Zustand nach der Restaurierung, 2023

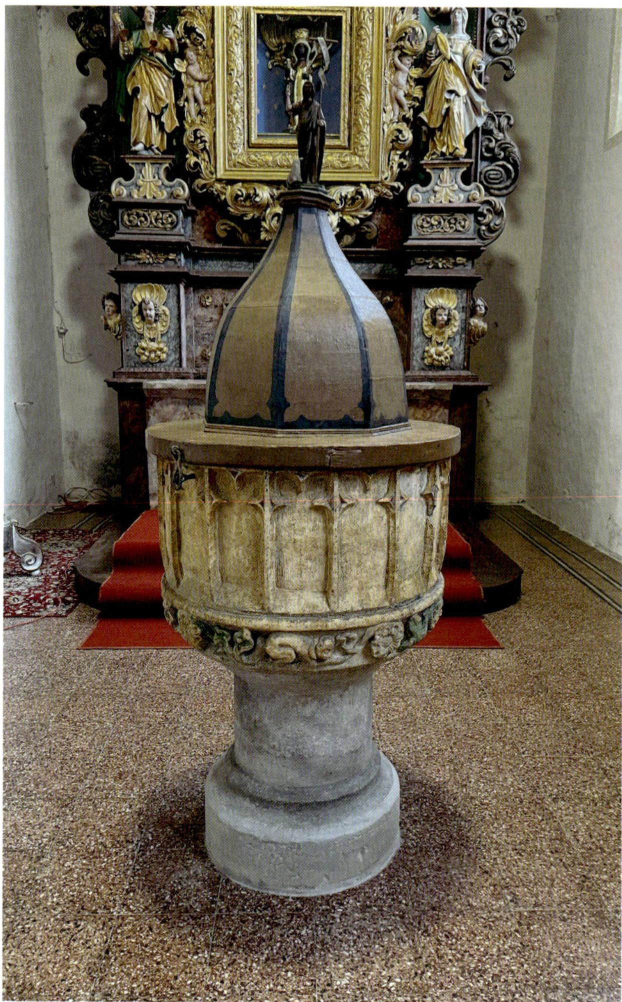

Abb. 15: Taufbecken mit Taufbeckenfuß nach der Wiederaufstellung in der Marienkapelle, 2023

werks, wies auf der freiliegenden Steinoberfläche einen schwärzlichen Belag auf (Abb. 3). Hierbei handelt es sich vermutlich um Reste mikrobiellen Bewuchses. Es konnte keine aktive mikrobielle Besiedelung nachgewiesen werden.[24]

Der Taufbeckendeckel wies etliche geöffnete Holzrisse, aufstehende Fassungsschollen, Fassungsfehlstellen und fehlende Teile an der bekrönenden Johannesfigur mit Lamm auf (Abb. 4).

Ausgeführte Maßnahmen

Das nicht niveaugerecht verklebte Teilstück der Taufbeckenwand wurde herausgenommen und alte Kittmassen wurden mit dem Mikromeißel entfernt. Die zwei noch vorhandenen Eisenösen wurden aus den Verbleiungen gelöst, die Verbleiungen entfernt und korrodierte Teile abgebrochener Ösen entfernt (Abb. 10). Die drei korrodierten Vierkanteisen des Taufbeckenschaftes wurden herausgenommen und die Verbleiungen entfernt.

Drei feine Risse im Stein unterhalb der Eisenösen wurden mit einem niedrigviskosen Epoxidharz aufgefüllt und mit einer feinen Steinergänzungsmasse geschlossen.

Der herausgenommene Teilbereich der Taufbeckenwand wurde an den Bruchflächen durch handmechanisches Abnehmen alter Kittmassen und Staubablagerungen gereinigt. An drei Bereichen wurden am Teilstück und am angrenzenden Bereich am Taufbecken jeweils drei Bohrungen mit dem Steinbohrer (10 mm Stärke) von circa 5 cm Tiefe gesetzt. In die drei Bohrungen wurde jeweils ein 6 mm starker Stab aus kohlefaserverstärktem Kunststoff als Armierung mit Epoxidharz[25]

24 Siehe Probe 86/23 in Laborbericht 77/23–87/23 (W-Nr.: 10334) Robert Linke, Bundesdenkmalamt, Wien 2023.
25 Akepox® 5010.

eingeklebt. Nach der Verklebung der Stäbe wurde das Teilstück mit Epoxidharz passgenau verklebt (Abb. 11a und 11b). Die acht Teilstücke des Taufsteinschaftes wurden ebenfalls mit Epoxidharz verklebt. Das größte der Bruchstücke wurde mit einem in eine Bohrung eingesetzten Carbonstab (Länge 15 cm, Stärke 8 mm) als Armierung verstärkt.

Sämtliche Klebefugen, Fehlstellen und Risse wurden mit Steinergänzungsmasse oberflächenbündig geschlossen.[26]

Die gesamte Steinoberfläche wurde trockengereinigt. Versuche mit dem Nd:YAG[27]-Laser an den schwarzen Belägen der äußeren Taufbeckenwand ergaben, dass sich diese gut entfernen lassen ohne eine Beschädigung oder eine eventuelle nicht erwünschte Aufhellung der darunterliegenden Steinoberfläche (Abb. 12). Für die anschließend durchgeführte Laserreinigung wurden die Wellenlänge 1.064 nm, der Energiebereich von 0,6 bis 0,7J und die Frequenz von 15 bis 20 Hz verwendet.

Sämtliche aufstehenden Fassungsbereiche wurden gefestigt. Die Fassungen der Taufbeckenunterseite und des Schaftes wurden mit Klucel E in Isopropanol, 5%ig unter Japanpapierauflage gefestigt. Als Vornetzmittel wurde Isopropanol verwendet. Partiell wurden Bereiche mit Lascaux® Medium für Konsolidierung 10%ig, einer feindispersen, wässrigen Acrylpolimerisat-Dispersion, nachgefestigt. Mit demselben Mittel wurden die Fassungsfragmente im Bereich der Taufbeckenwände und der Blattwerkranke gefestigt. Als Vornetzmittel wurde Ethanol verwendet.

Die Farbfassungen an der Basis, dem Schaft und der Taufbeckenunterseite wurden innerhalb der Fehlstellen mit Aquarell- und Gouachefarben im Grauton der Sichtfassung retuschiert. Im Bereich der Astwerkranke wurden sämtliche Fehlstellen, an denen die Grundierung hell hervortrat, im jeweiligen Umgebungsfarbton mit Aquarellfarben retuschiert. An den Außenseiten der Taufsteinwände wurden sämtliche optisch hervortretenden weißen Grundierungsfragmente im Farbton der Steinoberfläche mit Aquarellfarben retuschiert, um ein geschlossenes Erscheinungsbild zu erreichen.[28]

Die zwei noch vorhandenen Eisenösen wurden mechanisch entrostet und mit einem Schutzanstrich aus Bleiseife versehen. In die Kittungen der Löcher, welche durch das Herausnehmen der Ösen entstanden waren, wurden Bohrungen gesetzt und in diese die Ösen mit Akepox® 5010 eingeklebt und die offenstehenden Randbereiche der Bohrungen mit Steinergänzungsmasse geschlossen.

Die Wiederaufstellung des Taufbeckens erfolgte durch das Bundesdenkmalamt am 28.09.2023 in der Raummitte der Seiten-/Marien- und nunmehrigen Taufkapelle der Pfarrkirche Münsteuer (Abb. 15). Der Taufbeckenfuß wurde direkt auf dem Bodenniveau der Kapelle aufgesetzt. Die Verbindung zwischen den beiden Taufbeckenteilen wurde durch das Einsetzen einer circa 70 cm langen Edelstahl-Gewindestange M20 in die Bohrung in der Mitte des Taufbeckens hergestellt. Die Gewindestange wurde in der Schaftbasis mit Injektionsmörtel verklebt und oberhalb der Bohrung am untersten Punkt des Beckens mit einer Mutter verschraubt. Der untere Teil des Taufsteinsockels erhielt abschließend eine egalisierende graue Kalkschlämme mit einer Pigmentierung aus Rebschwarz.

Die ausgeführten Maßnahmen am Taufbeckendeckel umfassten das Ausspänen der Holzrisse mit Lindenholzkeilen, das Kitten kleinerer Fehlstellen mit Holzkitt, das Ergänzen der fehlenden Holzteile der Johannesfigur durch Nachschnitzen aus Lindenholz sowie die Festigung loser Malschichtbereiche.[29] Die fehlende Fahne des Johannes wurde wiederhergestellt durch eine in Hasenhautleim getränkte Leinwand.[30] Alle Ergänzungen und Fassungsfehlstellen wurden mit einem mehrschichtigen Kreidegrundauftrag grundiert, mit Schellack isoliert und mit Aquarellfarben und Gouachefarben sowie teilweise mit Pigmenten retuschiert bzw. neu gefasst (Abb. 14).[31]

---

26 Folgende Rezepturen kamen zur Anwendung (Angaben in Raumteilen): Grobe Mischung: Ernstbrunner Steinmehl 1,5 RT, Steinmehl Breccie 1,5 RT (Korngröße bis 0,7 cm, Feinanteile ausgesiebt) – 0,5 RT NHL5, 0,5 RT Weißzement; Feine Mischung: Ernstbrunner Steinmehl 1,5 RT, Steinmehl Breccie 1,5 RT (Korngröße bis 0,3 cm, mit Feinanteilen) – 0,5 RT NHL5, 0,5 RT Weißzement. Die Steinfehlstellen innerhalb des oberen Bereiches des Taufbeckens wurden mit folgender Rezeptur oberflächenbündig geschlossen: 2 RT St. Margarethener Sand weiß (Korngröße 0–1 mm), 2 RT Lackenbacher Sand (Korngröße 0–1mm), 1/2 RT NHL5, 1/2 RT Sopro Trassbinder mit 5 % Primal® SF 016 Reinacrylatdispersion im Anmachwasser.

27 Verwendet wurde das Gerät Thunder Compact vom Hersteller Quanta Systems.

28 Für eine ausreichende Stabilität gegen Feuchtigkeit und Abrieb wurden die Farben mit Primal® SF 016, 5%ig in Wasser angemischt.

29 Die schnitztechnischen Ergänzungen wurden von Heike Schäfer ausgeführt.

30 Kolar 2023, S. 3.

31 Gebunden in Mowilith 20, Polyvinylacetat, alterungsbeständiges Bindemittel für Retuschen, verdünnt mit Methoxypropanol. Vgl. Kolar 2023, S. 4.

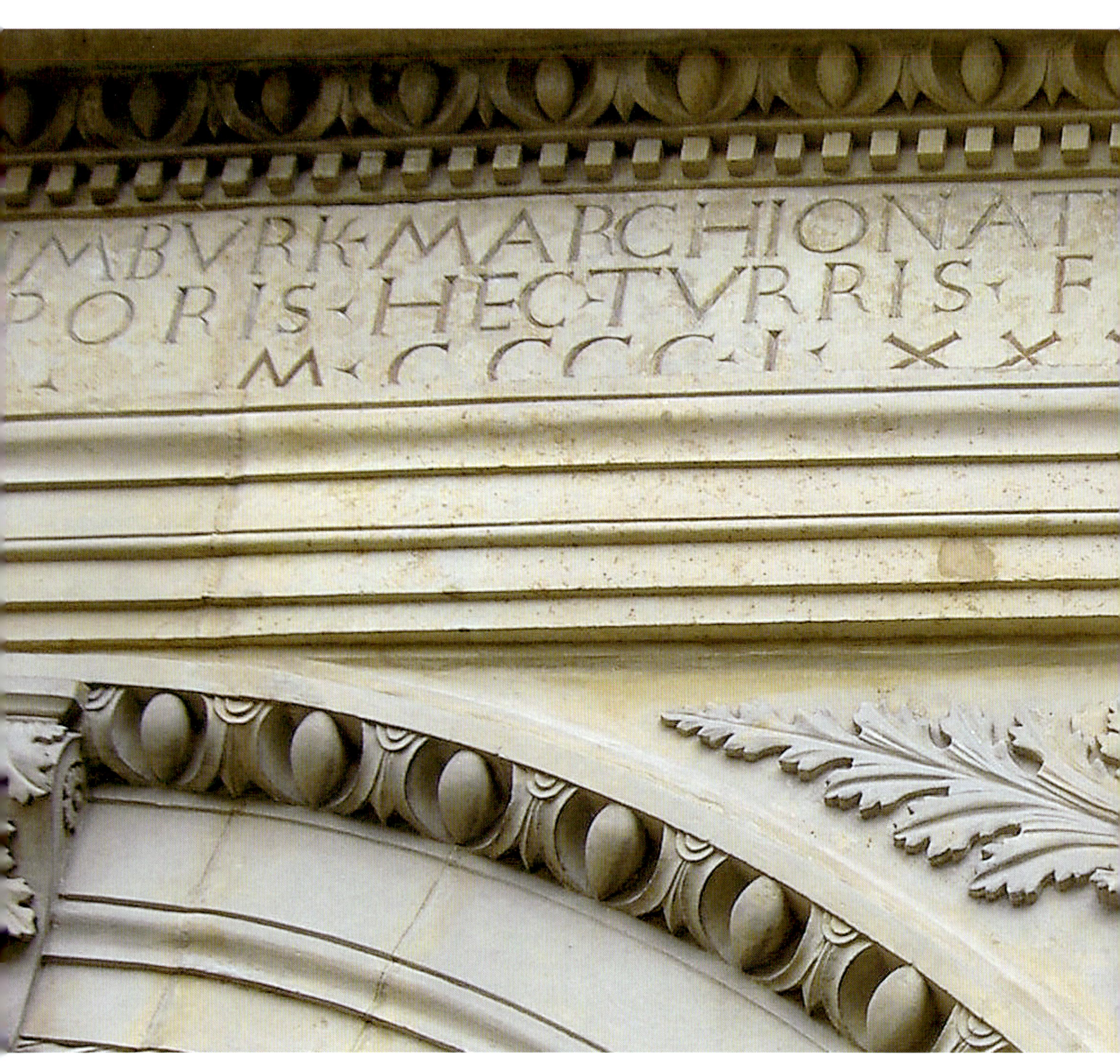
MBVRK·MARCHIONAT
PORIS·HEC·TVRRIS·F
M·CCCCL·XX

Denkmal erforscht

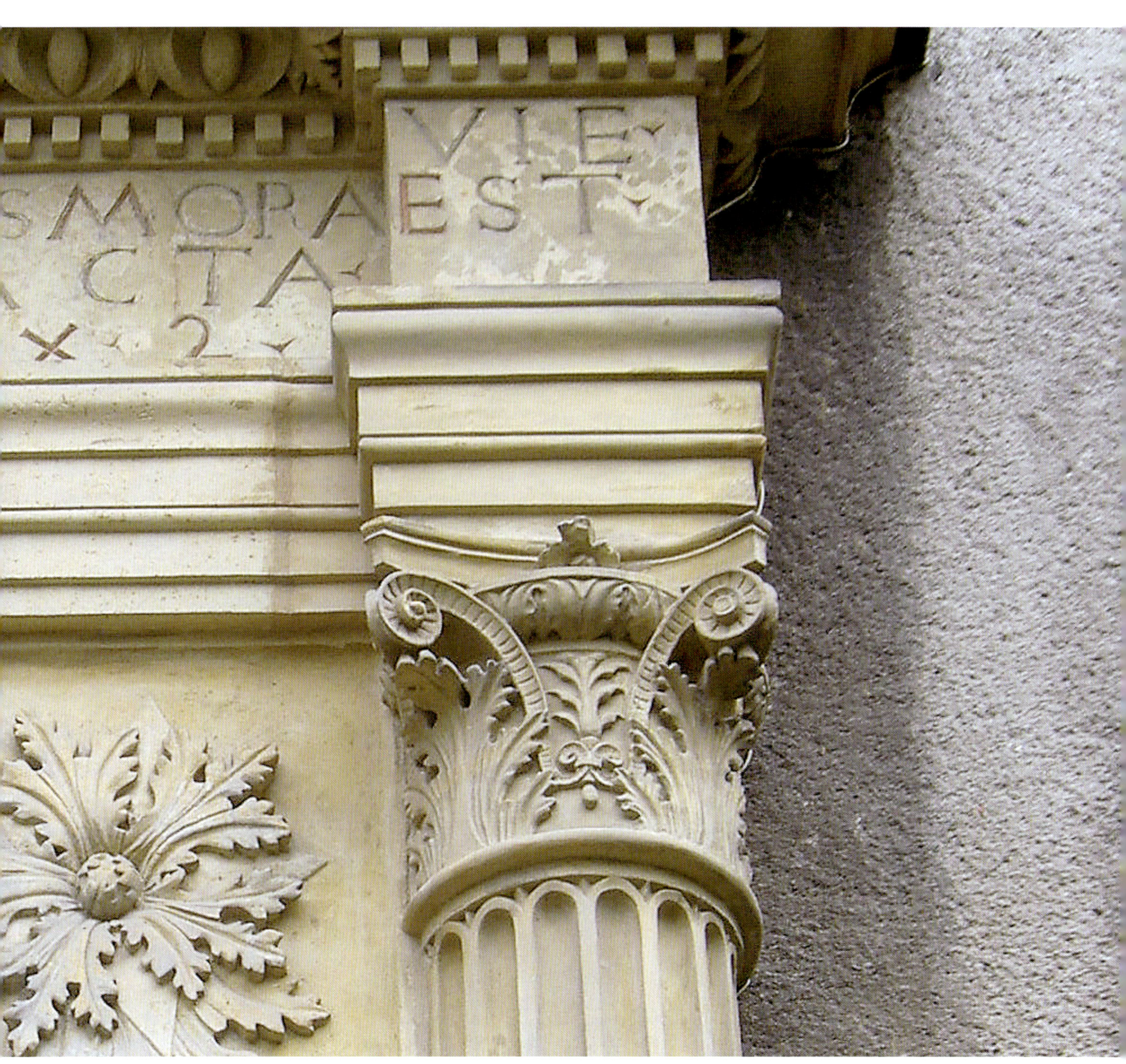

Petr Čehovský

Neue Datierung des vom Wiener Architekten Max Fleischer renovierten Schlossportals in Tovačov

New dating of the Renaissance entrance portal of the Tovačov Chateau, renovated by Viennese architect Max Fleischer
The entrance portal of Tovačov Chateau (district Přerov, Central Moravia) is one of the most important early Renaissance artworks in the Lands of the Bohemian Crown. The portal's frieze preserves an inscription with the name of the tower's client, where the portal is situated. The inscription includes the year "1492," so many Czech and foreign art historians believe the whole portal was executed during that year. Since around 2013, however, several art historians have expressed doubts that the portal's preservation is authentic, mainly because many of its parts are still preserved in astonishingly sharp relief (such as the egg and dart on the archivolt, the acanthus in the spandrels, and the composite capitals of the demi-columns). The portal was renovated and adapted according to the design of Viennese architect Max Fleischer no later than 1889. In 1905, Fleischer published a text describing the reconstruction of the Tovačov Chateau. In the article, the author analyses not only the portal and its state of preservation but also the old texts from the nineteenth and the beginning of the twentieth century describing the portal (or at least the frieze) with the inscription and date "1492." Based on these texts, and on the considerable difference in the state of preservation of the portal's concrete parts, the author concludes that only the frieze with the inscription 1492 dates from that year. The lower part of the portal (demi-columns, spandrels, archivolt, etc.) was executed in the late sixteenth century and renovated in the nineteenth century by Max Fleischer.

In dankbarer Erinnerung an Herrn Prof. Ivo Hlobil, den Begründer der Forschung über die Kunst der Frührenaissance in Mähren.

Einleitung[1]

Die Burg (später Schloss) Tovačov (dt. Tobitschau, Bezirk Přerov, Mittelmähren) gehörte den Herren von Cimburk von 1327 bis 1502. Bis in die Zeit um 1480 war seine Architektur und Bauplastik ausschließlich im Stil der Gotik ausgeführt.[2] Ctibor Tovačovský von Cimburk[3] (1438–1494) war zwischen 1465 und 1494 Besitzer der Herrschaft Tovačov und zwischen 1469 und 1494 mährischer Landeshauptmann; dadurch war er in engem Kontakt mit dem ungarischen König Matthias Corvinus, der als erster mitteleuropäischer Herrscher in der Bauplastik an seinen Residenzen den Stil der italienischen Frührenaissance bevorzugt hat. Das Schloss Tovačov war die Hauptresidenz von Ctibor Tovačovský von Cimburk, der dessen spätgotischen Umbau vollendete und als erster Auftraggeber in Mähren spätestens um 1490 den Schlossturm (Abb. 1) mit Renaissancebauplastik verzieren ließ. Diese erhaltene Bauplastik aus dem

1 Die Erstellung und Herausgabe der Publikation wurde 2024 dank finanzieller Mittel aus dem Fonds zur Förderung wissenschaftlicher Tätigkeit der Philosophischen Fakultät der Palacký-Universität in Olomouc ermöglicht (Projektnummer FPVC 2023/01). Für interessante und wertvolle Anregungen zum Artikel danke ich herzlich Prof. Ivo Hlobil (†), Ladislav Novák aus Tovačov und Doz. Andreas Zajic von der Österreichischen Akademie der Wissenschaften, Wien.

2 Zur Baugeschichte der Burg (des Schlosses) Tovačov im Spätmittelalter und in der Renaissance vgl. Leoš Mlčák / Karel Žurek, Zámek. Tovačov [Schloss. Tovačov], in: Ivo Hlobil / Marek Perůtka (Hg.), Od gotiky k renesanci. Výtvarná kultura Moravy a Slezska 1400–1550. III. Olomoucko [Von der Gotik zur Renaissance. Bildkünstlerische Kultur in Mähren und Schlesien 1400–1550. III. Olmützer Region], Olomouc 1999, S. 235–238; Miroslav Plaček, Ilustrovaná encyklopedie moravských hradů, hrádků a tvrzí [Illustrierte Enzyklopädie der mährischen Burgen und Feste], Praha 2007, S. 642–645.

3 Ausführlicher zu Ctibor Tovačovský von Cimburk vgl. Ivo Hlobil, Recepce renesance Ctiborem Tovačovským z Cimburka a Ladislavem Černohorským z Boskovic [Annahme der Renaissance von Ctibor Tovačovský von Cimburk und Ladislav von Boskovice], in: Ivo Hlobil / Eduard Petrů, Humanismus a raná renesance na Moravě [Humanismus und Frührenaissance in Mähren], Praha 1992, S. 107–120, hier: 107–115 (Hlobil / Petrů 1992); Ivo Hlobil, Ctibor Tovačovský of Cimburk, in: Ivo Hlobil / Eduard Petrů, Humanism and the Early Renaissance in Moravia, Olomouc 1999, S. 148–153 (Hlobil 1999).

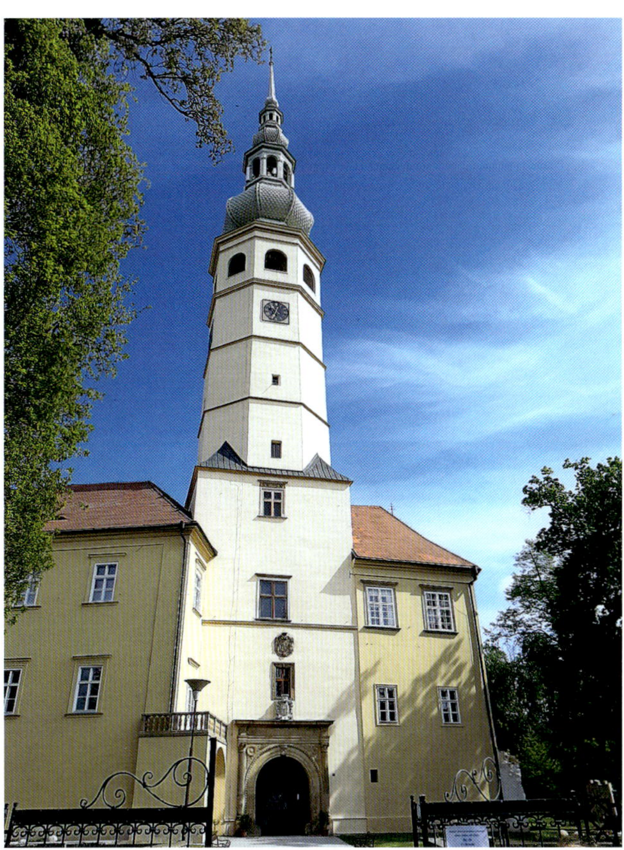

Abb. 1: Tovačov, Schlossturm, Gesamtansicht

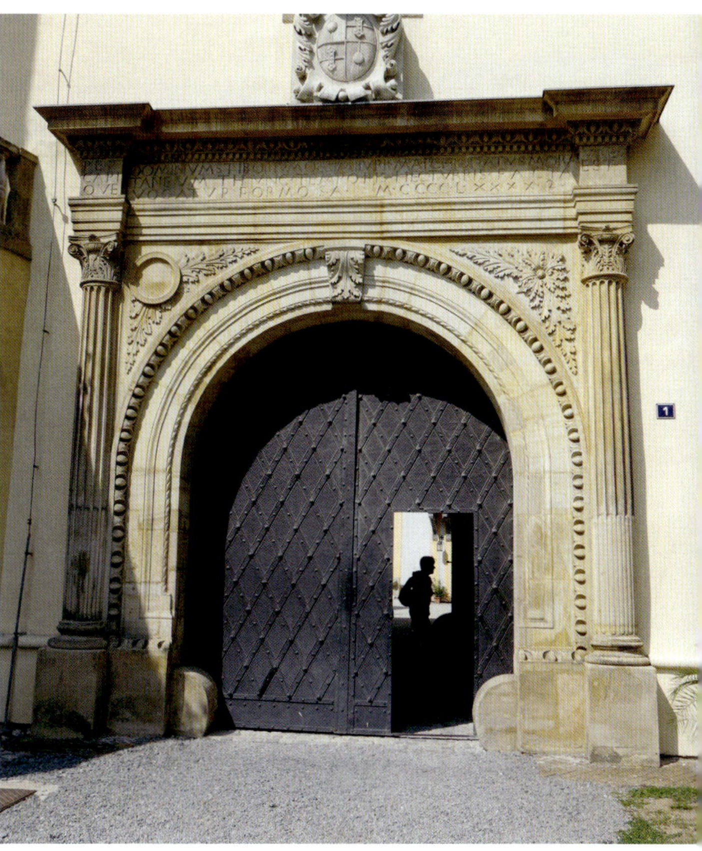

Abb. 2: Tovačov, Schlossportal, Gesamtansicht

späten 15. Jahrhundert stellt das bemerkenswerteste Beispiel der Rezeption italienischer Renaissancekunst in den Ländern der Böhmischen Krone dar.[4]

Nach Ivo Hlobil begann die Umgestaltung des Schlosses in Tovačov im Stil der Frührenaissance wahrscheinlich im Jahr 1483, als Ctibor per Vertrag mit Hynek von Ludanice jährliche Lieferungen von 10 bis 30 Eichenstämmen vereinbarte.[5] Um 1490 arbeiteten in Tovačov offensichtlich geschickte italienische Steinmetze. Ein italienischer Bildhauer hat dort zudem ein einzigartiges Medaillon der Ehefrau von Ctibor Tovačovský von Cimburk, Eliška von Melice, ausgeführt.[6]

Das Schlossportal in Tovačov (Abb. 2) ist zweifellos ein ikonisches Werk der Renaissancekunst in den Ländern der Böhmischen Krone. Wie die bis heute herausgegebenen Publikationen über die Renaissancekunst in der Tschechischen Republik beweisen, war es kaum vorstellbar, eine solche Monografie zu publizieren, ohne das Schlossportal in Tovačov zu erwähnen. Der Hauptgrund besteht darin, dass das Portal über mehrere Dekaden hinweg von vielen tschechischen und ausländischen Forschern für das älteste all'antica Renaissanceportal in Tschechien gehalten wurde: In der Inschrift im Fries des Portals wird die Jahreszahl 1492 genannt, was viele Forscher als Datierung des ganzen Portals

4 Zur Kunst der Frührenaissance in Tovačov vgl. vor allem Florian Zapletal, Z prvých projevů renesance na Moravě [Anfänge der Renaissance in Mähren], in: Časopis Vlasteneckého spolku musejního v Olomouci XL, 1928, S. 146 f. Von den wichtigsten Beiträgen von Ivo Hlobil sei genannt mindestens: Ivo Hlobil, Zur Renaissance in Tovačov während der Aera Ctibors Tovačovský von Cimburk, in: Umění XXII, 1974, S. 509–519; Ivo Hlobil, Die Anfänge der Renaissance in den böhmischen Ländern – namentlich in Mähren, in: Thomas W. Gaehtgens (Hg.), Künstlerischer Austausch / Artistic Exchange. Akten des XXVIII. Internationalen Kongresses für Kunstgeschichte. Berlin, 15.–20. Juli 1992, Berlin 1993, S. 154 f.; Hlobil 1999, S. 146–153; Ivo Hlobil, An Echo of the Italian Quattrocento in Moravia, in: Rostislav Švácha / Taťána Petrasová (Hg.), Art in the Czech Lands 800–2000, Prague 2017, S. 332 f.

5 Hlobil 1992, S. 107 f.

6 Dieses Medaillon wurde im Jahr 1971 während der archäologischen Ausgrabungen im Schloss Tovačov gefunden. Es knüpft stilistisch an die Kunstwerke der florentinischen Bildhauer Desiderio da Settignano, Antonio Rossellino, Francesco Laurana u. a. an. Das Medaillon ist in die Zeit vor 1490, dem Todesjahr von Eliška von Melice, zu datieren. Mehr dazu vgl. Ivo Hlobil, A Central-Italian Sculptor, Medallion of Eliška of Melice, in: Ivo Hlobil (Hg.), The Last Flowers of the Middle Ages. From the Gothic to the Renaissance in Moravia and Silesia (Ausstellungskatalog), Olomouc 2000, S. 114 f.

gelesen haben. Das Portal, so die bisherige Annahme, soll ein italienischer (oder ungarischer) Steinmetz für den mährischen Landeshauptmann Ctibor Tovačovský von Cimburk ausgeführt haben. Nach der Meinung mehrerer Kunsthistoriker soll das Portal überdies den Haupteingang zu Ctibors Hauptresidenz – Schloss in Tovačov – gerahmt haben.

In den 1880er Jahren wurde Schloss Tovačov umgebaut und das Schlossportal nach den Entwürfen des Wiener Architekten Max Fleischer (1841–1905) renoviert. Das Schloss war seit 1887 im Besitz der Herren von Gutmann, die zu führenden Unternehmern in der österreichisch-ungarischen Monarchie gehörten. Auftraggeber des Umbaus und der Renovierung des Schlosses war David Ritter von Gutmann[7] (1834–1912), der zwischen 1887 und 1912 das Schloss besaß.

Schlossportal

Das Hauptportal des Schlosses bildet eine Ädikula mit Halbsäulen samt kompositen Kapitellen an den Seiten. Die Türöffnung hat eine rundbogige Rahmung, die Archivolte wird von einer Eierstableiste geziert. Der linke und der rechte Zwickel werden mit unterschiedlichen Reliefs ausgefüllt: Der linke Zwickel (Abb. 3) zeigt ein Akanthusblatt, das durch ein leeres Medaillon unterbrochen wird, während im rechten Zwickel (Abb. 4) ein volles Akanthusblatt mit einem Stern zu sehen ist.

Im oberen Teil des Portals ist das Gebälk situiert, das aus profiliertem Architrav, Fries und profiliertem Gesims besteht. Der Fries des Portals nimmt folgende Inschrift auf: *PER DOMINVM STIBORIVM DE CIMBVRK . MARCHIONATVS MORAVIE . / CAPITANEVM THVNC . TEMPORIS . HEC . TVRRIS . FACTA . EST / QVE VOCATUVR FORMOSA . M . CCCC . L . XXXX . 2 .*[8] Das Gesims ist mit Zahnschnitt und Eierstab dekoriert.

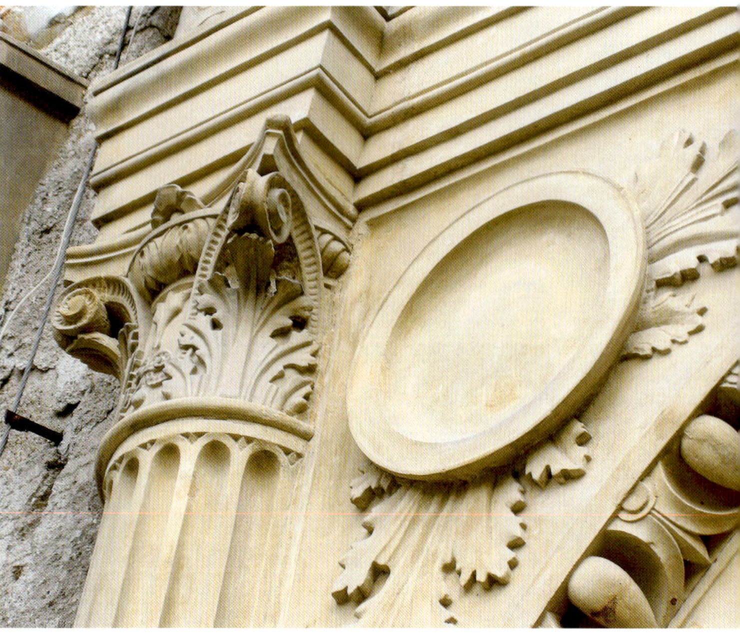

Abb. 3: Tovačov, Schlossportal, linker Zwickel, spätes 16. Jahrhundert

Der bisherige Forschungsstand

Den ältesten Text, in dem das Schloss Tovačov beschrieben wird, publizierte Gregor Wolny im Jahr 1846. Er zitierte die auf dem Turm angebrachte und bis heute erhaltene Inschrift und hat die darin genannte Jahreszahl als *1490 (MCCCCLXXXX)* interpretiert. Wolny hielt dieses Jahr für das der Vollendung des Schlossturmes.[9] Doch Wolny erwähnte dabei nicht, dass die Inschrift im Fries ein Teil des Portals ist.

Der Korrespondent der *K. K. Central-Commission zur Erforschung und Erhaltung der Kunst- und historischen Denkmale*, Hofsekretär Houdek, war der erste, der die Inschrift im Fries über dem Portal erwähnt hat. Houdek hat (sicher nicht zufällig!) betont, dass die Inschrift Ctibor Tovačovský von Cimburk als Bauherrn

7 Aleš Zářický, Gebrüder Gutmann, Wien. Stručná historie nejen jednoho obchodního domu [Gebrüder Gutmann, Wien. Kurze Geschichte nicht nur eines Kaufmannshauses], in: Eduard Kubů / Jiří Šouša (Hg.), Finanční elity v českých zemích (Československu) 19. a 20. století [Finanzeliten in tschechischen Ländern (Tschechoslowakei) im 19. und 20. Jahrhundert], Praha 2008, S. 445–453; https://biography.hiu.cas.cz/wiki/GUTMANN_David_2.12.1834-14.5.1912 (29.08.2024).

8 Der Autor der Transkription der Inschrift ist Ivo Hlobil, vgl. Hlobil 1999, S. 149. Näheres zur Inschrift vgl. Aleš Rozehnal, Tovačovský renesanční nápis z roku 1492 [Tobitschauer Renaissanceinschrift von 1492], in: Morava na prahu nové doby. Sborník příspěvků z konference, konané 22.–23. června 1994 u příležitosti 500. výročí úmrtí Ctibora Tovačovského z Cimburka [Mähren an der Schwelle zu einer neuen Ära. Sammelband der Konferenz vom 22. und 23. Juni 1994 anlässlich des 500. Todestages von Ctibor Tovačovský von Cimburk], Přerov 1995; S. 113–121; Jiří Roháček, K pozdně gotické a raně renesanční epigrafice na Olomoucku [Zur spätgotischen und Frührenaissance-Epigraphik in der Olmützer Region], in: Ivo Hlobil / Marek Perůtka (Hg.), Od gotiky k renesanci. Výtvarná kultura Moravy a Slezska 1400–1550. III. Olomoucko [Von der Gotik zur Renaissance. Bildkünstlerische Kultur in Mähren und Schlesien von 1400-1550. III. Olmützer Region], Olomouc 1999, S. 79–85, hier: 80 f. (Roháček 1999); Jiří Roháček, Zum Verhältnis von epigraphischem und kunsthistorischem Stil in der frühen und späteren Neuzeit. Einige illustrierende Beispiele aus böhmischem und mährischem Material, in: Gertrud Mras / Renate Kohn (Hg.), Epigraphik 2000: neunte Fachtagung für mittelalterliche und neuzeitliche Epigraphik: Klosterneuburg, 9.–12. Oktober 2000, Wien 2006, S. 107–118, hier: 108 f.

9 Gregor Wolny, Die Markgrafschaft Mähren. Topographisch, stilistisch und historisch geschildert von Gregor Wolny. V. Band. Olmützer Kreis, Brünn 1846, S. 765–772; hier: 766, Anm. 97 (Wolny 1846).

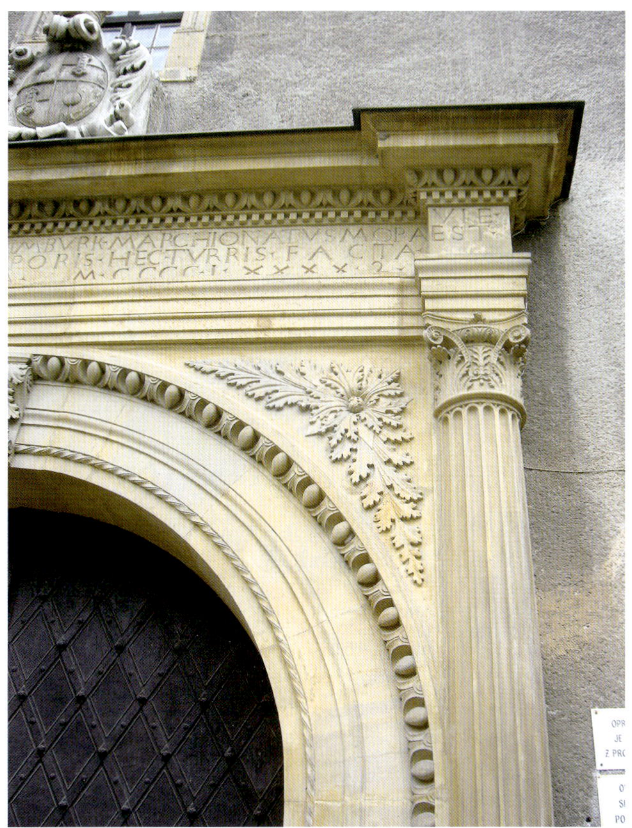

Abb. 4: Tovačov, Schlossportal, rechter Zwickel, spätes 16. Jahrhundert

des Schlossturmes nennt, der im Jahre 1492 errichtet wurde.[10] Aus dem Text geht nicht hervor, dass nach Houdek auch das Portal in das Jahr 1492 zu datieren ist.

Auch August Prokop (1838–1915) erwähnte im Jahre 1904 in seiner berühmten in Wien herausgegebenen kunsthistorischen Topografie Mährens in der Beschreibung des Schlosses Tovačov nur die oben genannte Inschrift, aber nicht deren Zusammenhang mit dem Renaissanceportal. Er hat die in der Inschrift erwähnte Jahreszahl irrtümlich als 1440 *(MCCCCXXXX)* gelesen und somit auch den Schlossturm nicht richtig datiert.[11] August Prokop, ähnlich wie Gregor Wolny, zitierte nur diese Inschrift ohne Erwähnung, dass diese einen Teil des Renaissanceportals bildet.

Bereits im Jahr 1950 hielt Ladislav Koller in seiner Dissertation die von Francesco di Giorgio Martini entworfene Bauplastik nachfolgender italienischer Bauten für die stilistisch wichtigsten Vorbilder für das Schlossportal in Tovačov: die Portale des Palazzo del Governo in Ancona (Marken) vom 3. Viertel des 15. Jahrhunderts und die Kapitelle des Palazzo Ducale in Gubbio (Umbrien) und des Palazzo del Governo in Ancona.[12] Auf einem Portal des Palazzo del Governo in Ancona (3. Viertel des 15. Jahrhunderts) werden die Medaillons von Matthias Corvinus und seiner Gemahlin Beatrix von Aragon abgebildet, die offensichtlich die engen und freundlichen Beziehungen zwischen der Stadt Ancona und dem ungarischen König symbolisieren.[13] Für Ancona war Matthias Corvinus tatsächlich als Schützer vor der Bedrohung durch das Osmanische Reich sehr bedeutend.[14]

Im Jahr 1956 publizierte die in Tovačov geborene Kunsthistorikerin Alena Jůzová-Škrobalová[15] eine Studie über das Schlossportal in Tovačov. Aufgrund des Pernštejner[16] Wappens, das auf dem über dem Portal gelegenen Fenster situiert ist, soll nach Jůzová-Škrobalová das Schlossportal später entstanden sein:

---

10 Břetislav Jelínek, Notiz Nr. 31, in: Karl Lind (Red.), Mittheilungen der K. K. Central-Commission zur Erforschung und Erhaltung der Kunst- und historischen Denkmale, Neue Folge, XXI. Jahrgang, Wien 1895, S. 56 f., hier: 57 (Jelínek 1895).

11 August Prokop, Die Markgrafschaft Mähren in kunstgeschichtlicher Beziehung. II. Band. Das Zeitalter der gotischen Kunst, Wien 1904, S. 548 f., 552, hier: 552 (Prokop 1904). Überraschenderweise hat Prokop im IV. Band seiner kunsthistorischen Topografie Mährens den Schlossturm in Tovačov richtig ins Jahr 1492 datiert, vgl. August Prokop, Die Markgrafschaft Mähren in kunstgeschichtlicher Beziehung. IV. Band. Das Zeitalter der Barocke, Wien 1904, S. 1384.

12 Ladislav Koller, Vývoj portálové architektury a renesanční portály 16. století na Moravě [Entwicklung der Portalarchitektur und Renaissanceportale des 16. Jahrhunderts in Mähren] (Dissertation). Masarykova univerzita v Brně 1950, S. 48. Zu Portalen des Palazzo del Governo di Ancona vgl. Lugi Serra, L'arte nelle Marche 2. Il periodo del rinascimento, Roma 1934, S. 38 f. Ausführlich zur Baugeschichte des Palazzo del Governo di Ancona vgl. Fabio Mariano, Il Palazzo del governo di Ancona, Ancona 1990.

13 Zu den Beziehungen zwischen Ancona und dem ungarischen Königreich in der zweiten Hälfte des 15. Jahrhunderts vgl. Mario Natalucci, Le relazioni politiche tra Ancona e il re d'Ungheria Mattia Corvino nella seconda metà del sec. XV, in: Studia Picena, vol. XXII, Fano 1954, S. 79–84.

14 Lenka Kovaříková, Slohové východisko renesančního portálu tovačovského zámku v díle italského architekta Francesca di Giorgio Martiniho [Stileinfluss des Werkes des italienischen Architekten Francesco di Giorgio Martini auf das Schlossportal in Tovačov], in: Ivo Hlobil / Marek Perůtka (Hg.), Historická Olomouc XVII. Úsvit renesance na Moravě za vlády Matyáše Korvína a Vladislava Jagellonského (1479–1516) v širších souvislostech [Historisches Olmütz XVII. Anfänge der Renaissance in Mähren während der Herrschaft von Matthias Corvinus und Vladislav Jagiello (1479–1516) im größeren Zusammenhang], Olomouc 2009, S. 237–249, hier: 247 (Kovaříková 2009).

15 Alena Jůzová-Škrobalová, Zámecký portál v Tovačově a jeho místo v raně renesanční moravské architektuře [Das Schlossportal in Tovačov und seine Stellung in der Renaissancearchitektur Mährens], in: Umění a svět I, Gottwaldov 1957, S. 22–29, hier: 27, 29 (Jůzová-Škrobalová 1956).

16 Die Herren von Pernštejn besaßen die Herrschaft Tovačov von 1503 bis 1597.

in den 1520er Jahren, also im Zeitraum, als Jan von Pernštejn (1487–1548), genannt der Reiche, Besitzer des Schlosses war. Nach Jůzová-Škrobalová hatte Jan van Pernštejn eine Vorliebe für den neuen Renaissancestil und war daher vermutlich der Bauherr, der alle Renaissanceteile des Schlossturmes bestellt hat.[17]

Nach Jiřina Hořejší und Jarmila Vacková[18] ist der Schlossturm in Tovačov der *„erste derartige Bau im Lande, dessen raffinierte Formensprache die Arbeit italienischer Steinmetze aus Ofen verrät.“*

Erich Hubala widmete dem Schlossportal in Tovačov intensive Aufmerksamkeit in seiner Studie[19] über die Baukunst der Renaissance in Mähren (1985). Nach ihm ist das Portal *„ein Beispiel des frühen Einflusses der ungarischen Renaissance“*. Seine Formen hingen auch mit Portalen aus dem Wirkungsbereich Leon Battista Albertis in Mantua zusammen: mit den Rundbogenrahmungen an der Front von San Sebastiano, deren Aufbau 1466 angefangen wurde, und mit der in Terrakotta ausgeführten Bauplastik an der Vorhalle von San Andrea, die kurz nach 1471 errichtet wurde. Hubala war der erste Forscher, der bemerkt hat, dass sich die Proportionen des Schlossportals in Tovačov von den erwähnten oberitalienischen Beispielen unterscheiden. Hubala kritisierte die gedrückten Proportionen des mährischen Portals: *„Man hat den Eindruck, als ob das Bogentor in die Erde versinken oder in die Breite auseinanderweichen wollte.“*[20] Erich Hubala sah darin, dass der Architekt des Portals in Tovačov das Prinzip der Proportionen der italienischen Renaissanceportale nicht richtig verstanden habe.

Ivo Hlobil betont im Jahre 1992, dass der Steinmetz, der das Schlossportal in Tovačov ausgeführt hat, auch von der ungarischen Bauplastik der Frührenaissance beeinflusst war. Vor allem für die Form der kompositen Kapitelle und für die Verwendung von Eierstabornament kann man Vorbilder in der erhaltenen Bauplastik des königlichen Palastes in Buda finden.[21]

Leoš Mlčák und Karel Žurek[22] knüpften 1992 in ihren Einschätzungen der Entstehungszeit des Schlossportals an die Datierung von Alena Jůzová-Škrobalová an: Nach ihrer Überzeugung habe Ctibor Tovačovský von Cimburk in Tovačov einen spätgotischen Turm bauen lassen, den Jan von Pernštejn in den 1520er Jahren umgestaltet und mit einem neuen Renaissanceportal versehen hat.

Der Autor der vorliegenden Studie hat Schloss Tovačov im Jahr 2013 mit Thomas DaCosta Kaufmann besucht, der die Authentizität der Erhaltung des Portals bezweifelt hat, weil *„das Portal angesichts seines Alters zu gut erhalten ist.“*[23]

Jiří Slavík hat sich in der Studie über die Befestigung und die Baugeschichte des Schlosses Tovačov im Jahr 2015 bei dem Schlossportal die Frage gestellt, wie man erklären kann, dass dieses zum Jahr 1492 datierte Portal keine größeren Spuren der Beschädigung aufweist. Slavík fragte sich weiter, ob Teile des Portals nicht später ersetzt wurden.[24]

Lenka Kovaříková hat sich in ihrer Dissertation von 2017 mit der Frührenaissancekunst in Tovačov und hauptsächlich mit dem Schlossportal in Bezug auf Kunst der italienischen Frührenaissance beschäftigt. Sie hat auch den Versuch unternommen, für die Dekoration der Zwickel des Schlossportals in Tovačov eine Parallele in der italienischen Bauplastik des 15. Jahrhunderts zu finden: Kovaříková verwies ähnlich wie Ladislav Koller auf die Portale des Palazzo del Governo in Ancona und auf die Bauplastik des Palazzo Ducale in Gubbio.[25] Eine weitere Inspirationsquelle für das Schlossportal in Tovačov ist nach Meinung von Kovaříková das Eingangsportal des Palazzo Schifanoia in Ferrara (circa 1466–1471), wo auch in beiden Zwickeln Blattdekoration verwendet wurde.[26] Das Portal in Ferrara haben Ambrogio da

17 Jůzová-Škrobalová 1956, S. 27.

18 Jiřina Hořejší / Jarmila Vacková, Die Hofkunst zur Zeit der Jagellonen-Herrschaft in Böhmen, in: Jiřina Hořejší et al., Die Kunst der Renaissance und des Manierismus in Böhmen, Prag 1979, S. 46.

19 Erich Hubala, Die Baukunst der mährischen Renaissance, in: Ferdinand Seibt (Hg.), Renaissance in Böhmen, München 1985, S. 114–167, hier: 145 (Hubala 1985).

20 Ebenda, S. 145.

21 Hlobil 1992, S. 110; 232, Anm. 12.

22 Leoš Mlčák / Karel Žurek, Poznámky ke stavebním dějinám zámku v Tovačově [Bemerkungen zur Baugeschichte des Schlosses in Tovačov], in: Historická Olomouc IX, Olomouc 1994, S. 103–107, hier: 106 (Mlčák / Žurek 1992).

23 Thomas DaCosta Kaufmann hat mir seine Ansicht über die Authentizität des Portals im Jahr 2013 mündlich mitgeteilt.

24 Jiří Slavík, Glosy k opevnění a stavebnímu vývoji tovačovského zámku [Glossen zur Befestigung und Baugeschichte des Schlosses in Tovačov], in: Castellologica Bohemica 15, Plzeň 2015, S. 140–150, hier: 140 (Slavík 2015).

25 Lenka Kovaříková, Raně renesanční tvarosloví zámku v Tovačově a jeho stylové východisko v díle italských umělců 15. století [Die Frührenaissancekunst des Schlosses Tovačov und seine Stilinspiration im Werk der italienischen Künstler des 15. Jahrhunderts] (Dissertation), Lehrstuhl für Kunstgeschichte, Palacký-Universität Olomouc 2017, S. 62–72 (Kovaříková 2017). Dieser Text knüpft eng an einen früheren Artikel an: Kovaříková 2009, S. 237–249.

26 Kovaříková 2017, S. 73–77, hier: 73.

Milano und Antonio de Gregorio ausgeführt, die wahrscheinlich nach der Vorlage von Pietro di Benvenuto dagli Ordini gearbeitet haben.[27] Obwohl die Gestalt der Akanthusblätter am Portal in Ferrara und in Tovačov sehr ähnlich ist, besteht der große Unterschied meiner Meinung nach darin, dass man nur in Tovačov im linken Zwickel ein leeres Medaillon findet, das unlogisch ein Akanthusblatt unterbricht, während im linken Zwickel des Eingangsportals des Palazzo Schifanoia in Ferrara dagegen in der Mitte des Akanthusblattes ein harmonischer Engelskopf eingefügt wurde.

Günther Buchinger, Doris Schön und Markus Jeitler haben bei der Analyse der Vorbilder für die Frührenaissance-Biforen des Schlosses in Orth an der Donau (Niederösterreich) neben den Palästen in Bologna (Palazzo Bevilacqua, Fenster, 1477–1482; Palazzo Ghisilardi Fava, Fenster, 1484–1491) auch auf das Eingangsportal des Schlosses in Tovačov von 1492 hingewiesen. Die Autoren haben das Portal in Tovačov den Steinmetzen aus Bologna zugeschrieben, *„die das Portal des Palazzo Schifanoia in Ferrara weiterentwickelten.“*[28]

Vor drei Jahren hat sich Ivo Hlobil mit dem Schlossportal in Tovačov und der Authentizität seiner Erhaltung befasst.[29] Letztlich wurde das Portal ja grundsätzlich im Jahr 1986 von Aleš Rozehnal († 1995) restauriert. Sein Restaurationsbericht galt lange Zeit als verschollen. Zum Glück hat der Olmützer Restaurator Ladislav Werkmann den kompletten Nachlass von Aleš Rozehnal gerettet.[30] Ivo Hlobil hat aufgrund des Restaurationsberichts konstatiert, dass man die Gestaltauthentizität des Portals nicht bezweifeln kann.[31]

Themen der aktuellen Forschung

Zwei Aspekte des Portals wurden bis heute nicht eindeutig erklärt, wobei beide mit der Authentizität der Erhaltung des Portals zusammenhängen: zum einen die auffallend asymmetrische Reliefdekoration der Zwickel des Portals und zum anderen der überraschend gute Zustand des Portals angesichts dessen, dass das Denkmal mehr als 500 Jahre alt ist und aus weichem, lokalem Sandstein aus Maletín (Bezirk Šumperk, Mähren)[32] ausgeführt wurde.

Die älteste Notiz über den Erhaltungszustand des Schlossportals in Tovačov wurde vom Wiener Architekten Max Fleischer publiziert, der für den großzügigen Umbau des Schlosses für den damaligen Besitzer David von Gutmann im späten 19. Jahrhundert verantwortlich war. Dieser Text von Fleischer wurde 1905 in Österreich publiziert[33] und enthält mehrere wertvolle Informationen, die Kunsthistoriker:innen bis heute nicht bei der Analyse und Einschätzung der Authentizität des Portals berücksichtigt haben.

Angesichts der Tatsache, dass es leider keine Abbildung des Schlossportals in Tovačov vom 19. Jahrhundert gibt, stellt dieser Text von Max Fleischer von 1905 eine einzigartige Quelle dar, von der man noch heute bei der Einschätzung des Portals ausgehen sollte. Am Anfang der Analyse des Textes von Max Fleischer in Bezug auf das Schlossportal ist auf das Prinzip zu achten, nach dem der Architekt das Schloss Tovačov rekonstruiert und renoviert hat: *„Die Aufgabe, die mir gestellt worden war, war, das Gebäude für den neuen Besitzer und dessen Familie bewohnbar zu machen. Dabei wurde durchaus nicht seine Absicht, besonderen Luxus zu entfalten, sondern Bedingung, mit möglichster Pietät an den alterhrwürdigen Formen festzuhalten.“*[34] Aus dieser Aussage von Fleischer geht klar hervor, dass sein Ziel als Architekt des Umbaus des Schlosses war, seine alten Formen und Teile zu erhalten.

Für die Datierung des Umbaus des Schlosses Tovačov nach den Entwürfen von Max Fleischer besteht eine sehr wichtige Inschrift, die sich ursprünglich im Fries

27 Marcello Toffanello, Le Arti a Ferrara nel Quattrocento. Gli artisti e la corte, Ferrara 2010, S. 454, Abb. 49.

28 Günther Buchinger / Doris Schön / Markus Jeitler, Die Baugeschichte des Schlosses Orth an der Donau, in: Nikolaus Hofer et al., Schloss Orth an der Donau. Baujuwel der Renaissance (Fundberichte aus Österreich Beiheft 2), Wien 2021, S. 33–142, hier: 81.

29 Ivo Hlobil, K výzkumu a autenticitě tovačovského quattrocenta [Zur Forschung und Authentizität der Kunst des Quattrocento in Tovačov], in: David Vrána / Jana Marešová / Jan Chlíbec / Kristina Uhlíková (Hg.), Epigraphica Sepulcralia 13. Georgio Roháček sexagenario oblata, Praha 2022, S. 127–137 (Hlobil 2022).

30 Der Nachlass von Aleš Rozehnal wird derzeit im Muzeum umění Olomouc aufbewahrt.

31 Hlobil 2022, S. 136.

32 Rozehnal 1995, S. 121, Anm. 3.

33 Max Fleischer, Schloß Tobitschau in Mähren, in: Zeitschrift des Österreichischen Ingenieur- und Architekten-Vereines LVII, 1905, S. 489–495 (Fleischer 1905).

34 Ebenda, S. 490.

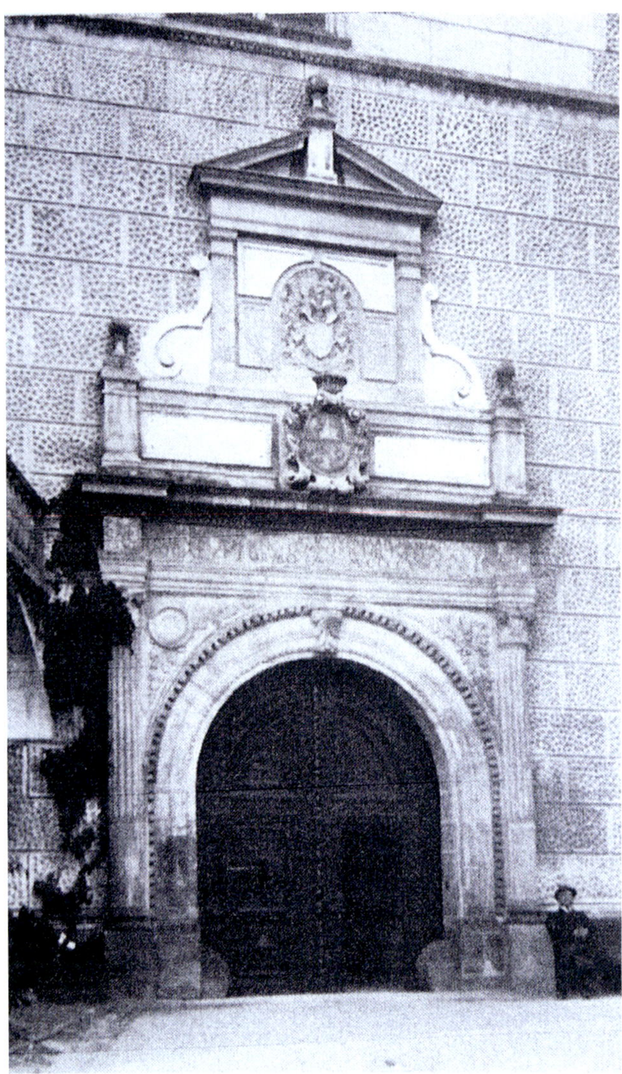

Abb. 5: Tovačov, Schlossturm mit Portal mit Aufsatz von 1889, Gesamtansicht, Anfang des 20. Jahrhunderts

des zum Jahr 1889 datierten Aufsatzes[35] (Abb. 5) des Schlossportals befunden hat: *„Herr David v. Gutmann hat dieses Schloss nach den Plänen des Wiener Architekten Max Fleischer Renovieren den Thurm ergänzen den Thurmhelm aufsetzen und die grosse Stiege erbauen lassen im Jahre 1889.“*[36] Alle Teile des Schlosses, die von Max Fleischer projektiert wurden, wurden also bis zum Jahre 1889 fertiggestellt.[37]

Datierung und Analyse des Schlossportals

Wie aus der langen Entwicklung der Forschung hervorgeht, sind die Ansichten der Kunsthistoriker:innen zur Datierung des Schlossportals in Tovačov sowie ihre Begründungen sehr unterschiedlich. Für die Datierung des Schlossportals sind nicht nur die Einschätzungen der Kunsthistoriker:innen, sondern auch die Datierung von Architekt Max Fleischer von hoher Bedeutung, da er – im Unterschied zu jenen, die das Portal nach 1889 analysiert haben – das Schlossportal noch im originalen Zustand gesehen hat. Fleischer ist zudem wichtig, weil er selbst für die Renovierung des Schlossportals zuständig war.

Ich werde meine Analyse und Datierung des Schlossportals in zwei verschiedene Bereiche trennen: das Gebälk und das Portal,[38] weil ich aus mehreren konkreten Gründen davon überzeugt bin, dass das Gebälk älter ist als das Portal.

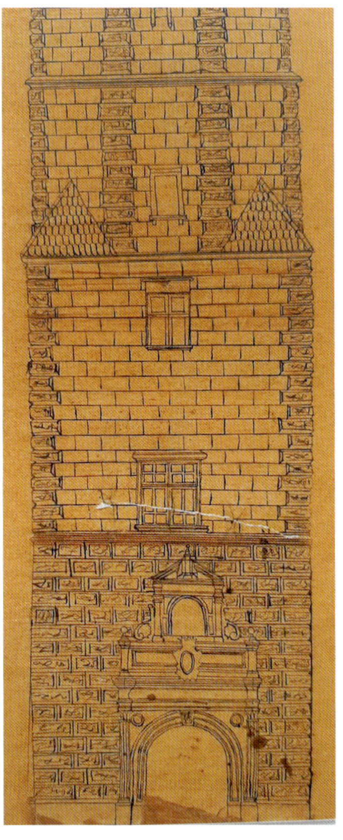

Abb. 6: Max Fleischer, Entwurf für Renovierung des Schlossturmes in Tovačov, 1880er Jahre

1. Gebälk mit der Inschrift von 1492

Um die Authentizität des kompletten Werkes (Gebälk und Portal) zu analysieren, ist es am Anfang notwendig zu betonen, dass es zwischen dem Gebälk und dem Seitengewände, der Archivolte, den Zwi-

35 Zum Glück ist der Aufriss des Schlossturmes in Tovačov von Max Fleischer bis heute erhalten. Er stellt eine wertvolle Quelle für geplante Änderungen des Schlossportals in den 1880er Jahren dar. Im unteren Teil des Aufrisses wird auch das Schlossportal relativ detailreich abgebildet. Fleischer hat zum Renaissance-Schlossportal in Tovačov einen mächtigen Aufsatz entworfen (Abb. 6), der tatsächlich zum Portal ergänzt wurde, wie es die Fotografien vom Ende des 19. Jahrhunderts und Anfang des 20. Jahrhunderts beweisen. Den unteren Teil des Aufsatzes bildete ein Gebälk und den oberen Teil eine kleinere Ädikula, die mit einem dreieckigen Tympanon gekrönt war. Der Aufsatz des Portals wurde dann später, wahrscheinlich in den 1920er Jahren, beseitigt. Für diese Information danke ich herzlich Ladislav Novák aus Tovačov.

36 Die Zitation der Inschrift ist aus: Památnosti Tovačova a okolí [Denkmäler von Tovačov und Umgebung], Prostějov circa 1910, S. 6.

37 August Prokop hat den Umbau des Schlosses Tovačov irrtümlich in das Jahr 1890 datiert, vgl. Prokop 1904, S. 1370.

38 Mit „Portal“ meine ich nur die Gewände der Türöffnung, die Archivolte, die Halbsäulen und die Zwickel, um diesen Teil vom Gebälk zu unterscheiden.

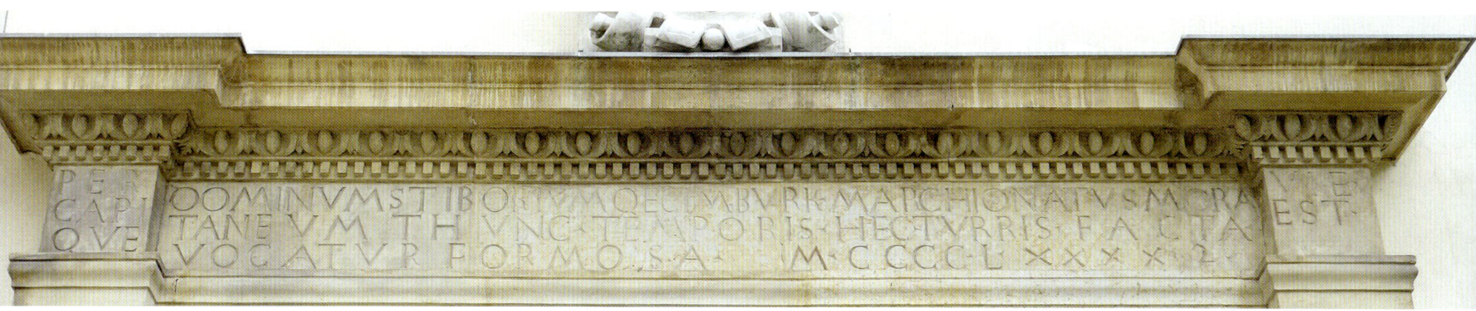

Abb. 7: Tovačov, Schlossportal, Gebälk, 1492

ckeln und Halbsäulen des Portals einen großen Unterschied im Erhaltungszustand gibt. Das aus Architrav, Fries und Gesims bestehende Gebälk (Abb. 7) wirkt völlig authentisch und entspricht auch der epigrafischen Authentizität der im Fries befindlichen Inschrift. Was die oben zitierte dreizeilige Inschrift im Fries des Schlossportals in Tovačov betrifft, hatte Aleš Rozehnal, der das Portal in den 1980er Jahren restauriert hat, keinen Zweifel daran, dass es sich um eine originale Inschrift aus dem späten 15. Jahrhundert handelt.[39] Auch Jiří Roháček[40] und Andreas Zajic,[41] die erfahrene Spezialisten für epigrafische Werke sind, finden die Inschrift im Fries angesichts ihrer Entstehungszeit im Jahr 1492 vollkommen authentisch. Beim Zahnschnitt und beim Eierstab am Gesims des Gebälks ist die Herkunft der Reliefelemente aus der Frührenaissance offensichtlich: An mehreren Stellen des Gebälks bröckelt die Oberfläche des weichen Steins und die Kanten des Eierstabs sowie des Zahnschnitts sind meistens nicht mehr scharf.

In diesem Zusammenhang sollte man nochmals an die ältesten Texte erinnern, die die im Fries des Gebälks befindliche Inschrift zitieren. Houdek, Korrespondent der *K. K. Central-Commission zur Erforschung und Erhaltung der Kunst- und historischen Denkmale*, war davon überzeugt, dass die ins Jahre 1492 datierte Inschrift mit dem Schlossturm in Zusammenhang steht, hat diese aber nicht für einen Teil des Portals gehalten.[42]

Der Historiker Gregor Wolny[43] im Jahr 1846 und auch der Kunsthistoriker August Prokop[44] im Jahre 1904 erwähnten die Inschrift ohne Bemerkung, dass diese Teil eines Renaissanceportals ist! Man sollte sich also die Frage stellen, warum die beiden Autoren das Renaissanceportal nicht erwähnt haben? Zumindest Gregor Wolny musste die Inschrift (und möglicherweise auch das Portal?) noch vor den Renovierungen und Ergänzungen nach dem Entwurf von Max Fleischer gesehen und gekannt haben. Obwohl die ikonografischen Belege des Gebälks und Portals vor dem Jahre 1889 nicht vorhanden sind, hatten Gregor Wolny und August Prokop sicher einen Grund, warum sie die Inschrift im Gebälk nicht gemeinsam mit dem Portal erwähnt haben. Auch Max Fleischer[45] bezeichnet in seinem Text von 1905 nur die Inschrift im Fries als *„alte“*, aber nicht das Portal selbst! Alle diese wichtigen historischen Hinweise, die die kunsthistorische Forschung bis heute nicht berücksichtig hat, deuten an, dass das Gebälk mit der Inschrift von 1492 ursprünglich nicht Teil des Portals war!

2. Portal

Max Fleischer schrieb im Jahr 1905 zum Portal: *„[D]as ziemlich gut erhaltene Schloßportal, vermutlich vom Ende des 16. oder Anfange des 17. Jahrhunderts, aus mährischem Sandsteine wurde gereinigt und ausgebessert, dem vorhandenen Wappen des vorigen Besitzers wurde das des neuen Besitzers zugefügt und eine auf die gegenwärtige Restauration Bezug habende Inschrift angebracht; im Friese ist die bereits zitierte alte Inschrift enthalten.“*[46]

In der kunsthistorischen Forschung des 20. Jahrhunderts hat eigentlich kein:e Kunsthistoriker:in die Datierung des Portals durch Max Fleischer in das späte 16. Jahrhundert bzw. frühe 17. Jahrhundert weiterverfolgt. Einige Forscher:innen waren davon überzeugt,

39 Rozehnal 1995, S. 113–121.
40 Roháček 1999, S. 80 f.
41 Andreas Zajic hat mir seine Ansicht über die Authentizität der Inschrift mündlich mitgeteilt.
42 Jelínek 1895, S. 57.
43 Wolny 1846, S. 766, Anm. 97.
44 Prokop 1904, S. 552.
45 Fleischer 1905, S. 494: *„[I]m Friese ist die bereits zitierte alte Inschrift enthalten.“*
46 Ebenda 1905, S. 494.

dass das ganze Portal im Jahre 1492 ausgeführt wurde.[47] Alena Jůzová-Škrobalová,[48] Karel Žůrek und Leoš Mlčák[49] hatten die Datierung des Portals in die 1520er Jahre vorgeschlagen, Thomas DaCosta Kaufmann und Jiří Slavík[50] haben den Erhaltungszustand des Objektes selbst bezweifelt.

Der im Jahr 1841 in Prostějov in Mittelmähren geborene Max Fleischer war im Jahr 1905, kurz vor seinem Tod, sicher ein erfahrener Architekt und hatte keinen Grund, in seinen Einschätzungen der Schlossarchitektur in Tovačov nicht objektiv zu sein. Ganz im Gegenteil: Wenn man seinen Text über seine Renovierung des Schlosses Tovačov von 1905 liest, wirken all seine Angaben nachvollziehbar und glaubwürdig.

Wenn man die Struktur der Halbsäulen sowie die Reliefdekoration der Seitengewände, Zwickel und der Archivolte ausführlicher analysiert und mit der Portalarchitektur der mährischen Renaissance vergleicht, muss man die Datierung dieses Teils des Portals von Max Fleischer zum späten 16. oder Anfang des 17. Jahrhunderts bestätigen! Obwohl Max Fleischer in seinem Text von 1905 keine Begründungen (bzw. Vergleichsbeispiele) für seine Datierung des Schlossportals in Tovačov angeführt hat, gibt es tatsächlich mehrere Beispiele der Bauplastik (Portale, Zwickel, Säulen, Archivolte) des späten 16. Jahrhunderts in Mähren, die die richtige Datierung von Max Fleischer klar beweisen. Nennen wir zumindest ein paar Beispiele: Eine Parallele stellt zunächst das Portal zum ehemaligen Pferdestall im Schloss Moravský Krumlov (Bezirk Znojmo) von 1593 dar (Abb. 8)[51], wo in den Zwickeln Akanthusblätter untergebracht sind. In der Mitte von jedem Akanthusblatt befindet sich ein Rosettenmotiv, das an die Medaillons in den Zwickeln des Schlossportals in Tovačov erinnert. Ein weiteres Beispiel stellt das Portal des Hauses von Šimon Pírko in Ivančice[52] (Bezirk Brno-Land) von 1607–1611 dar, wo die durch Wappen unterbrochenen Akanthusblätter in beiden Zwickeln gut erhalten sind.

Ein weiterer Aspekt, der die richtige Datierung des Schlossportals in Tovačov in das späte 16. Jahrhundert

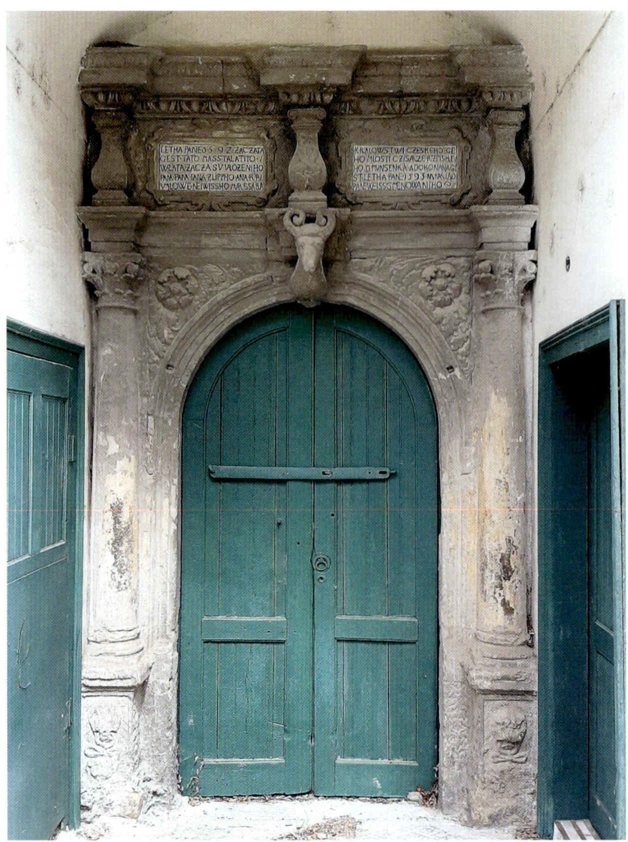

Abb. 8: Moravský Krumlov, Schloss, Portal zum ehemaligen Pferdestall, 1593

beweist, sind die kannelierten Schäfte der Halbsäulen zuseiten des Portals. Für dieses Motiv kann man keine Parallele in der Bauplastik an der Wende des 15. und 16. Jahrhunderts in Mähren und in Böhmen finden. Blickt man aber näher auf die mährische Architektur des späten 16. Jahrhunderts, so zum Beispiel auf die Schäfte der Säulen der Loggia des Olmützer Rathauses von 1590–1592, so bestehen überzeugende Parallelen.[53] Auch das Portal des Hauses in der Riegrova Straße 19 in Olomouc (Abb. 9) weist sehr enge Ähnlichkeiten zum Schlossportal in Tovačov auf: die kannelierten Schäfte der Pilaster an den Seiten, die mit Blättern befüllten Zwickel und die mit Eierstab verzierte Archivolte. Das Portal wurde in der Zeit um 1589 ausgeführt, da diese

47 Zum Beispiel Hubala 1985, S. 145; Hlobil 1992, S. 108; Roháček 1999, S. 80.
48 Jůzová-Škrobalová 1956, S. 29.
49 Mlčák / Žurek 1992, S. 106.
50 Slavík 2015, S. 140.
51 Bohumil Samek, Umělecké památky Moravy a Slezska 2 (J-N) [Kunstdenkmäler von Mähren und Schlesien 2 (J-N)], Praha 1999, S. 584.
52 Bohumil Samek, Umělecké památky Moravy a Slezska 1 (A–I) [Kunstdenkmäler von Mähren und Schlesien 1 (A–I)], Praha 1994, S. 593 f.
53 Bohumil Samek / Kateřina Dolejší (Hg.), Umělecké památky Moravy a Slezska 3.1 (O–P) [Kunstdenkmäler von Mähren und Schlesien 3.1 (O–P)], Praha 2021, S. 80 (Samek / Dolejší 2021).

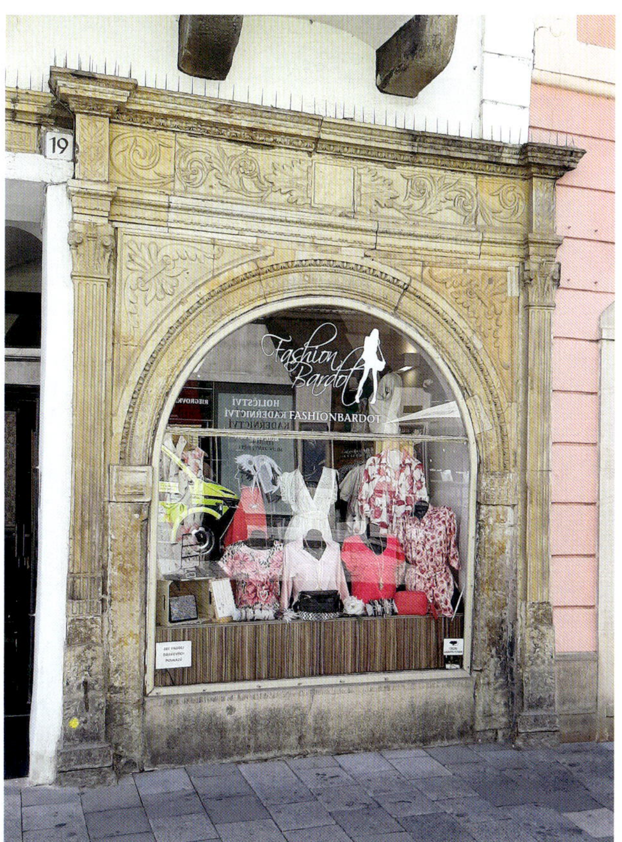

Abb. 9: Olomouc, Riegrova Straße 19, Portal, um 1589

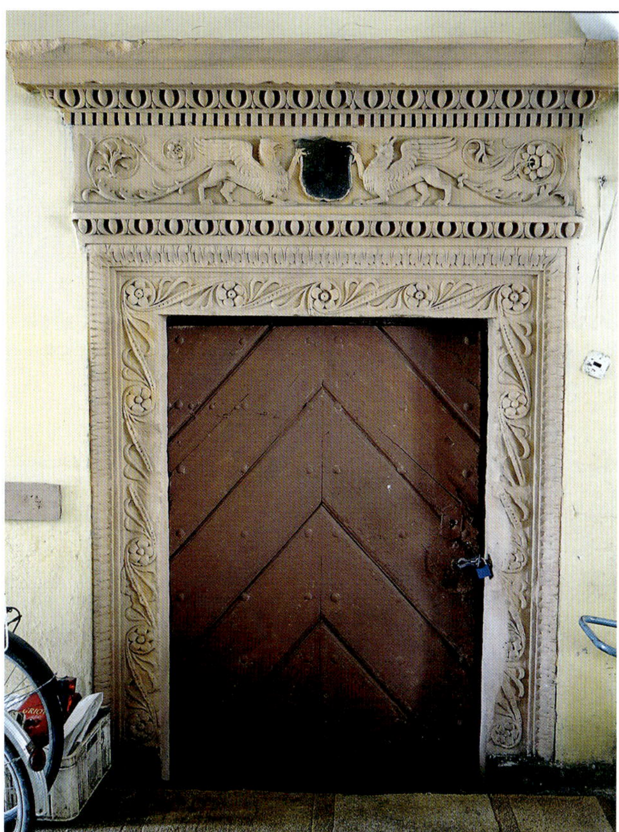

Abb. 10: Tovačov, Förchgottova Straße 8, Portal, um 1490

Jahreszahl in einem Fenstergewände an der Hoffassade des Hauses erhalten ist.[54]

Das letzte Argument, das ich für die spätere Datierung des Schlossportals in Tovačov in das späte 16. Jahrhundert erwähnen möchte, ist sein Vergleich mit einem sehr gut und in originalem Zustand erhaltenen Portal im Inneren des Hauses Förchgottova Straße 8 in Tovačov (Abb. 10). Diesem Portal wurde bis heute von der Kunstgeschichte nur wenig Aufmerksamkeit geschenkt. Das Portal zierte ursprünglich das freie Haus der Tobitschauer Frauen. Wie Ivo Hlobil betont hat,[55] musste dieses Portal chronologisch vor dem Tod von Eliška von Melice ausgeführt worden sein, also vor dem 5. November 1490. Es handelt sich um ein rechteckiges Portal, dessen Gewände mit einer Binde verbundene Rosetten und Blattwerke dekorieren. Im oberen Teil des Portals befindet sich ein Gebälk: Der Architrav wird mit Eierstab verziert, im Zentrum des Frieses tragen zwei Greife ein Wappenschild, das Gesims wird mit Eierstab und Zahnschnitt dekoriert. Aufgrund der stilistischen Analyse ist dieses Portal sicher als Kunstwerk eines italienischen oder eines ungarischen Steinmetzes anzusehen. Das Gebälk des Portals im Haus Förchgottova Straße 8 in Tovačov bestätigt die Authentizität des Gebälks des Schlossportals in Tovačov mit der Inschrift von 1492, wo das mit Eierstab und Zahnschnitt verzierte Gesims einen sehr ähnlichen stilistischen Charakter und Gestalt hat.

Auf den ersten Blick ist besonders auffallend, dass die Zwickel zuseiten des Schlossportals in Tovačov mit asymmetrischer Dekoration versehen sind: Den linken Zwickel füllt ein Akanthusblatt aus, das durch ein leeres (!) Medaillon unterbrochen wird. Den rechten Zwickel nimmt hingegen ein komplettes Akanthusblatt ohne Unterbrechung ein. Um endlich die bis heute nicht geklärte asymmetrische Dekoration in den Zwickeln des Schlossportals in Tovačov zu verstehen, ist wieder der Aufriss des Schlossturmes von Max Fleischer von hoher Bedeutung. Im unteren Teil des Aufrisses wurde das Schlossportal abgebildet und nicht nur im linken Zwickel, sondern auch im rechten Zwickel befindet sich ein leeres rundes Medaillon. Die heute in den Zwi-

54 Josef Kšír, Olomoucké renesanční portály [Olmützer Renaissanceportale], Olomouc 1969, S. 26; Samek / Dolejší 2021, S. 189.
55 Hlobil 1992, S. 112.

ckeln untergebrachten Akanthusblätter fehlen völlig. Der Aufriss von Max Fleischer ist als ein Vorschlag des Architekten zur Änderung des Schlossportals zu werten.

Wenn man Fleischers erhaltenen Entwurf mit dem heutigen Zustand des Portals vergleicht, kann man erklären, warum die Dekoration der Zwickel asymmetrisch ist. Wie schon oben analysiert wurde, stammt das Schlossportal aus dem späten 16. Jahrhundert; dieser Datierung entsprechen auch die Akanthusblätter, die ursprünglich die ganze Fläche der Zwickel ausfüllten. Aber spätestens im Jahr 1889, wie die oben zitierte Inschrift im Aufsatz des Portals beweist, wurde das Portal nach dem Entwurf von Max Fleischer verändert. Der Wiener Architekt plante – wie sein Aufriss eindeutig zeigt –, beide Akanthusblätter in den Zwickeln zu beseitigen und sie durch leere runde Medaillons zu ersetzen. Dieser Plan ist aber nicht vollendet worden und deswegen findet man das Medaillon nur im linken Zwickel, während im rechten Zwickel noch die ursprüngliche Dekoration aus dem späten 16. Jahrhundert erhalten ist: ein Akanthusblatt.

Ein weiterer Aspekt der aktuellen Forschung über das Schlossportal in Tovačov betrifft die Frage der Authentizität seines Erhaltungszustandes, wie er früher von Thomas DaCosta Kaufmann und Jiří Slavík erwähnt wurde. Tatsächlich sind viele Reliefdekorationen am Portal – der Eierstab an der Archivolte, die Akanthusblätter in den Zwickeln, die kompositen Kapitelle der Halbsäulen usw. – bis heute im scharfen Relief gut erhalten. Und angesichts dessen, dass das Portal aus relativ weichem Sandstein hergestellt ist, ist es sehr unwahrscheinlich, dass seine Reliefdekoration nach mehr als 500 Jahren so gut erhalten ist.

Die überzeugende Erklärung findet man wieder im Text von Max Fleischer von 1905, wo der Architekt bemerkt, dass das Schlossportal in Tovačov *„gereinigt und ausgebessert“*[56] wurde. Das entspricht völlig dem heutigen Erhaltungszustand des Portals, dessen Dekorationen alle in scharfem Relief erhalten sind.

Wenn wir die Datierung des Schlossportals in Tovačov in das späte 16. Jahrhundert akzeptieren, stellt sich letztlich noch die Frage, wer der Auftraggeber des Portals war. Zwischen 1582 und 1596 besaß Jan von Pernštejn der Jüngere (1561–1597) die Herrschaft Tovačov,[57] zwischen 1597 und 1600 war es dann Stephan von Illyeshaz auf Pezinok und Trenčín (1540–1609), von 1600 an waren letztlich die Herren von Salm die Besitzer der Herrschaft.[58] Aufgrund der stilistischen Analyse des Portals und der damit eingrenzbaren Entstehungszeit war Jan von Pernštejn der Jüngere sein wahrscheinlichster Auftraggeber.

56 Fleischer 1905, S. 494.

57 Petr Vorel, Páni z Pernštejna. Vzestup a pád rodu zubří hlavy v dějinách Čechách a Moravy [Herren von Pernštejn. Aufstieg und Fall des Geschlechts derer mit dem Auerochsenkopf in der Geschichte von Böhmen und Mähren], Praha 2012, S. 261 f.

58 Zu den Besitzern der Herrschaft Tovačov im späten 16. Jahrhundert und frühen 17. Jahrhundert vgl. Karel Žurek / Květa Zajícová, Stručné dějiny šlechtických rodů a držitelů panství Tovačov [Kurze Geschichte der Adelsgeschlechter und Besitzer der Herrschaft Tovačov], in: Leon Bouchal et al., Toulky tovačovskou minulostí aneb 695 let historického putování městem pod Spanilou věží [Spaziergänge durch die Vergangenheit von Tovačov oder 695 Jahre historische Wanderungen durch die Stadt unter dem Spanila-Turm], Tovačov 2016, S. 33–50, hier: 40–42.

Radomír Sabol

Gemälde der Unbefleckten Jungfrau Maria von Josef Kessler in Marianka bei Bratislava

Painting of the Immaculate Virgin Mary by Josef Kessler in Marianka near Bratislava

The article presents a painting by the Viennese painter Josef Kessler that is currently located in the Convent of the Congregation of the Brothers Comforters of Gethsemane (CCG) in Marianka. The large-scale oil painting of notable artistic quality arrived in Marianka in the mid-twentieth century, although it was originally created for the Jesuit monastery in Bratislava. The article explains the circumstances behind the painting's origin and its transfer from Bratislava to Marianka. After 1950, the painting was to be part of the collections of the Religious Museum in Marianka, but the museum was never built. The forgotten painting by Kessler survived the communist era and has remained in good condition to this day.

Marianka ist der älteste Marienwallfahrtsort auf dem Gebiet des historischen Königreichs Ungarn. Die Ursprünge der Wallfahrtstradition werden durch Legenden erklärt, in denen die gnadentätige Statue der Jungfrau Maria mit dem Kinde Jesu (die sogenannte Madonna von Marianka) eine Schlüsselrolle spielt. Der ungarische König Ludwig I., der Große, von Anjou (1326–1382) gründete 1377 das Paulinerkloster in Marianka.[1] Ursprünglich eine Einsiedelei, konnte sich der Orden des heiligen Paulus, des ersten Eremiten, erfolgreich auf dem Gelände etablieren und die Gestalt des Wallfahrtsortes für die nächsten vier Jahrhunderte maßgeblich mitbestimmen. Nach einem Erlass von Kaiser Joseph II. (1741–1790) wurde das Paulinerkloster 1786 aufgelöst und der Klosterbesitz versteigert. Nach dem Auszug der Mönche wurde die ehemalige Klosterkirche Mariä Geburt zur Pfarrkirche und im Klostergebäude wurde ein Pfarrhaus eingerichtet. Erst in der ersten Hälfte des 20. Jahrhunderts kam es zu einer neuen Entwicklung. 1927 übertrug Bischof Paul Jantausch von Trnava (1870–1947) die Verwaltung des Wallfahrtsortes der neu gegründeten Kongregation der Brüder Tröster von Gethsemane.[2] Die 1922 gegründete klösterliche Gemeinschaft nahm den neuen Ort als „ihren“ an und identifizierte sich mit seinem marianischen Charakter. Nach der Machtübernahme durch die Kommunistische

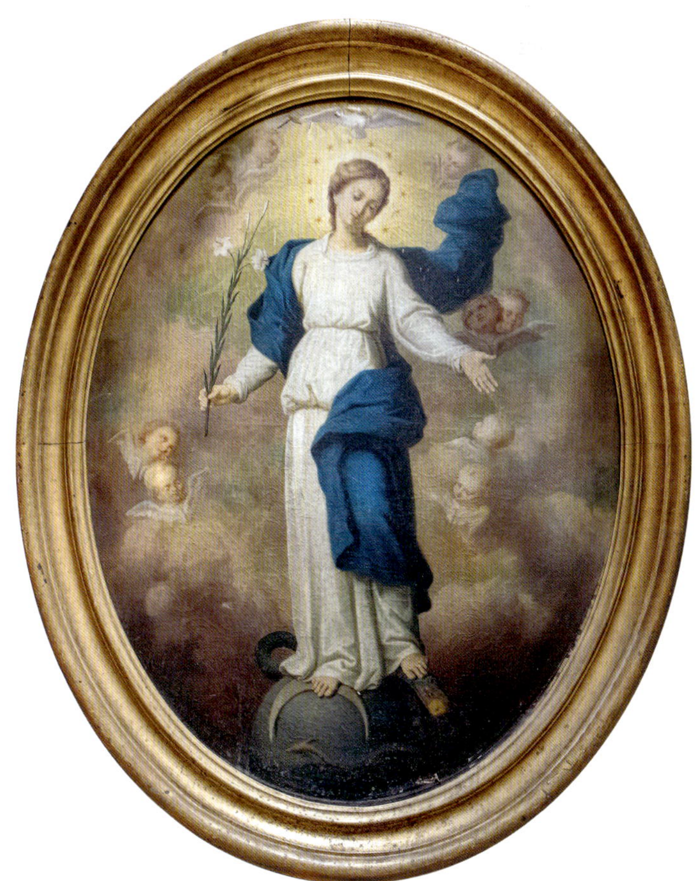

Abb. 1: Unbefleckte Jungfrau Maria, Josef Kessler, 1872, Öl auf Leinwand, 183 x 150 cm, vergoldeter profilierter Rahmen, Marianka bei Bratislava

1 Stanislav-Xaver Čík, Dejiny Mariatálu [Geschichte von Mariatal]. Marianka 1942, S. 43.

2 Milan Buben, Encyklopedie řádů, kongregací a řeholních společností katolické církve v českých zemích [Enzyklopädie der Orden, Kongregationen und religiösen Gemeinschaften der katholischen Kirche in den böhmischen Ländern]. 4. Teil, 2. Band (Kongregace a řeholní společnosti [Kongregationen und religiöse Gemeinschaften]), Prag 2018, S. 221.

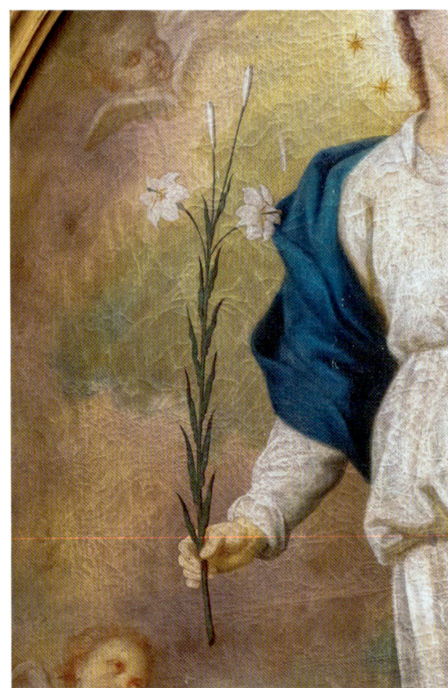

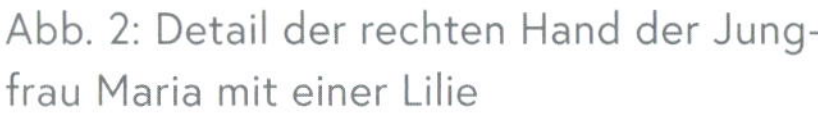

Abb. 2: Detail der rechten Hand der Jungfrau Maria mit einer Lilie

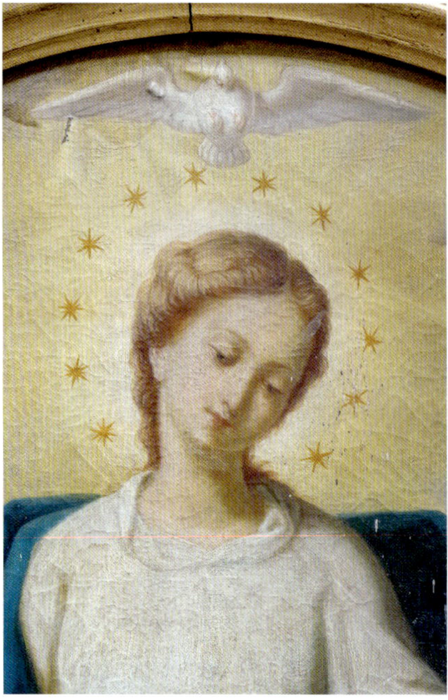

Abb. 3: Detail des Kopfes der Jungfrau Maria mit einem Nimbus aus Sternen und einer Taube des Heiligen Geistes

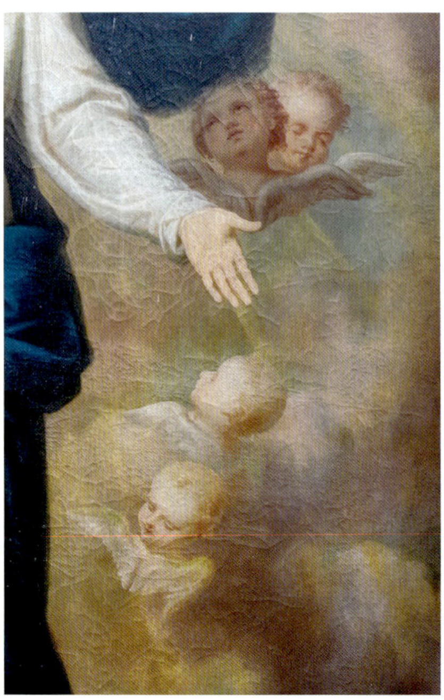

Abb. 4: Detail des Hintergrunds mit Cherubimköpfen

Partei 1948 wurden die Tröster 1950 gezwungen, Marianka zu verlassen. Die Verwaltung des konfiszierten Klostergutes wurde vom Slowakischen Amt für religiöse Angelegenheiten (SÚVC) übernommen. Während der kommunistischen Zeit sollte in Marianka ein Museum für religiöse Kunst eingerichtet werden, was jedoch nie geschah. Kunstwerke aus verschiedenen kirchlichen Einrichtungen der Westslowakei wurden nach Marianka gebracht. Im Laufe der Zeit wurden sie jedoch verlagert, gestohlen oder zerstört.

Zu den vielen Werken, die nach Marianka gebracht wurden, gehörte auch Josef Kesslers Gemälde der Maria Immaculata aus dem Jahr 1872 (Abb. 1). Das betreffende Gemälde ist nicht nur wegen seiner Größe, der künstlerischen Qualität des Bildes und der Zuschreibung des Autors bemerkenswert, sondern auch wegen der Umstände, die dazu führten, dass es seit Mitte des 20. Jahrhunderts in Marianka aufbewahrt wurde. Im Strudel der historischen Ereignisse wurden historische Zusammenhänge auseinandergerissen, die nur dank einiger Hinweise, die das Werk selbst liefert, rekonstruiert werden konnten. Das ovale Gemälde der Maria Immaculata ist in einer bravourös beherrschten Technik in Öl auf Leinwand ausgeführt. Die Jungfrau Maria ist als schüchternes junges Mädchen in einem wogenden Umhang vor einem himmlischen Hintergrund dargestellt, aus dem Cherubimköpfe auftauchen. Die vollplastische Figur steht barfuß auf einer Weltkugel mit einem Halbmond und einer Schlange mit einem Apfel im Mund. Über ihr schwebt die Heilig-Geist-Taube mit einem Nimbus aus zwölf Sternen. Maria ist mit einem langen faltenreichen himmelblauen Gewand samt langen Ärmeln bekleidet. Ein dunkelblauer Umhang, der dynamisch im Wind weht, umhüllt einen Teil ihres Körpers. Die Arme der Gestalt sind ausgestreckt, wobei der linke locker geöffnet ist und der rechte sanft eine Lilie hält (Abb. 2). Der liebliche Gesichtsausdruck wird durch die sanfte Wölbung der Augenbrauenbögen über den halbgeschlossenen Augen verstärkt. Die schmalen Lippen und der demütig zur linken Schulter geneigte Kopf verstärken den Eindruck der Unschuld. Das hellbraune Haar fällt locker über den Nacken nach hinten. Die blasse porzellanweiße Inkarnation wird durch das sanfte Licht, das vom Kopf ausgeht, noch betont (Abb. 3). Der Hintergrund der Szene besteht aus weichen ineinanderfließenden wirbelnden Wolken, aus denen neun kindliche geflügelte Cherubimköpfe auftauchen (Abb. 4). Der Wolkenhintergrund besteht aus Übergängen von hellen gelblichen und bräunlichen Farbtönen, lokal mit grünlichen und bläulichen Anteilen.

Das recht große Gemälde (183 x 150 cm) ist in einem originalen, stabilen Rahmen mit einer linearen skulpturalen Profilierung gefasst. Das Gemälde auf Leinwand hat eine schlanke Form mit einem fließenden Pinselauftrag, der durch eine hochwertige Firnisschicht stabilisiert wird. Die Craquelébildung ist auf der gesamten Oberfläche des Gemäldes spürbar, es kommt aber zu keiner Degradierung des Gemäldes oder zu seiner Ablösung vom Untergrund. Lokale mechanische Beschädigungen (kleine Perforationen und Dellen) sind am unteren Rand der Leinwand zu erkennen. Die Oberfläche des Gemäldes ist natürlich mit einem Belag bedeckt, da das Gemälde höchstwahrscheinlich nie professionell behandelt worden ist. Die Bewertung des Zustands des Gemäldes fällt insgesamt überraschend positiv aus. Der gute Zustand ist zweifellos auf die Qualität der Materialverarbeitung zurückzuführen, die es dem Gemälde ermöglicht hat, alle Umzüge ohne größere Schäden zu überstehen.

Die Signatur und die Datierung des Malers befinden sich gut sichtbar am unteren linken Rand des Rahmens: *„Jos. Keßler Wien 1872"*. Die Signatur ist zweifelsohne authentisch. In der Slowakei sind bisher nur wenige Werke von Kessler bekannt. Im *Inventar der Denkmäler in der Slowakei* aus den 1960er Jahren sind Kesslers Altarbilder des heiligen Josef und der Maria Immaculata (1875) in der Kirche in Unín (Bezirk Skalica) angeführt.[3] Ein Bild des heiligen Josef sollte sich auch im Martinsdom in Bratislava befinden, gilt aber als verschollen.[4] Bei den fraglichen Gemälden handelt es sich nicht um nationale Kulturdenkmäler. Nur das Altarbild der Heiligen Petrus und Paulus in Borský Mikuláš, Gemeindeteil Borský Peter, aus dem Jahr 1884 (Zentrale Liste des Denkmalfonds Nr. 1561/6) ist denkmalgeschützt.

Die Rückseite des Gemäldes aus Marianka, auf der der Maler eine Inschrift mit dem Namen des Auftraggebers hinterlassen hat, war entscheidend für die Fokussierung der Forschung (Abb. 5). Die schwer lesbaren Zeilen konnten nur mit viel Mühe entziffert werden. Der angegebene Standort „Pressburg" entspricht einem neueren Papieretikett, das auf der Rückseite der unteren Kante des Rahmens, auf dem die Leinwand aufgespannt ist, aufgeklebt ist. Auf dem rechteckigen Etikett ist in großen Buchstaben die schwach lesbare Aufschrift „BRATISLAVA JESUITEN" zu entziffern (Abb. 6). Die Zuordnung der Zahl 77 ist ein Schlüssel, der sich als eminent für das Zusammensetzen des Mosaiks von Informationen aus den Archivalien erwies. Die ersten Hinweise führten also zum Jesuitenkloster in Bratislava.

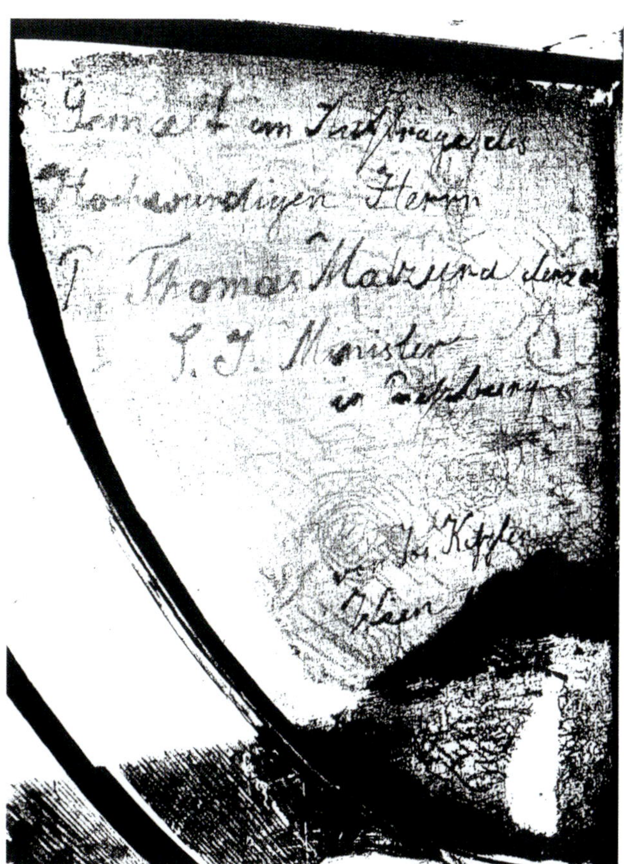

Abb. 5: Detail der Rückseite mit Inschrift und Signatur

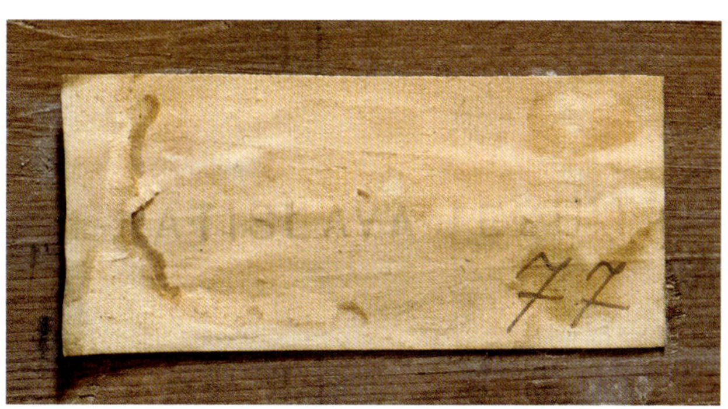

Abb. 6: Detail der Rückseite unten rechts, Etikett mit der Aufschrift: „BRATISLAVA JESUITEN 77"

Die Veränderung der sozio-politischen Verhältnisse in der Tschechoslowakei nach 1948 führte zu revolutionären Eigentumsübertragungen. Im Rahmen der sogenannten „Aktion K" wurden in der Nacht vom 13. zum 14. April 1950 zahlreiche Klostergemeinschaften gewaltsam aufgelöst. Im Zuge dieses Vorgehens der staatlichen Behörden mussten auch die Tröster Mari-

3 Ivan Harminc et al., Súpis pamiatok na Slovensku [Liste der Denkmäler in der Slowakei], 3. Band, R–Ž, Bratislava 1969, S. 352. Die betreffenden Gemälde befinden sich an den Seitenaltären der Martinskirche. In den 1980er Jahren wurden sie im Zusammenhang mit Renovierungsarbeiten aus dem Inneren der Kirche entfernt. Sie waren viele Jahre lang verschwunden, bis sie in einem Wirtschaftsgebäude der Gemeinde gefunden wurden. Um 2010 wurden sie an ihren ursprünglichen Standort zurückgebracht. Auf der Grundlage einer Inspektion und eines Gesprächs mit einem Priester der Pfarrgemeinde Unín, 22.09.2023.

4 Ivan Harminc et al., Súpis pamiatok na Slovensku [Liste der Denkmäler in der Slowakei], 1. Band, A–J, Bratislava 1967, S. 189.

76. Hlavy pápežov (Series iconographica) tlač.
77. Nepoškvrnené počatie, olej
78. Zástava kongreganistiek v skrini,

Abb. 7: Detail aus dem von Július Kálmán verfassten Inventar der Werke aus dem Jesuitenkloster vom 31. Mai 1950, neben Nummer 77 zu lesen: „Unbefleckte Empfängnis, Öl“

anka verlassen. Die geräumten Klostergebäude sollten einer neuen Nutzung zugeführt und ihr Inventar nach ihrem materiellen und künstlerischen Wert entsorgt werden. Das SÚVC ernannte in Zusammenarbeit mit den jeweiligen Bezirks-Nationalausschüssen (abgekürzt ONV) für jedes aufgelöste Kloster einen Wirtschaftsverwalter. Nach dem Auszug der Mönche wurde sofort eine Bestandsaufnahme des Mobiliars der Gebäude nach den festgelegten Kategorien vorgenommen. Eine dieser Kategorien waren die Gegenstände von potenziellem künstlerischem Wert.[5] Das nächste Verfahren bestand in der Einbeziehung professioneller Institutionen und Mitarbeiter, die die Aufgabe hatten, die wertvollsten Kunstwerke auszuwählen, die für die Aufnahme in die Sammlungen der Sammlungseinrichtungen geeignet waren. In Bratislava war der Kunsthistoriker und Museologe Július Kálmán (1911–1991) an der Erstellung von Listen mit Klostermobiliar beteiligt.[6] Im Archiv des Denkmalamtes der Slowakischen Republik gibt es im *Fonds Kirchliche Denkmäler* eine Abteilung mit dem Titel „Klöster in Bratislava“.[7] Sie enthält auch ein Inventar, das am 31. Mai 1950 im Jesuitenkloster in Bratislava aufgenommen wurde. Das Inventar wurde für die Behörde für Bildung, Wissenschaften und Künste (abgekürzt PŠVU) und das SÚVC erstellt. Die maschinengeschriebene Liste enthält 182 Posten aus dem Jesuitenkloster in Bratislava.[8]

Das oben erwähnte Etikett, das auf der Rückseite des Gemäldes angebracht ist, trägt die gedruckte Aufschrift „BRATISLAVA JESUITEN“, was unmissverständlich zur Suche nach Verbindungen mit dem örtlichen Jesuitenkloster führte. Bemerkenswert ist, dass auf dem Etikett handschriftlich die Zahl 77 vermerkt ist. In Kálmáns Inventarliste des Jesuitenklosters heißt es unter der Nummer 77: *„Unbefleckte Empfängnis, Öl“* (Abb. 7). Obwohl weder der Künstler noch das Datum des Werks in der Liste angegeben sind, halte ich den Zusammenhang zwischen Ort, Thema und Technik für ausreichend, um zu dem Schluss zu kommen, dass sich der Eintrag auf das fragliche Gemälde von Kessler bezieht, das 1950 nach Marianka gebracht wurde.

Das Gemälde der Maria Immaculata von Kessler wurde also offensichtlich im Zusammenhang mit der geplanten Einrichtung eines Kirchenmuseums nach Marianka gebracht. Da es sich um ein äußerst hochwertiges Kunstwerk handelt, muss Kálmán es bewusst in die Gruppe der für die museale Nutzung vorgesehenen Werke aufgenommen haben. Das Kirchenmuseum in Marianka sollte vielleicht an das örtliche Kirchenmuseum anknüpfen, das seit 1940 im Kloster der Tröster bestand.[9] Der Plan wurde nie verwirklicht und das Gemälde blieb in der Pfarre (dem heutigen Kloster der Tröster) in Marianka.

Der Schlüssel zur Entdeckung des Auftraggebers des Gemäldes war die Entschlüsselung der Inschrift auf der Rückseite der Leinwand, wo Kessler eine Inschrift hinterließ, die besagt: *„Gemalt im Auftrage des / Hochwurdigen Herrn / P. [pater] Thomas Matzura derzeit / S. [Societas] J. [Jesu] Minister / in Pressburg / von Jos. Kessler / Wien 1872“*.

Der Auftraggeber des Gemäldes war der Jesuit Thomas Matzura (Mazura) (1821–1896), der 1872 als Wirtschaftsverwalter (sog. Minister) an der Hochschule in Bratislava tätig war.[10] Im Laufe seines Lebens wirkte er in mehreren Klöstern. Er verstarb am 24. Januar 1896 im Alter von 75 Jahren in Velehrad in Mähren.[11] Er ist im Gemeinschaftsgrab der Jesuitenbrüder auf dem örtlichen Friedhof beigesetzt. Als Wirtschaftsverwalter

5 Marek Šeregi, Dokumente zur Aufhebung der Klöster in 1950–1951, in: Monument revue, 1/2, Bratislava 2012, S. 21.
6 Ebenda, S. 24.
7 Archiv des Denkmalschutzes der Slowakischen Republik, Fonds der Behörde für Bildung und Aufklärung 1945–1953, Kirchliche Denkmäler.
8 Ebenda, S. 48–54.
9 Für weitere Informationen vgl. Radomír Sabol, Das verschwundene Museum in Marianka bei Bratislava, in: Pamiatky a múzeá [Denkmäler und Museen], Jahrgang 68/2, Bratislava 2019, S. 24–31.
10 Catalogus Provinciae Austriaco-Hungaricae Societatis Jesu, Wien 1872, S. 32, https://arsi.jesuits.global/wp-content/uploads/2022/06/AUSTRO-HUNGARICAE_1872-lowquality.pdf (21.11.2024).
11 Ebenda, S. 62 (21.11.2024).

muss Pater Matzura einen guten Überblick über die wirtschaftliche Situation des Klosters und seine Bedürfnisse gehabt haben. Seine Sprachkenntnisse und seine frühere Tätigkeit in den österreichischen Ländern mögen ihm einen guten Überblick über die Kunstszene in der Hauptstadt Wien verschafft haben. Natürlich mögen auch die Kontakte des Ordens eine wichtige Rolle gespielt haben, die bei der Auftragsvergabe im nahen Wien hilfreich waren.

Derzeit ist nicht bekannt, wo das Gemälde von Kessler ursprünglich hing und an welchem Ort es sich bis April 1950 im Jesuitenkloster in Bratislava befand. Ich gehe jedoch davon aus, dass es nicht für die Klosterkirche, sondern direkt für den Konvent bestimmt war. Es ist ein großer Glücksfall, dass der Künstler nach der Fertigstellung des Werks zusätzlich zur Signatur und Datierung auf der Vorderseite eine kurze, aber wichtige Botschaft auf der Rückseite der Leinwand anbrachte. Ohne sie wäre der oben erwähnte Zusammenhang in Vergessenheit geraten und nur sehr schwer, wenn überhaupt, zu rekonstruieren gewesen.

Josef Kessler wurde am 30. Januar 1825 als Sohn eines Schneiders in Loštice (Loschitz) bei Olomouc (Olmütz) in Mähren geboren.[12] In der Geburtsmatrik wird sein Nachname mit einem scharfen S geschrieben. Bei der Transkription von Unterschriften aus seinen Werken kann man auf verschiedene Varianten stoßen: Keßler / Kehsler / Keszler / Kestler / Ketzler. Ich bevorzuge die am weitesten verbreitete Transkription seines Namens „Kessler", wie sie auch in der Monografie von Hans Klinger aus dem Jahr 2005 angegeben ist. Über Kesslers Kindheit und frühe Ausbildungsjahre ist nichts bekannt, ebenso wenig über die Umstände, unter denen er nach Wien kam. Jedenfalls wird er in den Aufzeichnungen der Wiener Akademie der bildenden Künste erstmals 1847 erwähnt.[13] In der Mitte des 19. Jahrhunderts ging er bei Leopold Kupelwieser (1796–1862) in die Lehre, bei dem er bis zu dessen Tod blieb. Klinger stellt fest, dass der äußerst beliebte Künstler, wie es Kupelwieser zweifellos war, Kesslers Lehrer, Betreuer, Berater, Freund und in gewissem Sinne auch Vater wurde.[14] Die persönliche Nähe schlug sich auch in der Gestaltung von Kesslers künstlerischem Stil nieder, für den der Einfluss des Meisters unabdingbar wurde.[15]

Im Alter von fast 40 Jahren eröffnete Kessler sein eigenes Atelier. Er schuf hauptsächlich religiöse Gemälde für kirchliche Auftraggeber, erhielt aber auch Porträtaufträge. Während seiner gesamten Laufbahn folgte er als Spätnazarener dem künstlerischen Erbe Kupelwiesers, das in Wien nicht nur weithin akzeptiert, sondern auch lange Zeit begehrt war. Die Kenntnis von Kesslers Werk zeigt sich auch darin, dass er seine Werke sorgfältig datierte und signierte. Es war auch üblich, das Werk auf der Rückseite zu signieren (sogenannte „Verso-Signierung").[16] Der Künstler verbrachte die meiste Zeit mit der Arbeit, für die er lebte. Er gründete nie eine Familie und hatte keine Nachkommen. Er verstarb am 4. Dezember 1887 im Alter von 63 Jahren in Wien.

Josef Kesslers Werke lassen sich grob in den Kreis der Spätromantik bzw. der späten Nazarener einordnen.[17] Auch die Form des Gemäldes aus Marianka entspricht diesem Merkmal. Der Kenner wird jedoch auch entwicklungsgeschichtlich frühere Konnotationen feststellen, die bis in die Barockzeit zurückreichen. Der ikonografische Typus der Maria Immaculata hat sich noch im Mittelalter etabliert, aber erst in der Neuzeit hat er seine charakteristische und am weitesten verbreitete Form angenommen. Als religiöses Dogma der Unbefleckten Empfängnis der Jungfrau Maria wurde sie in der römisch-katholischen Kirche erst von Papst Pius IX. (1792–1878) im Jahr 1854 verkündet. Die eindeutige Festlegung der Interpretation der biblischen Ereignisse durch die päpstliche Kurie bedingte das Entstehen zahlreicher Werke zu diesem Thema. Die einflussreichsten Präfigurationen von Immaculata-Darstellungen gehen auf den führenden spanischen Maler Bartolomé Esteban Murillo (1618–1682) und seine Gemälde La Conceptión de El Escorial (1660–1665) und La Conceptión de los Venerables / de Soult (1678) zurück. Der ikonografische Typus fand während des

12 Digitales Archiv des Landesarchivs in Opava (Troppau), Sammlung von Geburtsmatriken der nordmährischen Region, Geburtsmatriken 1571–1949, Band N 1779–1835, Inventarnr. 7053, S. 152, https://www.archives.cz/web/digitalni_archiv/ (21.11.2024).

13 Constant von Wurzbach, Biographisches Lexikon des Kaiserthums Oesterreich, enthaltend die Lebensskizzen der denkwürdigen Personen, welche seit 1750 in den österreichischen Kronländern geboren wurden oder darin gelebt u. gewirkt haben. 11. Theil, Wien 1864, S. 202.

14 Hans Klinger, Der Maler Josef Kessler (1825–1887): Ein Beitrag zur Wiener Kunst der Spätromantik, Wien 2005, S. 22.

15 Ebenda, S. 5.

16 Ebenda, S. 11.

17 Ebenda.

ganzen 18. und 19. Jahrhunderts weite Verbreitung in der religiösen Kunst. Ergänzungen und kompositorische Veränderungen waren ausdrücklich eine Sache der Invention des jeweiligen Künstlers.

Die Darstellung der Maria Immaculata in Kesslers Gemälde in Marianka basiert eindeutig auf bekannten Vorbildern. Kesslers Werke mit dem Thema der Maria Immaculata sind aus dem Kloster der Schwestern vom Göttlichen Erlöser in Wien (1866) und den Kirchen in Zemling (1868), Dobersberg (1878), Weinburg (1881) und Unín (1873) bekannt. Das Gemälde aus Marianka zeichnet sich nicht nur durch seine einzigartige ovale Form, sondern auch durch die stilistische Stellung der Darstellung aus. In dem Gemälde der Maria Immaculata aus Marianka lassen sich einige dynamisierende Elemente erkennen, die stärker ausgeprägt sind als in den anderen bekannten Werken des Künstlers mit diesem Thema. Der wogende blaue Faltenwurf des Umhangs und die asymmetrisch angeordneten Cherubimköpfe auf dem wolkenverhangenen Hintergrund verleihen der Komposition einen Hauch von wirbelnder Bewegung. Dies ist charakteristisch für religiöse Werke, die noch auf dem Barockstil basieren. In dieser Hinsicht ist das Gemälde der Maria Immaculata in Marianka ein Zeugnis für die erfinderische Einbeziehung älterer, noch inspirierender Schemata, die im christlichen Umfeld noch aus dem 18. Jahrhundert fortbestanden. Die retrospektive Hinwendung zu barocken Malformen wird auch durch das ungewöhnliche, für die Barockzeit typische elliptische Format unterstrichen.

Die historisierende sakrale Malerei des 19. Jahrhunderts ist ein noch wenig beachtetes Gebiet der kunsthistorischen Forschung in der Slowakei. Das Beispiel aus Marianka zeigt, dass es an ausgewählten Orten noch Kunstwerke geben kann, die dem Laien- und sogar dem Fachpublikum unbekannt sind. Im 19. Jahrhundert stand die Region der Westslowakei unter dem erheblichen künstlerischen Einfluss des Wiener Milieus, das auch die Produktion sakraler Werke dominierte. Davon zeugt letztlich auch das neu entdeckte Gemälde von Kessler. Dank eines günstigen Zusammentreffens von Zufällen und Hinweisen konnte ich den wahrscheinlichsten Weg von der Werkstatt des Malers in Wien (1872) über das Jesuitenkolleg in Bratislava bis zum kritischen Moment der Aufhebung des Klosters im Jahr 1950 rekonstruieren. Das Gemälde kam im selben Jahr im Zusammenhang mit dem Plan, im aufgelösten Kloster der Tröster ein kirchliches Museum einzurichten, nach Marianka. Obwohl das Museum nie entstand, ist das Gemälde in Marianka verblieben und bis heute erhalten. Ich hoffe, dass auch dieser Beitrag dazu anleitet, das Wissen um die stilistischen Positionen des künstlerischen Nachlasses von Josef Kessler zu erweitern und sein ungewöhnlich reizvolles Gemälde aus Marianka in den wissenschaftlichen Diskurs in der Slowakei und im benachbarten Österreich einzubeziehen.

Rezensionen

SAMMELREZENSION Adolf Loos: Weltbürger im Schnellzug zwischen London, Paris, Wien und retour. Neue Publikationen zu Leben und Werk des Architekten

Cécile Poulot, Adolf Loos. Un architecte au carrefour de l´Europe (1870–1933), Paris 2024, ISBN: 9979-1-0370-3262-1

Christopher Long, Essays on Adolf Loos, Prag 2019, ISBN: 978-80-7437-277-3

Ders., Adolf Loos. The Last Houses, Prag 2020, ISBN: 978-80-7437-320-6

Ders., Adolf Loos: Meaning, Context, Reception. Essays, Prag 2022, ISBN: 978-80-7437-395-4

In der von Bohumil Markalous 1929 herausgegebenen tschechischen Version von Adolf Loos' Aufsatzsammlung *Ins Leere gesprochen* zeigt eine Karikatur den im Smoking gekleideten Architekten, bezeichnet als: „*Adolf Loos. Loos von Wien. Loos vom Deutschtum. Weltbürger im Schnellzug zwischen London, Paris, Wien und retour.*" Die Karikatur trifft die Wirkung, die Loos' Zugang zur Architektur um 1930 in Mitteleuropa entfaltet hatte, und ist ein guter Anknüpfungspunkt für die nähere Befassung mit einer Reihe aktueller Publikationen zum Werk des Modernisten, der nicht modern sein wollte.

Während eine wenig am architektonischen und schriftlichen Werk interessierte Öffentlichkeit hauptsächlich mit den nie verurteilten pädophilen Neigungen Adolf Loos' befasst ist, um mit der retrospektiven Verurteilung sein gesamtes Wirken zu diskreditieren, findet im architekturhistorischen Diskurs weiterhin eine Aufarbeitung des Œuvres statt, die immer wieder neue, faszinierende Details zu seinem visionären Leben und Werk zutage fördert.

Das komplexe Œuvre von Adolf Loos, vor allem seine Architektur und seine Schriften, nahm kontinuierlichen Einfluss auf die Baukultur der vergangenen 100 Jahre. Mit seinen revolutionären baulichen Lösungen stillte er eines der wichtigsten Bedürfnisse des Menschen: den Wunsch nach Behausung. Nachfolgende Architekt:innen wie Richard Neutra, Heinrich Kulka oder Rudolph M. Schindler und kurzzeitig auch Margarethe Schütte-Lihotzky zählten zu seinen Schüler:innen sowie Mitarbeiter:innen. Als energischer Gegner des Ringstraßenstils und scharfer Kritiker des Jugendstils sowie der Wiener Secession prägte Loos den ästhetischen Diskurs in Wien um 1900. In seinen zahlreichen theoretischen Abhandlungen und insbesondere in seiner legendären Streitschrift *Ornament und Verbrechen* (1908) trat er vehement gegen jegliche neu erfundene Verzierung von Gebrauchsgegenständen und Gebäuden auf. Die von Adolf Loos bewusst gewählte Textform des Essays eignete sich optimal für ein schnelles Reagieren auf aktuelle Themen, aber auch – und das ist wichtig für die Loos-Lektüre – für ein ständiges Revidieren der eigenen Haltung gegenüber Standardthemen, die Loos ein Leben lang beschäftigt haben: Kunst und Handwerk, Material, Bekleidung, Ornament, Kultur. Loos hinterfragte seine eigenen Positionen, korrigierte sie, passte sie veränderten kontextuellen Bedingungen an und dynamisierte dadurch sein eigenes Gedankengebäude ständig. Dabei gestattete er sich auch erstaunliche Kehrtwendungen.

Der Weg durch das Loos'sche Gedankengebäude ähnelt dem Weg durch ein Loos-Haus: hinein über einen

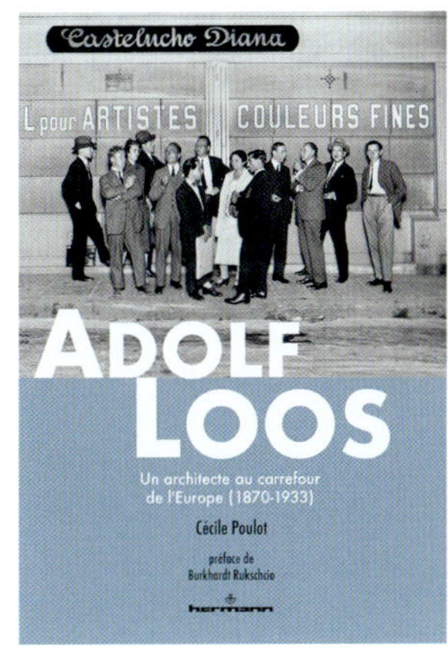

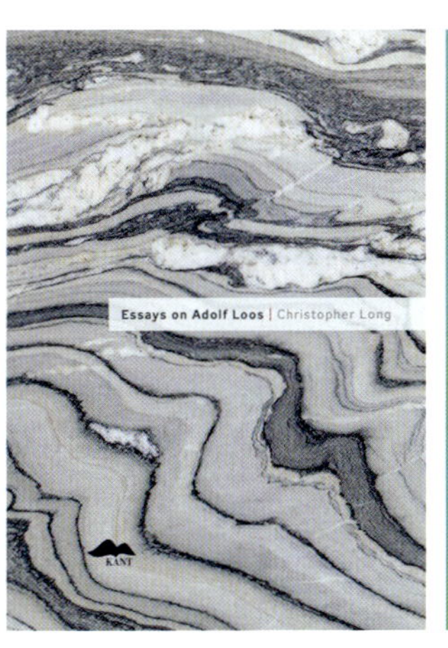

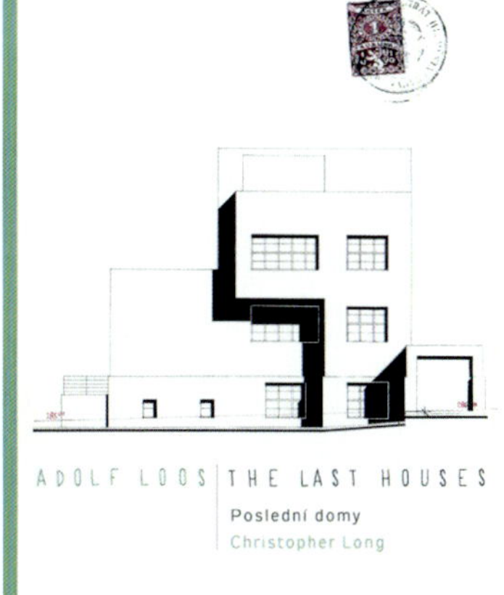

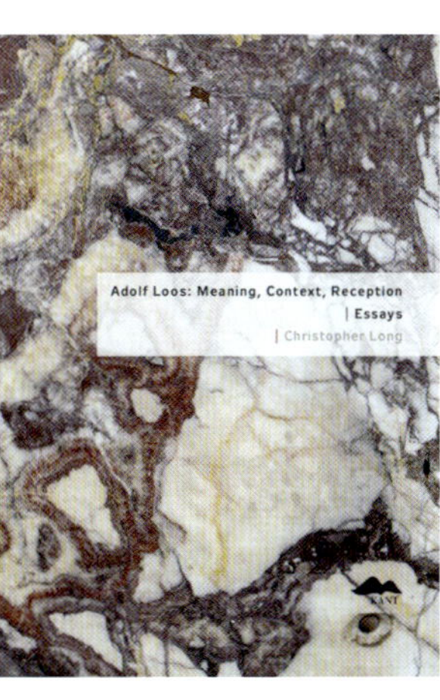

Mittelgang, um die Ecke auf ein Podest, durch einen niedrigen Korridor, um von der Pracht und Weite des Salons überrascht zu werden.

Neue Publikationen zum Werk Adolf Loos' tragen zu einem möglichen „Raumplan" durch sein Werk bei: Cécile Poulots soeben erschienene heißt *Adolf Loos. Un architecte au carrefour de l'Europe (1870–1933)* und fokussiert auf den zweiten, bisher weniger beachteten Teil der Karriere des Architekten zwischen 1918 und 1933. Nachdem seine Gebäude und Vorträge in Wien mehrfach Skandale provoziert hatten, entschied Loos sich, mit seiner zweiten Frau ab 1924 in Paris zu leben und zu arbeiten. Obwohl Loos auch in Österreich funktionierende Netzwerke hatte, konnte er in Paris vor allem dank seiner tschechischen Kontakte überleben. Die Dissoziation der Räume in Loos' Karriere, die seinen Weg als Architekt zwischen einer Wiener Periode, einer Pariser und dann einer Tschechoslowakischen Periode aufteilt, scheint sehr reduzierend und schwer aufrechtzuerhalten, da es viele Reisen gab und die Überlagerung von Kontakten und Einsätzen in der Karriere von Loos über die drei Staaten hinweg real ist. Das Buch von Cécile Poulot, basierend auf ihrer Dissertation an der Sorbonne, Paris, setzt auf die Ergebnisse minutiöser Archivrecherche in den drei angesprochenen Ländern, die Loos' Wirken prägten: Poulot verarbeitet unter anderem Material aus den Nachlässen des französischen Germanisten Marcel Ray und des tschechischen Kritikers und Ästhetik-Professors Bohumil Markalous. Um Loos' Pariser Leben zu rekonstruieren und seine lebenden Netzwerke in Frankreich besser zu verstehen, bearbeitet sie die Nachlässe seiner Pariser Freunde: jenen von Tristan Tzara, Bauherr Loos' 1926 in Paris, und von Jan Slivinsky, der Loos zu seiner Ausstellung im Salon d'Automne 1923 verhalf; die Stiftung Le Corbusier; die Nachlässe von Sonia Delaunay und Constantin Brancusi, die sich beide in der Kandinsky-Bibliothek befinden; die Nachlässe von Francis Jourdain und die Zeitschrift *Les Cahiers d'aujourd'hui* im Musée d'art et d'histoire de la ville de Saint-Denis. Der Nachlass des Verlegers George Besson erweist sich als reich an Dokumenten, die die Einführung von Loos in Frankreich ab 1912 dokumentieren.

Poulot blickt auf eine kurze Periode zurück, um den Bruch zu hinterfragen, den der Erste Weltkrieg in Loos' Karriere darstellte, der einerseits auf die Internationalisierung der modernen Architektur und andererseits auf die Umwälzungen in der ehemaligen österreichisch-ungarischen Monarchie zurückzuführen ist. Die verschiedenen Facetten von Loos werden unter verschiedenen Aspekten untersucht, um „seine Geografie" zu beleuchten, d. h. die verschiedenen Räume, die er bewohnt hat. Gemeint sind Räume, die sowohl geografisch verankert sind, als auch abstraktere Räume wie jene, die von den Medien (Presse, Vorträge ...) konstituiert werden, oder jene, die Loos als Theoretiker und Architekt bei der Planung bestimmter Gebäude einbezieht, und schließlich jene, die seine Netzwerke beschreiben. In diesem Rahmen wird die Achse Paris–Brünn – und nicht nur die Achse Paris–Prag – hervorgehoben, wobei die Bibliografie zum Vergleich zwischen der Tschechoslowakei und Frankreich herangezogen und der Architekt in diese breitere Reflexion integriert wird. Eine lange überfällige Ergänzung zum Standardwerk von Burkhardt Rukschcio und Roland Schachel (Rukschcio steuert auch das Vorwort bei) auf dem Weg zum heutigen Verständnis Loos' als Netzwerker europäischer Kultur, der man auch eine Übersetzung ins Deutsche wünschen würde.

Auch Christopher Long, einer der renommiertesten Experten für das Werk Adolf Loos', Professor für Architektur- und Designgeschichte an der Universität Texas in Austin, hat seinen zahlreichen Publikationen über den Architekten drei weitere folgen lassen: zwei Essaybände und der Band *Adolf Loos. The Last Houses* verdichten die Erkenntnisse Longs für die Leser:innen.

Long betont die Bedeutung des Denkers Adolf Loos und seine *„Begabung, die Umstände des modernen Lebens in leuchtender Klarheit wahrzunehmen und zu verstehen."*[1] (Übersetzung des Autors) Die Veränderung der Welt, nicht die des Stils wird sein Thema – eines Weltbürgers, der fähig ist, über den Moment hinauszublicken. Loos' Kampf gegen die Prätention macht Long zum Thema seiner Essays, die den in Brünn Geborenen von seiner Amerikareise 1893 bis zu seinem Nachruf von Maxwell Fry 1933 und einem späten Vortrag von Julius Posener über Loos 1984 begleiten. Dem Architekten Loos zollt Long mit dem Band *The Last Houses*, einer Untersuchung der Raumgestaltung und -planung in den letzten Häusern, basierend auf Longs Studie *The New Space*[2], angemessenen Tribut. Longs Fragestellung geht auf die Revision des „Raumplans" ein und wie Loos selbst diese in seinen späten Bauten vornahm: von der Villa Müller (1928), über das Wiener Werkbundhaus (1931), die Villa Winternitz (1932), bis zum Zubau für das Haus

1 Christopher Long, Essays on Adolf Loos, Prag 2019, S. 7.
2 Christopher Long, The New Space: Movement and Experience in Viennese Modern Architecture, Yale University 2016.

Semler in Pilsen (1932). Was Loos in die späten Häuser als neues Element einführt, ist eine Art der psychischen wie körperlichen Entspannung. Longs Schlussfolgerung: „*What Loos seems to be telling us is that modern life did indeed require less, not more.*"[3] Hier wären wir bei einer Erkenntnis, die Loos mit seinem Zeitgenossen Mies van der Rohe teilt, wenn er meint: „*Less is more.*"

Alle vier Bücher erweitern den Kenntnisstand zu Leben und Werk Adolf Loos' essenziell, machen klar, dass Loos über seine Zeit bis ins Heute wirkt und uns Spät- oder Nachmodernen nach wie vor viel zu sagen hat.

Rainald Franz

3 Christopher Long, Adolf Loos. The Last Houses, Prag 2020, S. 159.

Huberta Weigl, Jakob Prandtauer (1660–1726), Baumeister des Barock, Michael Imhof Verlag, Petersberg 2021, 2 Bände, 928 Seiten, 884 Abbildungen, ISBN: 978-3-86568-031-0

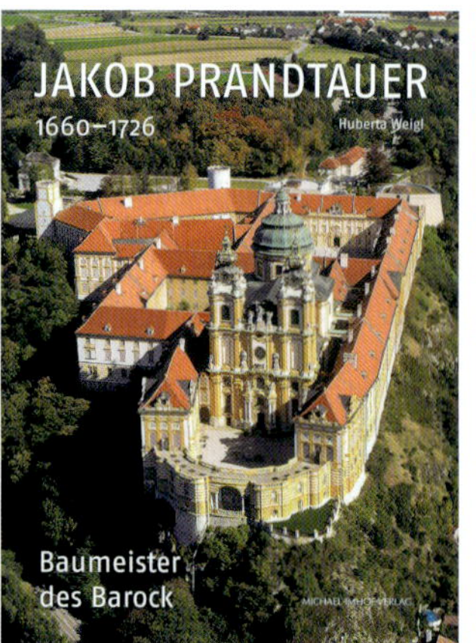

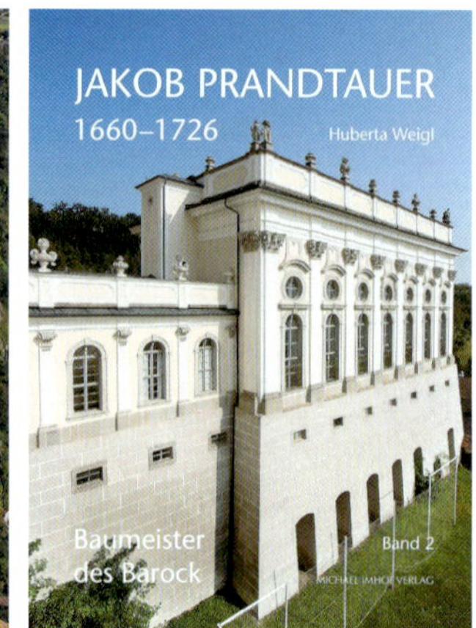

Neben Johann Bernhard Fischer von Erlach und Johann Lucas Hildebrandt gehört Jakob Prandtauer zum Triumvirat der maßgeblichen Architekten des Hochbarock in Österreich. Im Unterschied zu den beiden Erstgenannten setzt seine nähere Erforschung erst deutlich später ein. Vor allem aber hebt sich sein Schaffen durch eine breite geografische und typologische Vielfalt vom vorwiegend höfisch und städtisch geprägten Werk Fischers und Hildebrandts ab. Darunter spielen Klöster, vor allem die großen Barockstifte in Nieder- und Oberösterreich, eine dominante Rolle, weshalb Prandtauer gerne als der wichtigste Klosterbaumeister genannt wird. In ihrer vieljährigen Forschungsarbeit ging die Autorin innovative Wege der Kommunikation. Sie informierte mit einer eigenen Website über den Stand ihrer Arbeit und ließ damit die interessierte Fachwelt an den Problemen und Lösungsschritten regelmäßig teilhaben, konnte aber auch die notwendigen Finanzmittel dafür einwerben. So verwundert es nicht, dass die erste Auflage schon nach einem Jahr vergriffen war und für eine zweite dieser Prozess fortgesetzt werden musste. Das Ergebnis setzt jedenfalls in methodischer und inhaltlicher, aber auch im Text-Bildverhältnis und ganz allgemein in editorischer Hinsicht neue Maßstäbe.

Den Hauptteil der Werkbeschreibungen machen in chronologischer Folge die neun Klosterbauten Prandtauers aus, von St. Andrä an der Traisen bis zu Kremsmünster und Dürnstein. Unter diesen ist der Stiftskirche und dem Stift Melk die umfangreichste Baumonografie auf rund 120 Seiten gewidmet. Darin arbeitet Weigl nicht nur die bisherige Forschungsgeschichte auf, sondern setzt in der Auswertung von Plänen, Archivquellen und Literatur auch neue Akzente, die den komplizierten Planungsverlauf erhellen, bei dem sich der Bauherr Abt Dietmayr jeweils die letzte Entscheidung vorbehielt. Hervorzuheben sind die Änderungen beim Kuppelbau und ihrer Innendekoration, bei der Ausführung eines innovativen Farbraumes als unmittelbare Reaktion auf Andrea Pozzos seit 1703 umgestaltete Wiener Universitätskirche und beim bewegten Wandaufriss mit kurvigen Gesimsen und Balkonen der Emporen.

In ähnlicher Gründlichkeit und Systematik geht die Autorin auch bei den übrigen Klöstern vor. Ihre Gedankenführung wird visuell nachhaltig unterstützt durch die großzügigen Illustrationen. Diese profitieren für die Stifte Melk, Herzogenburg und Dürnstein von den durch die letzten Gesamtrestaurierungen geschaffenen, zumeist am Originalbefund orientierten Zuständen, außen wie im Inneren.[1] Zur Befundmäßigkeit der zweifarbigen Fassaden in Melk, Herzogenburg und St. Florian ist für die jetzt weißlich oder beigegelb gestrichenen Wandflächen aber eine wichtige Anmerkung nötig. Denn statt Farbtünchen lagen hier ursprünglich dünne Beschichtungen mit einem feinkörnigen Rieselputz vor, der zwar noch in größeren Flächen vorhanden war, dessen Erhaltung oder Rekonstruktion aber riskant gewesen wäre. Ursprünglich zeigten diese Fassaden also nicht nur Farb-, sondern auch Struktur- und Schatteneffekte der Oberflächen durch gezielten Glatt-Rauwechsel (Gesimse, Bänder und Pilaster glatt, zurücktretende Wandflächen dagegen rau).

Im Anschluss an die monografischen Darstellungen fasst Weigl eine „Würdigung“ des Gesamtwerkes Prandtauers und einige interessante Aspekte in eigenen Kapiteln zusammen. Sie verweist auf die Funktionen der Stifte als Reisestationen des Kaiserhauses hin, was mit der Rolle ihrer Äbte als Mitglieder der Landstände eine angemessene Repräsentation und Orientierung an der höfischen Kultur in der Residenz Wien erforderte. Alle Auftraggeber werden auch in ihren Porträts vorgestellt. Da Prandtauer öfter von Vorgängern wie Johann Bernhard Fischer in Herzogenburg oder Carlo Antonio Carlone in Garsten und St. Florian begonnene Arbeiten übernehmen musste, konnte er weniger grundlegend planen, entwickelte aber trotzdem eine eigene For-

1 Vgl. Manfred Koller, Weiß und glatt, rau und matt. Die Barockfassaden der Augustiner Chorherrenstifte in Österreich, in: ÖZKD LXXIV, 2020, Heft 3/4, S. 111–130.

mensprache. Dies belegt die Autorin am Vergleich der Fensterformen (Abb. 470), an Portalen und der Wandgliederung seiner Kirchenräume. Seine Doppelrolle als fähiger Baumeister in allen Aufgaben der Baupraxis, von technischen und ökonomischen Fragen bis zur künstlerischen Eigenplanung, hebt ihn unter vielen seiner Zunft hervor. Beim Turm der Herzogenburger Stiftskirche etwa war 1719 sein Rat auch für die Beschaffenheit des Seiles zum Aufziehen der schwersten Glocke gefragt (Abb. 476). Für die Bauabwicklung hatte Prandtauer in Melk eigene Maurer anzuheuern und zu kontrollieren, zur Demonstration auch Gesamt- und Teilmodelle anzufertigen. Sie wurden eigens abgerechnet und, wohl auf seinen Wunsch, für das Portal der Stiftskirche auch mit den Luxusgütern Cacao und Vanille bezahlt. Neben Christian Alexander Oedtl war Prandtauer auch am Bau der Kasernen in Ybbs und Krems beteiligt, wie Pläne belegen. An weiteren Profanbauten werden Gartenschlösser und -pavillons und Bürgerhäuser vor allem im Katalogband behandelt, aber auch Wirtschaftsbauten wie der monumentale Kornspeicher in Primmersdorf oder Weinkeller.

Für eine klare künstlerische Entwicklung Prandtauers war die Verschiedenheit seiner Arbeiten und die Übernahme von Vorgängerprojekten wie von Johann Bernhard Fischer in Herzogenburg und von Carlo Antonio Carlone in Garsten und St. Florian ungünstig. Doch erkennt Weigl seine künstlerische Handschrift in Bautypen wie den Hofanlagen der Klöster und in seinem Formenvokabular der Portale und Fenster (Abb. 470), den abgetreppten Bögen sowie den geschwungenen Formen von Portalgesimsen und Kirchenemporen. Die vielen dokumentierten Reisen zeigen, dass Prandtauer sich intensiv um die richtige Ausführung seiner Arbeiten kümmerte, wozu auch die genaue Einhaltung seiner Kostenberechnungen gehörte. Alle diese Aspekte kann Weigl detailgenau aus den Quellen belegen. Sie ist aber auch in kulturgeschichtlicher Literatur zum Reisen bewandert.

Den zweiten Band füllt in den ersten zwei Dritteln der Werkkatalog mit 140 Nummern, wobei die neun Brückenentwürfe nur eine Nummer bilden. Dieser Werkkatalog in alphabetischer Reihenfolge klassifiziert den Stellenwert der einzelnen Werke nach fünf Kriterien: „archivalisch gesichert“, „stilistisch zugeschrieben“, „kontextbedingte Zuschreibung“, „unsichere Zuschreibung“ und „Abschreibung“. Diese Bewertungen werden mit den historischen Daten und Quellenbelegen in den einzelnen Katalogtexten begründet und ergänzend illustriert. Zu den archivalisch gesicherten Werken (Kat. Nr. 9) gehört auch der 1715/16 erfolgte Umbau der gotischen ehemaligen Klarissenkirche in Dürnstein zu einer Kapelle im Chor und einem zweigeschossigen Schüttkasten im Langhaus. Damit nimmt Prandtauer schon sehr früh Prinzipien einer substanzerhaltenden Denkmalpflege durch eine mit dem Altbau verträgliche Neunutzung vorweg. Auf den Katalog folgen mehrere Verzeichnisse zur Orientierung im Gesamtwerk: in chronogischer Reihenfolge archivalisch gesicherte Werke, stilistische Zuschreibungen, kontextbedingte Zuschreibungen und Abschreibungen. Eine Liste nach Auftraggebern wie Klöstern (nach den Orden gruppiert), Weltpriestern und profanen Auftraggebern folgt im Anschluss. Das Verzeichnis nach Bauaufgaben nennt auch kleinere Einheiten wie Sakristeien, Altäre, Tabernakel und Skulpturen. Zuletzt schließt sich auf 25 Seiten das umfangreiche Itinerar Prandtauers von der Freisprechung 1680 nach der Maurerlehre in Imst bis zu den fünf Reisen im letzten Lebensjahr 1726 an. Weitere Quellen erschließen ein Planverzeichnis und den Katalog der zehn Bücher aus seinem Besitz. Literaturnachweise sowie ein Orts-, Objekt-, Personen- und Sachregister sowie die Bildrechte kommen zum Schluss. Sie dienen der Benützung des umfangreichen Werkes mit derselben Genauigkeit und Kompetenz der Autorin, die ihre Monografie ganz allgemein auszeichnet.

Manfred Koller

Verzeichnis der Autorinnen und Autoren

Anna-Vanessa Boomgaarden
Wien Museum
anna-vanessa.boomgaarden@wienmuseum.at

Petr Čehovský
Palacký University Olomouc
petr.cehovsky@seznam.cz

Alexandra Czarnecki
Wien Museum
alexandra.czarnecki@wienmuseum.at

Rainald Franz
MAK – Museum für angewandte Kunst
rainald.franz@mak.at

Paul Hofmann
Staatliche Museen zu Berlin
p.hofmann@smb.spk-berlin.de

Johannes Jacob
johannes-jacob@gmx.at

Manfred Koller
manfred.koller@kabsi.at

Michaela Kronberger
Wien Museum
michaela.kronberger@wienmuseum.at

Paul Mahringer
Bundesdenkmalamt
paul.mahringer@bda.gv.at

Andreas Nierhaus
Wien Museum
andreas.nierhaus@wienmuseum.at

Johann Nimmrichter
Bundesdenkmalamt
johann.nimmrichter@bda.gv.at

Radomír Sabol
Denkmalamt der Slowakischen Republik
radomir.sabol@pamiatky.gov.sk

Anna-Maria Tupy
tupy@argestein.at

Wolfgang Zehetner
Dombauhütte St. Stephan
office@dombauwien.at

Abbildungsnachweis

Trennblatt doppelseitig S. 6 f.:
Abb.: Bettina Neubauer-Pregl, Bundesdenkmalamt.

Beitrag Johann Nimmrichter:
Abb. 1–17: Johann Nimmrichter, Bundesdenkmalamt.

Beitrag Paul Hofmann:
Abb. 1: Staatliche Museen zu Berlin, Zentralarchiv, Inv. Nr. SMB-ZA 2.20./03094, Public Domain Mark 1.0.
Abb. 2: Staatliche Museen zu Berlin, Skulpturensammlung und Museum für Byzantinische Kunst, Antje Voigt, Inv. 2/67, CC BY-SA 4.0.
Abb. 3, 21, 25, 29: Staatliche Museen zu Berlin, Skulpturensammlung und Museum für Byzantinische Kunst, Archiv, Public Domain Mark 1.0.
Abb. 4: Staatliche Museen zu Berlin, Skulpturensammlung und Museum für Byzantinische Kunst, Archiv, Inv. 212, Public Domain Mark 1.0.
Abb. 5: Staatliche Museen zu Berlin, Skulpturensammlung und Museum für Byzantinische Kunst, Antje Voigt, Inv. 212, CC BY-SA 4.0.
Abb. 6: Staatliche Museen zu Berlin, Zentralarchiv, Inv. Nr. SMB-ZA 2.4./00701, Public Domain Mark 1.0.
Abb. 7, 15, 22, 23: Staatliche Museen zu Berlin, Skulpturensammlung und Museum für Byzantinische Kunst, Jeanette Lettow, Valentin Wrobel, Public Domain Mark 1.0.
Abb. 8: Globus Verlag Berlin, 1904, Public Domain Mark 1.0.
Abb. 9: Bundesarchiv, Bild 183-08243-0006, CC-BY-SA 3.0.
Abb. 10, 28, 30: Staatliche Museen zu Berlin, Skulpturensammlung und Museum für Byzantinische Kunst, Paul Hofmann, Public Domain Mark 1.0.
Abb. 11: Staatliche Museen zu Berlin, Zentralarchiv, Inv. Nr. SMB-ZA 1.1.5./00194, Public Domain Mark 1.0.
Abb. 12–14: Staatliche Museen zu Berlin, Skulpturensammlung und Museum für Byzantinische Kunst, Stiftung Stadtmuseum Berlin, Förderverein Berliner Schloss e.V., SHF im Berliner Schloss, Alexander Hartmann.
Abb. 16: Stadtmuseum Simeonstift Trier, Inv. Nr. III 342, CC BY-SA 3.0.
Abb. 17: Staatliche Museen zu Berlin, Zentralarchiv, Inv. Nr. SMB-ZA 2.3./05255, Public Domain Mark 1.0.
Abb. 18: Staatliche Museen zu Berlin, Skulpturensammlung und Museum für Byzantinische Kunst, Archiv, Inv. 8247, Public Domain Mark 1.0.
Abb. 19: Staatliche Museen zu Berlin, Skulpturensammlung und Museum für Byzantinische Kunst, Antje Voigt, CC BY-SA 4.0.
Abb. 20: Staatliche Museen zu Berlin, Skulpturensammlung und Museum für Byzantinische Kunst, Antje Voigt, Inv. 8580, CC BY-SA 4.0.
Abb. 24: Staatliche Museen zu Berlin, Zentralarchiv, Inv. Nr. SMB-ZA 2.3./08601, Public Domain Mark 1.0.
Abb. 26: Staatliche Museen zu Berlin, Skulpturensammlung und Museum für Byzantinische Kunst, Paul Hofmann, Inv. 7998, Public Domain Mark 1.0.
Abb. 27: Staatliche Museen zu Berlin, Zentralarchiv, Inv. Nr. SMB-ZA 2.3./05248, Public Domain Mark 1.0.

Beitrag Wolfgang Zehetner:
Abb. 1–7: Wolfgang Zehetner, Archiv der Dombauhütte Wien.

Beitrag Anna-Vanessa Boomgaarden et al.:
Abb. 1: Wien Museum, Inv.-Nr. 93209/20.
Abb. 2: Wien Museum, Inv.-Nr. 67.9866709.
Abb. 3: Bundesdenkmalamt, Fotoarchiv, Andreas Groll, Reproduktion nach einem Original um 1860, Mittelformatdia Nr. 6588.
Abb. 4–7: Wien Museum, Andreas Groll, Reproduktion nach einem Original um 1860.
Abb. 8: Bundesdenkmalamt, Fotoarchiv, L 34163.
Abb. 9: Wien Museum, Rudolf Stepanek.
Abb. 10: Wien Museum, Fotomontage Anna Boomgaarden; Foto links: Wien Museum, Andreas Groll, Reproduktion nach einem Original um 1860; 2. Foto v. l. aus: Hans Tietze, Geschichte und Beschreibung des Stephansdomes. Österreichische Kunsttopographie, XXIII 1931, Abb. 655; Foto Mitte: Bundesdenkmalamt, Fotoarchiv, Pos. 6689, Aufn. Hist. Mus. d. Stadt Wien; 2. v. r.: Wien Museum, Birgit und Peter Kainz; Foto rechts: Wien Museum, TimTom.
Abb. 11, 12: Bundesdenkmalamt, Irene Hofer.
Abb. 13–18: Anna-Maria Tupy.
Abb. 19, 20: Lisa Rastl.

Beitrag Johannes Jacob:
Abb. 1: Fotograf unbekannt, Privatsammlung Werner Schachinger.
Abb. 2: Werner Schachinger.
Abb. 3, 4, 9, 11b, 13, 14: Irene Hofer, Bundesdenkmalamt.

Abb. 5a, 15: Johannes Jacob.
Abb. 5b, 7: Robert Linke, Bundesdenkmalamt.
Abb. 6, 11a, 12: Johannes Jacob.
Abb. 8: Julia Kolar.
Abb. 10: Johann Nimmrichter, Bundesdenkmalamt.

Trennblatt doppelseitig S. 64 f.:
Petr Čehovský.

Beitrag Petr Čehovský:
Abb. 1–4, 7–10: Petr Čehovský.
Abb. 5: Reprofoto aus: Florian Zapletal, Tovačovský zámek, in: Český svět VII, 14. Oktober 1910, Nr. 5, (o. S.).
Abb. 6: Reprofoto aus: Leon Bouchal et al., Toulky tovačovskou minulostí aneb 695 let historického putování městem pod Spanilou věží, Tovačov 2016, S. 112.

Beitrag Radomír Sabol:
Abb. 1–4, 6: Samuel Okkel.
Abb. 5: Foto Samuel Okkel, Bearbeitung Radomír Sabol.
Abb. 7: Archiv des Denkmalamts der Slowakischen Republik, Fonds der Behörde für Bildung und Aufklärung, Kirchliche Denkmäler, Kloster in Bratislava, S. 51.

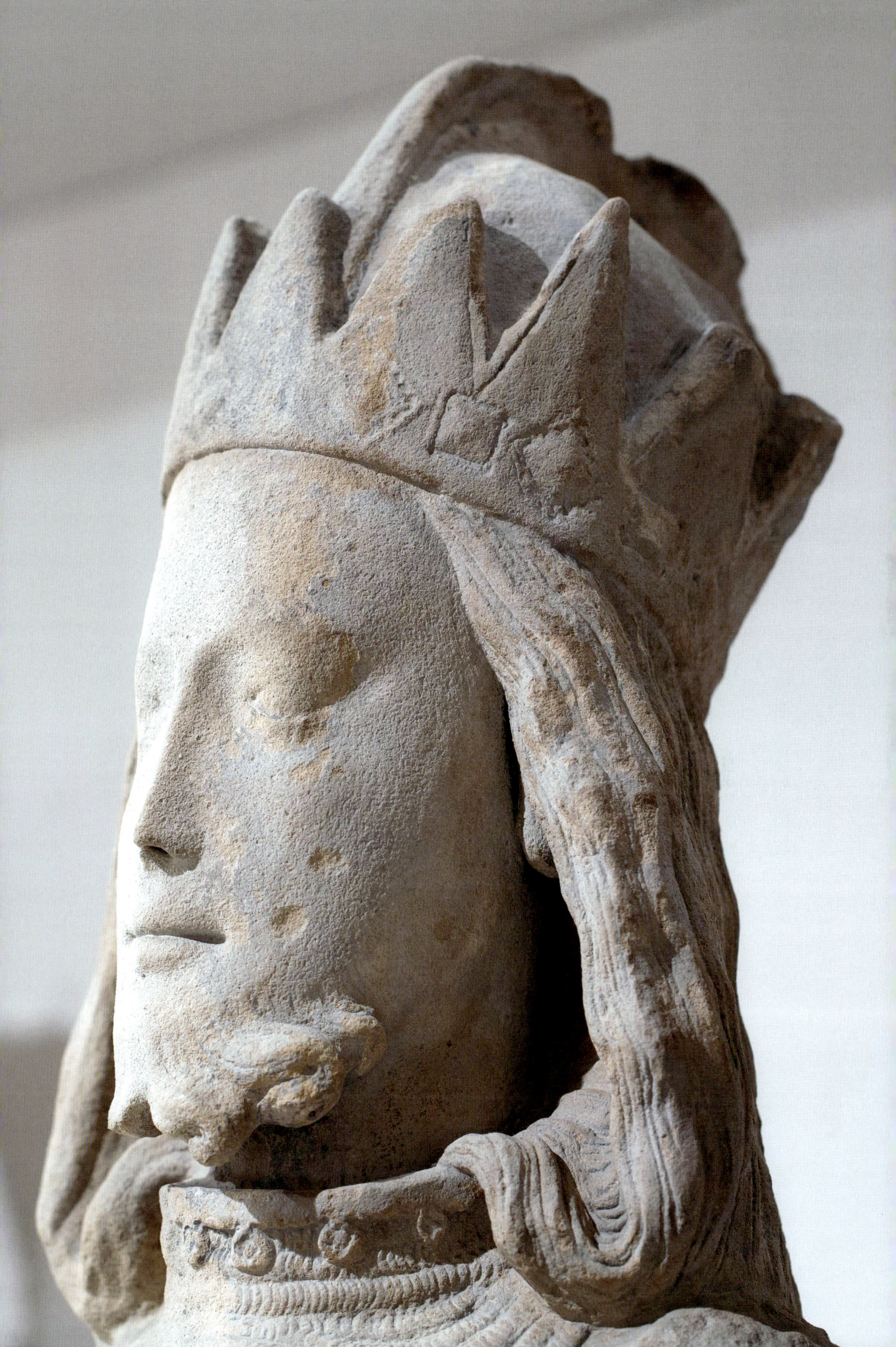